DIE RÖMER
AN MAAS UND MOSEL

Von Xavier Deru in Zusammenarbeit
mit Roland Delmaire

Aus dem Französischen
von Isa Odenhardt-Donvez

Zaberns Bildbände
zur Archäologie

Sonderbände der
ANTIKEN WELT

Xavier Deru

DIE RÖMER
AN MAAS UND MOSEL

Meiner Frau

136 Seiten mit 132 Farb- und 33 Schwarzweißabbildungen

Umschlag vorne:
Trier, Blick auf die Porta Nigra; gettyimages / Otto Stadler
Neumagener Weinschiff von einem römischen Grabmal aus Neumagen (3.Jh. n. Chr.); akg-images / Bildarchiv Steffens

Seiten 2/3:
Trier, im Vordergrund die Heiligtümer im Altbachtal (vgl. Abb. 76)
Darstellung des Kaisers Augustus aus der Villa der Livia in Primaporta (vgl. Abb. 72)

Umschlag hinten:
Blicquy, gallo-römischer Umgangstempel (vgl. Abb. 84)
Reims, Porte de Mars (vgl. Abb. 22)
Borg, römische Villa und Archäologiepark (vgl. Abb. 42)

Weitere Publikationen finden Sie unter:
www.zabern.de

Gestaltung:
Vollnhals Fotosatz, Neustadt a. d. Donau

Herstellungsbetreuung:
Ilka Schmidt, Verlag Philipp von Zabern, Mainz

Lektorat:
Holger Kieburg, Bonn

Redaktion:
Annette Nünnerich-Asmus,
Verlag Philipp von Zabern, Mainz

Repro:
Vollnhals Fotosatz, Neustadt a. d. Donau

Druck:
Firmengruppe Appl,
aprinta druck GmbH & Co. KG, Wemding

Bibliografische Information der Deutschen Nationalbibliothek

Die Deutsche Nationalbibliothek verzeichnet diese Publikation in der Deutschen Nationalbibliografie; detaillierte bibliografische Daten sind im Internet über *<http://dnb.d-nb.de>* abrufbar.

© 2010 Verlag Philipp von Zabern, Mainz am Rhein
ISBN: 978-3-8053-4245-2

Alle Rechte, insbesondere das der Übersetzung in fremde Sprachen, vorbehalten. Ohne ausdrückliche Genehmigung des Verlages ist es auch nicht gestattet, dieses Buch oder Teile daraus auf photomechanischem Wege (Photokopie, Mikrokopie) zu vervielfältigen oder unter Verwendung elektronischer Systeme zu verarbeiten und zu verbreiten.

Printed on fade resistant and archival quality paper (PH 7 neutral) • tcf

INHALT

EINFÜHRUNG

Belgien zur Zeit Caesars 6
Die natürlichen Gegebenheiten 6
Die Völker vor Caesars Zeit 10

GESCHICHTE UND VERWALTUNG

Die Eroberung 16
Von der Gallia zur Belgica 19
Eine unauffällige Provinz 21

DIE ORTSCHAFTEN

Die Hauptorte 29
Die ländlichen Siedlungen 43
Die Thermen – Inbegriff des römischen
Lebensstils 46

DAS LEBEN AUF DEM LAND

Die ländliche Besiedlung 47
Die Siedlungsstrukturen 52
Die landwirtschaftliche Produktion 60

DAS HANDWERK

Das Salz 66
Der Stein 68
Das Eisen 69
Das Textilgewerbe 70
Der Ton 70
Konsum 73

GÖTTER UND MENSCHEN

Das Pantheon 79
Die Belgica und ihr Beitrag zur
 Sakralarchitektur 86
Die Kulte 90
Die orientalischen Religionen 92

DIE WELT DER TOTEN

Die Welt der Toten in der Welt der Lebenden . . 95
Topographie der Nekropolen 97
Die Welt der Brandgräber 98

DIE SPÄTANTIKE

Die Krise des 3. Jhs. n. Chr. 106
Die Spätantike 107
Die Ortschaften der Spätantike 113
Die ländlichen Siedlungen 115
Die Religion 118
Die Zeit der Körpergräber 121

ZUSAMMENFASSUNG

Romanisierung? 127
Das Erbe 128
Die Archäologie 129
Die Belgica in der Welt und der Geschichte . . . 130

ANHANG

Abkürzungen 132
Literaturverzeichnis 132
Bildnachweis 135
Danksagung 136
Ortsregister 136

EINFÜHRUNG

Belgien zur Zeit Caesars

«Gallien in seiner Gesamtheit ist in drei Teile geteilt. Einen bewohnen die Belger, den anderen die Aquitaner und den dritten jene, die in ihrer eigenen Sprache Kelten, in unserer Gallier heißen. Sie alle unterscheiden sich in Sprache, Einrichtungen und Gesetzen voneinander. Die Gallier trennt von den Aquitanern der Fluss Garunna (Garonne), von den Belgern die Matrona (Marne) und die Sequana (Seine). Die tapfersten von ihnen allen sind die Belger, weil sie von der Lebensweise und Bildung der römischen Provinz am weitesten entfernt sind, weil Kaufleute bei ihnen nur selten vorbeikommen und das, was zur Verweichlichung der Gemüter beiträgt, einführen, und schließlich, weil sie am nächsten benachbart den Germanen sind, die jenseits des Rheines wohnen und mit denen sie ununterbrochen Krieg führen» (Caesar, *De Bello Gallico* 1,1). Auch wenn ethnographische Argumente die Teilung Galliens durchaus rechtfertigen, sind die wahren Ursachen dafür doch in theoretischen und machtpolitischen Beweggründen zu suchen. Die Dreiteilung des Landes ist ebenso künstlich wie die Namen der Völker: Die Anfangsbuchstaben der Namen Aquitaner, Belger und Kelten/Gallier entsprechen den drei ersten Buchstaben des lateinischen bzw. griechischen Alphabets; die Flüsse sind Verbindungen, denen erst in der Imperiumsideologie des Römischen Reiches, als die Grenzen zu «Gebietsnarben» wurden, eine Rolle als trennendes Element zukommt. Das kriegerische Wesen der Germanen, bei denen es sich im weitesten Sinne auch um Kelten handelt, die von Caesar neu «erfunden» werden, dient als Rechtfertigung der Grenzen und des Ausmaßes der Eroberungen. Der Schriftsteller Strabon griff um 15–20 n. Chr. diese «caesarische Landschaft» wieder auf und weist auf die von Augustus (27 v. Chr.–14 n. Chr.) vorgenommenen Veränderungen hin: «Was die von den Herrschern festgesetzten Verwaltungseinteilungen angeht, so ändern sie sich je nach Zweckmäßigkeit» (Strabon 4,1,1); sie verlieren also jede ethnische Gültigkeit.

Auch wenn in diesem Band das Gebiet der Gallia Belgica behandelt wird, so wie es sich darstellt, nachdem das Territorium durch die Gründung der Provinzen Germania inferior und Germania superior am Ende des 1. Jhs. n. Chr. verkleinert worden war (s. Kap. «Geschichte und Verwaltung»), ist das caesarische Territorium in sich schlüssig. Es nimmt den Nordwesten des europäischen Kontinents ein und wird im Norden und Westen von Nordsee und Ärmelkanal begrenzt, wo es nur 33 km von Britannien trennen. Im Osten setzte Caesar die Grenze des Territoriums am Rhein fest, doch die Gallia Belgica wird nur bis zu den Massiven der Ardennen und der Vogesen reichen. Diese Grenze lässt den germanischen Provinzen den Rhein als «Rückgrat». Ebenso wird die Seine durch die Verlagerung der Grenze weiter nach Norden in die Gallia Lugdunensis einbezogen.

Die natürlichen Gegebenheiten

Die Landschaften zwischen Seine und Rhein zeichnen sich einerseits durch ihre Vielfalt, andererseits auch durch zahlreiche Gemeinsamkeiten aus. Sie können in drei große Gebiete zusammengefasst werden: die Niederlande im Norden, das Pariser Becken im Süden und die alten Bergmassive im Osten (Abb. 1. 2).

Das Tiefland erstreckt sich vom Artois, der Cambrésis und der unteren Maas bis ans Meer und die nordeuropäischen Tiefebenen. Die hinter den Küstenstreifen und den Dünenmassiven gelegenen Ebenen zeichnen sich durch ein von marinen Sedimenten überlagertes sandiges oder lehmiges Substrat aus; das Relief – nicht höher als 10 m – schützt mangels künstlicher Entwässerung weder vor der Feuchtigkeit noch vor Springfluten. Diese Region geht in die Deltas der großen Ströme Schelde, Maas und Rhein über. Im Landesinneren zeichnen sich Brabant, Flandern und Kempen sowie die meisten Täler durch sandige, recht unfruchtbare Böden aus. Wenn man sich den Ardennen nähert, erheben sich sacht die Hochebenen des Hespengaus, des Condroz und des Hennegaus bis an die Thiérache und das Avesnois. Sie sind alle – insbesondere jedoch der Hespengau – von einer dicken Lössschicht bedeckt (Abb. 3, G). Mit Humus angerei-

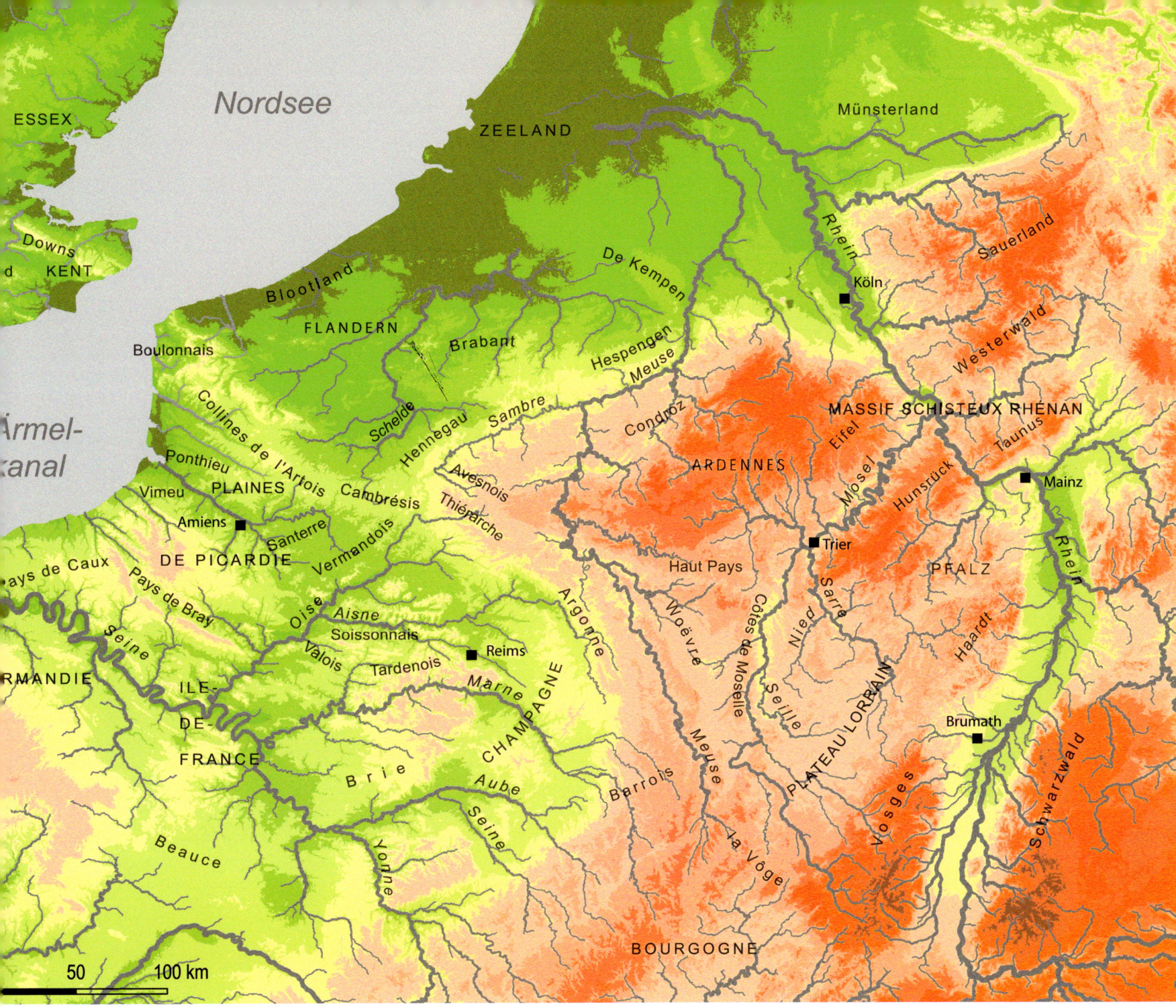

chert, bietet der Löss ein großes landwirtschaftliches Potential. Wie der Bruch der Schelde und der Maas ist auch hier das Relief in Ost-West-Richtung orientiert; auf seinem Kamm verläuft die Straße von Köln nach Boulogne (Abb. 4).

Im Süden weist die Region, die der Provinz Belgica entspricht, ebenfalls ein kaum ausgeprägtes und bis zu seiner östlichen Grenze wenig hügeliges Relief auf. Das Pariser Becken zeugt in der Tat von einer langen maritimen Sedimentation. Die Schichten haben sich unter dem Druck der Alpen angehoben und wurden in den letzten 30 Millionen Jahren stark erodiert. Die Stratigraphie weist eine Abfolge von Aureolen auf, welche die Hauptflüsse Seine, Aube, Marne, Oise sowie deren Nebenfluss Aisne in ihr Zentrum leiten.

Die jüngsten Schichten sind im Zentrum des Beckens erhalten, in der Île-de-France in Form von Ebenen (Soissonnais, Valois, Tardenois und Brie) und im Randbereich in Form von Zeugenbergen (u. a. Laon, Reims; vgl. Abb. 2, E1–3). Sie bestehen aus hartem Gestein, Sand sowie Lehm und sind von rötlichen Feinkornsedimenten bedeckt. Ebenen und Täler, Entwässerung oder aber Wasserundurchlässigkeit zeichnen diese Formationen aus. In den Randbereichen des Beckens erstreckt sich ein breiter, aus einer dicken Kreideschicht bestehender Kontakthof (vgl. Abb. 2, K2). Diese Kreideschicht

*Abb. 1
Die Regionen, das Landschaftsrelief und die Wasserläufe zwischen Seine und Rhein. Die Belgica besteht aus drei großen geographischen Einheiten: den Ebenen Flanderns im Norden, dem Pariser Becken im Südwesten und den Bergmassiven im Südosten.*

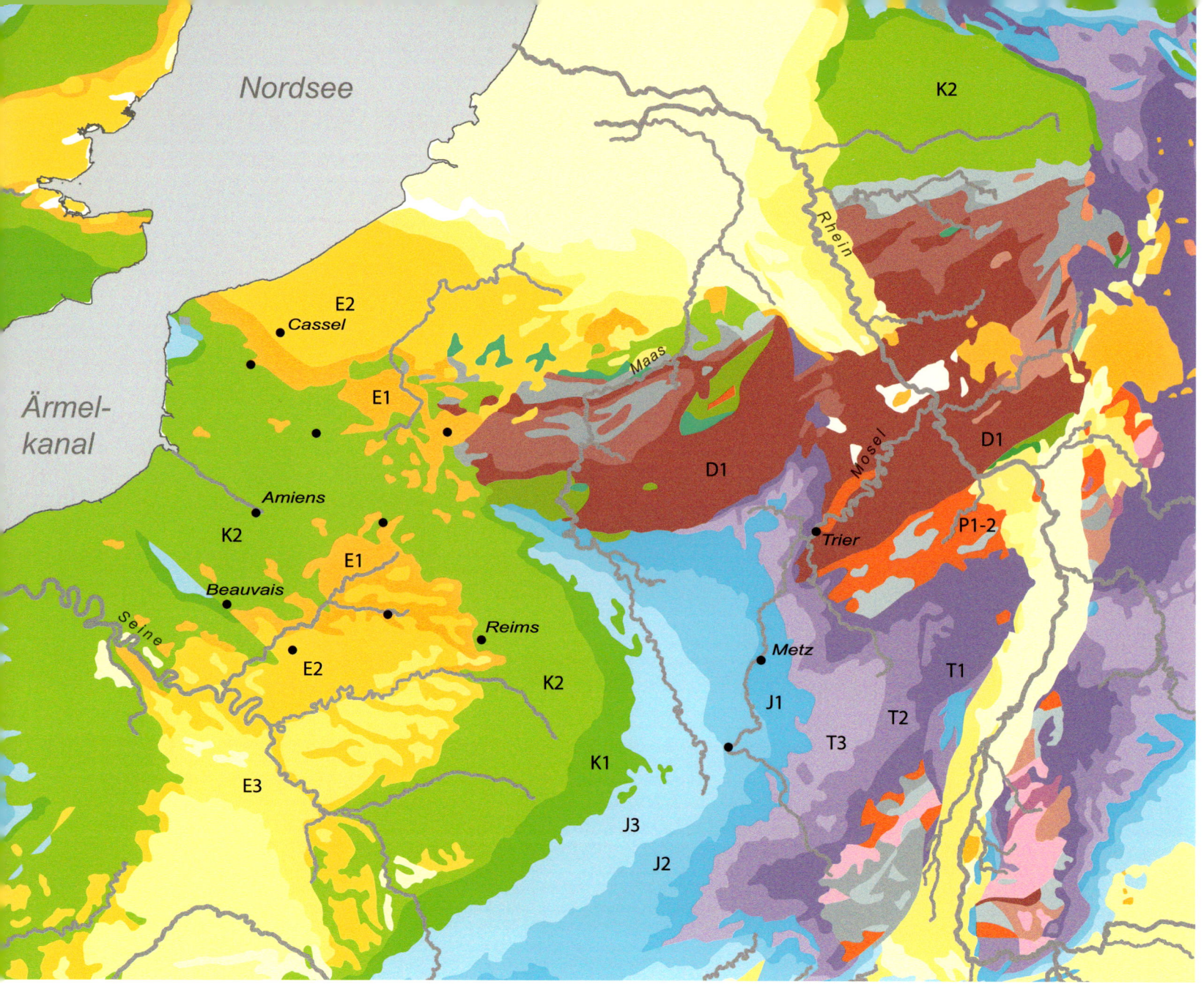

Abb. 2
Die geologische Beschaffenheit zwischen Seine und Rhein. Das Pariser Becken entspricht dem jüngeren Niveau (E1–2), das das Kreidemeer überlagert (K2). Es selbst liegt auf den Schichten des Jura (J1–3) und der Trias (T2–3), aus denen sich die Massive des Paläozoikums erheben.

entspricht in ihrer Ausdehnung der Champagne sèche, dem Artois und der Picardie; im Nordwesten charakterisieren sie Hochebenen und Täler mit einer trockenen, hellen, fruchtbaren Lössschicht sowie steile Abhänge oder Terrassen und feuchte, oft torfige Flusstäler (Somme, Bresle; vgl. Abb. 3, G/K1). Hier und da fehlt die fruchtbare Bodendecke und weicht recht armem, Feuerstein führenden Residualton (Vimeu, Ponthieu). Im Südosten steht in der Ebene der Champagne Kreide an; die humusreichen Schichten sind nicht sehr mächtig, und Wasser ist selten (vgl. Abb. 3, y1/v). Straßen verlaufen hier vornehmlich in den Ebenen und auf den Plateaus, wo sie keinerlei Hindernissen begegnen, und meiden lediglich die zu tiefen und feuchten Täler.

Gegen Osten folgen ältere Sedimentschichten aufeinander, deren Erscheinungsbild in den Argonnen, an der Maas und der Mosel sowie in Lothringen von relativ steilen Hängen betont wird. Im Westen liegen diese alten Schichten größtenteils unter der Kreideschicht, doch die Erosion hat sie stellenweise freigelegt; namentlich im «Boutonnière» (wörtlich «Knopfloch», erodierter Bergsattel) des Boulonnais und des Pays de Bray. Nach der trockenen Champagne gewinnt das Land zunehmend an Höhe, es steigt von ca. 200 bis auf 500 m an. Die Argonnen zeichnen sich durch den kieseligen Glaukonitsandstein und die Tonböden des Gault aus (vgl. Abb. 2, K1). Sie eignen sich für die Tongewinnung, sind jedoch nicht sehr fruchtbar. Darunter liegen Mergel- und Kalksteinschichten, u. a. die des Barrois und die lehmigen Böden der Woëvre. Diese Regionen umschließen die Maas, ohne sie durch größere Zuflüsse zu speisen (vgl. Abb. 2, J3).

Das Moselufer ist von Bajocien-Kalk gesäumt (vgl. Abb. 2, J2). Das Gestein ist hier von guter Qualität (Norroy, Scarponne) und reich an Eisen (Hochland). Die

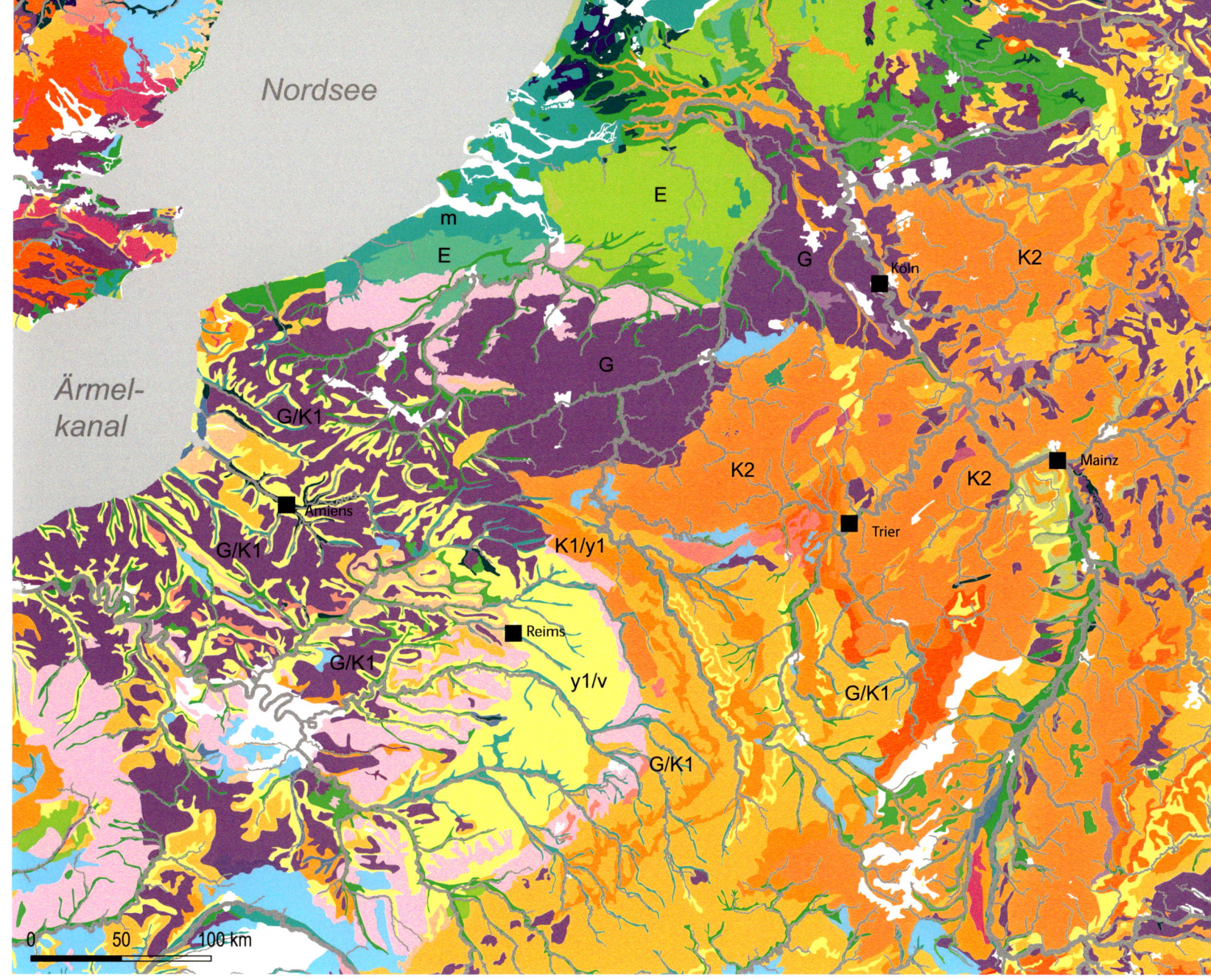

Schichten des Unterjura und der Trias bilden die lothringische Ebene, die je nach Region und Stufe aus Mergel, Kalk- oder Sandstein besteht (vgl. Abb. 2, J1, T3–2). Hier sind die Böden mit braunem, zuweilen schwerem und schlecht entwässertem Erdreich bedeckt (vgl. Abb. 3, G/K1). Die Mosel und ihre Zuflüsse Meurthe, Seille, Saar und Sûre erweitern das fluviatile Einzugsgebiet des Rheins um den Westen und Norden der Vogesen. Die Reliefs und Flüsse betonen die Nord-Süd-Achse, die das Becken der Rhone mit dem des Rheins verbindet.

Auf der anderen Seite steigen die Hänge der Vogesen sanft bis zum Elsässer Belchen auf (vgl. Abb. 2, T1), dessen Sandsteinschichten alte kristalline Massive bedecken und das bei 1424 m gipfelt (vgl. Abb. 2, D3–C2, P1–2). Die durch den Rheinbruch gekennzeichnete Ostseite ist schroffer, der Graben in Höhe von Brumath, Zabern und Saarburg ermöglicht es jedoch das Massiv zu durchqueren.

Durch ihr Grundgebirge und ihre Landschaft werden die Vogesen zum Gegenstück des östlich des Rheins gelegenen Schwarzwaldes, so wie die Ardennen mit ihrem paläozoischen Sockel der Eifel und dem Hunsrück beidseitig der Mosel sowie dem Westerwald und dem Taunus im Osten des Rheins entsprechen. Diese Schiefermassive (vgl. Abb. 2, D1) erheben sich bis auf 700 m, die Kargheit ihrer Böden (vgl. Abb. 2, K2) und das raue Klima begünstigten die Ausbreitung des Waldes. Die Morphologie der Eifel ist durch Vulkane gekennzeichnet, von deren Aktivität sowohl das Relief als auch das Substrat aus vulkanischem Tuff und Basalt zeugen.

Wie heute lag Belgien in der Antike im Einflussbereich eines maritimen Klimas. Je mehr man sich Richtung Osten wendet, umso mehr ist der kontinentale, vom allmählich ansteigenden Relief verstärkte Einfluss spürbar. So stellen sich in Lothringen die Herbstfröste im Vergleich

Abb. 3
Die Böden zwischen Seine und Rhein. Die Küste weist sandige Böden auf (E), ein Großteil ist von Schluff (G, G/K1) oder – auf den Massiven – von dünneren Bodenschichten (K2) bedeckt.

Die natürlichen Gegebenheiten | 9

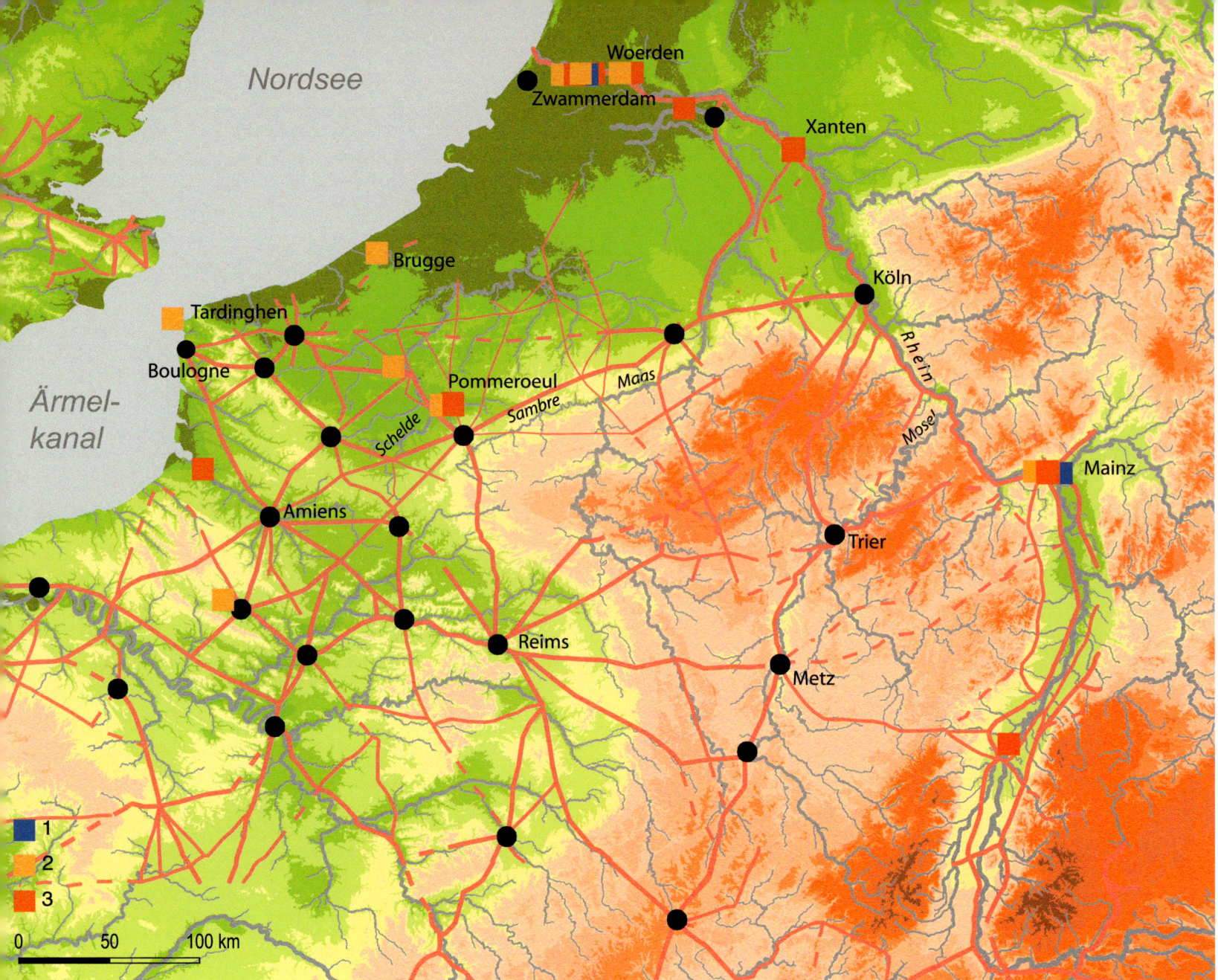

*Abb. 4
Die Straßen und schiffbaren Flüsse zwischen Seine und Rhein. Die westlichen Regionen zeichnen sich durch ein dichteres Netz von Straßen und schiffbaren Flüssen aus als die östlichen Regionen, wo die Mosel und der Rhein den Verkehr bestimmten. Schiffwracks:
1. Militärische Schiffe;
2. Handelsschiffe;
3. Unbestimmt.*

zur Küste einen Monat früher ein, und im Frühling friert es zwei Monate länger; auch die Niederschlagsmengen und ihre Kontraste sind im Osten ausgeprägter. In den geschützteren Regionen im Norden – zum Beispiel im Cambrésis, Soissonnais, in der Champagne und an der Mosel – ist das Klima milder.

Wir befinden uns auch heute noch in derselben temperierten Klimaphase des Subatlantikums wie in römischer Zeit, doch die paläoumweltlichen Daten (C14, Wachstum der Bäume, Gletscher und Niveaus der Seen) lassen Schwankungen im Laufe der Jahrhunderte erkennen. So können wir insbesondere in den letzten drei Jahrhunderten vor Christus eine deutliche Klimaverbesserung feststellen. Ihr folgte eine progressive und ab dem 3. Jh. n. Chr. deutlich spürbare Verschlechterung. Eine ihrer Konsequenzen ist die Überflutung der Küstenebene, die auch als Dünkirchen-Transgression II bezeichnet wird.

Die Völker vor Caesars Zeit

Als Brennus im Jahre 387 v. Chr. das Kapitol belagerte, begründete er den furchtgebietenden Ruf der Kelten, den die Römer noch lange in Erinnerung behalten und nähren sollten; schließlich übertrugen sie diesen Ruf auch auf die jenseits des Rheins lebenden Völker, die sie «Germanen» nannten. Dieses von der klassischen Literatur und Kunst überlieferte kriegerische Bild wird von der Archäologie noch unterstrichen. Die Volksgruppe der «Germanen» wird in der Tat durch ihr langes Schwert charakterisiert: Ein Schwert zum Hauen und Stoßen, das mit ins Grab gegeben oder in den Heiligtümern geopfert wird, das einen Namen trägt und von dem die Mythen erzählen.

Die Kelten, die als Söldner an der Seite der hellenistischen Fürsten kämpften, zogen sich im Laufe des 3. und 2. Jhs. v. Chr. ins Gebiet nördlich der Alpen zurück.

An Online Encyclopedia of Roman Emperors

 DIR Atlas

Valentinian I (364-375 A.D)

Walter E. Roberts
Emory University

Introduction

Valentinian was one of Rome's last great warrior emperors.[1] There was a power vacuum after the death of Julian, last ruler of the Neo-Flavian line. His immediate successor Jovian did not really survive long enough to leave his stamp on late Roman society. In general terms, Valentinian's challenge was to hold together an empire that had experienced sixty years of internal unrest, something which was of major import. His provincial origins and Nicene Christianity put him at odds with the senatorial nobility in the west. Furthermore, he had to deal with the increasing regionalism of the empire, especially in Gaul, Britain, and Africa.

Early Life

Valentinian, whose full name was Flavius Valentinianus, was born in A.D. 321 at Cibalis (modern Vinkovci) in southern Pannonia.[2] His father Gratian was a soldier renowned for his strength and wrestling skills. Gratian had an illustrious career in the army, rising from staff officer to tribune, to *comes Africae*, and finally *comes Britanniae*. He was suspected of graft while *comes Africae*, but nothing was ever proven. After he retired, Constantius II (337-60) confiscated his estates because he was suspected of having been a supporter of Magnentius.[3] Gratian's alleged affiliation with Magnentius apparently did not keep Valentinian or his younger brother Valens from being able to enter the military, but it may have contributed to some early trouble for Valentinian. Valentinian embarked upon a military career, and, like his father, became a victim of imperial politics. In 357 he was tribune of cavalry under Julian, Constantius II's Caesar in the west. In the intrigues surrounding Julian and Constantius, Valentinian and a colleague were accused of undermining operations, and Constantius dismissed them from the service.[4] Valentinian was married twice. His first wife, Severa, died some time after giving birth to Valentinian's first son Gratian in 359, and Valentinian married Justina, by whom he had Valentinian II, and two daughters, Galla and Justa.[5]

When Julian died, Valentinian was recalled to military service by Jovian. Upon his accession, Jovian sent Procopius, a *notarius*, and Memoridus to Gaul and Illyricum to install his father-in-law Lucillianus, in retirement at Sirmium, as *magister equitum et peditum*. Lucillianus in turn was to journey to Milan and secure Jovian's power in Italy and Gaul. Jovian supposedly gave Lucillianus secret instructions to handpick a select cadre of supporters.[[6]] Two of these men were Valentinian and Seniauchus.[[7]] One of this group's missions was to displace Jovinus, Julian's *magister armorum per Gallias*, with Malarichus, a retired soldier and supporter of Jovian living in Italy. In addition they were to visit as many governors and military commanders as possible and announce the successful end of the Persian campaign and Jovian's succession. [[8]] Malarichus, however, refused his commission, and Lucillianus traveled on to Rheims where he began examining the accounts of one of Julian's officials. The official (not named in extant sources) fled to the army in Gaul and spread rumors that Julian was still alive and that Lucillianus was a rebel. In the riot that broke out, Seniauchus and Lucillianus were killed, and Valentinian barely escaped through the help of his friend Primitivus. By this time, Jovian had sent some additional soldiers who secured peace in Gaul. As a result Valentinian was promoted to command of the second Scutarii division.[[9]]

Valentinian's Accession

Jovian died on 17 February 364, apparently of natural causes, on the border between Bithynia and Galatia.[[10]] The army marched on to Nicaea, the nearest city of any consequence, and a meeting of civil and military officials was convened to choose a new emperor. The names of Aequitius, a tribune of the first Scutarii, and Januarius, a relative of Jovian's in charge of military supplies in Illyricum, were bandied about. Both were rejected, Aequitius as too brutal, Januarius because he was too far away. The assembly finally agreed upon Valentinian, and sent messengers to inform him, as he had been left behind at Ancyra with his unit. While awaiting the arrival of Valentinian, Aequitius and Leo, another Pannonian in charge of distributing supplies to the soldiers of Dagalaifus, *magister equitum*, managed to keep the "fickle" (*mobilitas*) soldiers from choosing another emperor.[[11]]

Valentinian arrived in Nicaea on 24 February 364, the bisextile day. This day was used every four years by the Romans to balance the calendar much as we use the modern leap year day: the *sixth day* (counting inclusively) before the first of March was counted twice. According to Ammianus, this day was considered an ill-omened day to begin any new proceedings, so Valentinian put off his official acceptance until the day after the bisextile.[[12]] Furthermore, the prefect Salutius declared that no official business could be conducted on the repeated day. The holiday would have prevented any attempt to name another emperor before Valentinian.[[13]]

On 26 February 364, Valentinian accepted the office offered to him. As he prepared to make his accession speech, the soldiers threatened to riot, apparently uncertain as to where his loyalties lay. Valentinian reassured them that the army was his greatest priority. Furthermore, to prevent a crisis of succession if he should die prematurely, he agreed to pick a co-Augustus. According to Ammianus, the soldiers were astounded by Valentinian's bold demeanor and his willingness to assume the imperial authority.[[14]] His decision to elect a fellow-emperor could also be construed as a move to appease any opposition among the civilian officials in the eastern portion of the empire. By agreeing to appoint a co-ruler, he assured the eastern officials that someone with imperial authority would remain in the east to protect their interests.

After promoting his brother Valens to the rank of tribune and putting him in charge of the royal stables on March 1, Valentinian selected Valens as co-Augustus at Constantinople on 28 March 364, though this was done over the objections of Dagalaifus.[[15]] Ammianus makes it clear, however, that Valens was clearly subordinate to his brother.[[16]] The remainder of 364 was spent dividing up administrative duties and military commands. Valentinian retained the services of Jovinus and Dagalaifus, and promoted Aequitius to *comes Illyricum*. In addition, he promoted Serenianus, a retired soldier and fellow Pannonian, to command of the *domesticorum scholae*. [[17]] Several sources mention the division of administrative spheres between the two brothers, but Ammianus is the most specific.[[18]] According to Ammianus, Valens was given the Prefecture of the Orient, governed by Salutius, while Valentinian gained control of the Prefecture of the Gauls and the Prefecture of Italy, Africa, and Illyricum. These latter three areas were put together as one administrative unit under control of the prefect Mamertinus. Valens resided in Constantinople, while Valentinian's court was at Milan.[19]

Valentinian and the Army

One of the first problems that faced Valentinian was an outbreak of hostilities in Gaul with the Alamanni, a loose confederation of Germanic-speaking peoples living beyond the Rhine. According to Ammianus, the Alamanni were upset because Valentinian would not supply them with the level of tribute that previous emperors had paid them. In response to this insult and the ill treatment their envoys received at the hands of the *magister officiorum* Ursatius, the Alamanni invaded Gaul in 365.[20] At the same time Procopius began his revolt against Valens in the east. Valentinian received news of both the Alamannic trouble and Procopius' revolt on 1 November while on his way to Paris.[21] He had a choice to make--go east to help his brother or stay in Gaul and fight the Alamanni. He initially sent Dagalaifus to fight the Alamanni, while he himself made preparations to journey east and help Valens. After receiving counsel from his court and deputations from the leading Gallic cities begging him to stay and protect Gaul, however, he decided to remain in Gaul and fight the Alamanni.[22]

This move shows two things. First, that Valentinan subordinated the eastern portion of the empire to the west. In addition it shows that Valentinian was still unsure of his support in Gaul, a very important part of the west. There was no better way to win the support of the Gallic nobility than by performing the traditional imperial duty of preserving peace by defeating barbarians. This ideology is amply illustrated by the coinage issued from Gaul during this period. Valentinian issued such series as *RESTITUTOR REIPUBLICAE, GLORIA ROMANORUM*, and *TRIUMFATOR GENT BARB* from the mints at Trier, Lyon, and Arles.[23]

Valentinian advanced to Rheims and sent two generals, Charietto and Severianus, against the invaders. The armies of Charietto and Severianus were promptly defeated and the generals killed. Dagalaifus was then sent against the enemy in 366, but the Alamanni were so scattered about Gaul that he was ineffective. Jovinus replaced Dagalaifus late in the campaigning season, and, after several battles, he pushed the Alamanni out of Gaul. He was awarded the consulate of 367 for his efforts.[24]

Valentinian was distracted from launching a punitive expedition against the Alamanni at this time by problems in Britain and northern Gaul. The Alamanni, however, were not deterred by their earlier defeat at the hands of Jovinus and they returned to Gaul. The city of Mainz was attacked and plundered by an Alamannic raiding party in late 367 or early 368. Valentinian did succeed in getting Roman agents to arrange the assassination of Vithicabius, an important Alamannic leader, by his personal bodyguard, but more serious measures were called for. Valentinian was determined to bring the Alamanni under Roman power once and for all, and spent the winter of 367/8 gathering a huge army for a spring offensive. He summoned the *comes* Sebastianus, who was in charge of the Italian and Illyrian legions, to join Jovinus and Severus, *magister peditum*. Valentinian and his army, accompanied by Gratian, crossed the Main river in the spring of 368. They did not encounter any resistance until they reached Solicinium (Schwetzingen), burning any dwellings or food stores they found along the way. A tremendous battle was fought at Schwetzingen, with the Romans coming out on top, although Valentinian was nearly killed. A temporary peace was apparently reached, and Valentinian and Gratian returned to Trier for the winter.[25]

During 369, Valentinian ordered new defensive works to be constructed and old structures refurbished along the length of the Rhine's left bank. In an even bolder move, he ordered the construction of a fortress across the Rhine, in the mountains near Heidelberg. The Alamanni sent envoys to protest, but they were dismissed out of hand. As a result, the Alamanni attacked while the fortress was still under construction, destroyed it, and killed all the soldiers guarding it.[26]

In 370, the Saxons renewed their attacks on northern Gaul. Nannienus, the *comes* in charge of the troops in northern Gaul, had to ask Severus to come to his aid. After several battles, a truce was called and the Saxons gave the Romans many young men fit for duty in the Roman military in exchange for free passage back to their homeland. The Romans, however, treacherously ambushed the Saxons, killing them all.[[27]] At this same time, Valentinian was contemplating another attack against the Alamanni. His target was Macrianus, another powerful Alamannic chieftain. Rather than directly attack Macrianus, he tried to persuade the Burgundians to attack: they were another Germanic-speaking people, and bitter enemies of the Alamanni. If the Alamanni tried to flee, Valentinian would be waiting for them with his army. Negotiations, however, with the Burgundians broke down when Valentinian, in his usual high-handed manner, refused to meet with the Burgundian envoys and personally assure them of Roman support in the suggested attack. Nevertheless, the proposed alliance with the Burgundians did have the effect of scattering the Alamanni through fear of an imminent attack from their enemies. This event allowed Theodosius, *magister equitum*, to attack via Raetia and take many Alamannic prisoners. These captured Alamanni were settled in the Po river valley, where they still flourished at the time Ammianus wrote his history.[[28]]

Valentinian campaigned unsuccessfully for four more years to defeat Macrianus. In 372 Macrianus barely escaped capture by Theodosius. In the meantime, Valentinian continued to recruit heavily from those Alamanni friendly to the Roman cause. He sent the Alamannic king Fraomarius, along with Alamannic troops commanded by Bitheridius and Hortarius, to Britain in order to replenish troops there.[[29]] Valentinian's Alamannic campaigns, however, were hampered by troubles first in Africa, and later on the Danube. In 374 Valentinian was forced to make peace with Macrianus because the emperor's presence was needed to counter an invasion of Illyricum by the Quadi and Sarmatians.[[30]]

Military Problems in Britain, Gaul, and on the Danube

In 367, Valentinian received reports that a combined force of Picts, Attacotti and Scots had killed Nectaridus (*comes maritimi tractus*) and overcome the *dux* Fullofaudes in Britain. As a consequence, Britain was in a state of anarchy. At the same time, Frankish and Saxon forces were harrying the coastal areas of northern Gaul. Valentinian, alarmed by these reports, set out for Britain, sending Severus (*comes domesticorum*) ahead of him to investigate. Severus was not able to correct the situation and returned to the continent, meeting Valentinian at Amiens. Valentinian then sent Jovinus to Britain and promoted Severus to *magister peditum*. It was at this time that Valentinian fell ill and a battle for succession broke out between Severus, a representative of the army, and Rusticus Julianus, *magister memoriae* and a representative of the Gallic nobility. Valentinian, however, recovered and appointed his son **Gratian** as co-Augustus to forestall any such conflicts in the future. Ammianus remarks that such an action was unprecedented.[[31]]

Jovinus quickly returned, saying that he needed more men to take care of the situation. Beginning in 368 Valentinian, however, was intent on pressing his successes against the Alamanni with a campaign into their territory. Therefore, he assigned the *comes* Theodosius the task of recovering Britain while Severus and Jovinus were to accompany the emperor on his campaign.[[32]] Theodosius arrived in 368 with the Batavi, Heruli, Jovii and Victores legions, landing at Richborough, and proceeded to London. His initial expeditions restored order to southern Britain. Later he rallied the remaining troops which had originally been stationed in Britain. It was apparent that the units had lost their cohesiveness when Nectaridus and Fullofaudes had been defeated. At this time, Theodosius sent for Civilis to be installed as the new *vicarius* of the diocese, and Dulcitius, an additional general.[[33]]

In 369, Theodosius, relying on the tactics of stealth and ambush, set about reconquering the areas north of London. During this period, he put down the revolt of Valentinus, the brother-in-law of Maximinus, at that time a *vicarius*. Valentinus had been exiled to Britain for crimes that Ammianus does not specify and was apparently fomenting a rebellion against the imperial government. Theodosius learned of these plans through spies and quashed the revolt before it got off the ground. After this, Theodosius restored destroyed fortifications and even recovered a lost province which was renamed Valentia.[[34]] After his return in 369, Valentinian promoted Theodosius to *magister equitum* in place of Jovinus.[[35]]

Revolt of Firmus

In 372, the rebellion of **Firmus** broke out in the African provinces. This rebellion was driven by the corruption of the *comes* Romanus. When he took sides in the murderous disputes among the legitimate and illegitimate children of Nubel, a Moorish prince and leading Roman client in Africa, resentment of Romanus' peculations and failure to defend the territory caused some of the provincials to revolt. Valentinian was forced to send in Theodosius to restore imperial control. Over the next two years Theodosius uncovered Romanus' crimes, arrested him and his cronies, and defeated **Firmus**. [[36]]

In 373 trouble erupted with the Quadi, a group of Germanic-speaking people living on the Danube. Like the Alamanni, the Quadi were outraged that Valentinian was building fortifications in their territory. They complained and sent deputations that were ignored by the *magister armorum per Illyricum* Aequitius. It seems, however, that by 373 the construction of these forts was behind schedule. Maximinus, now praetorian prefect of Gaul, arranged with Aequitius to promote his son Marcellianus to the rank of *dux per Valeriam* and put him in charge of finishing the project. The protests of Quadic leaders continued to delay the project, and in a fit of frustration, Marcellianus murdered the Quadic king Gabinius at a banquet ostensibly arranged for peaceful negotiations. This roused the Quadi to war, along with their allies the Sarmatians. During the fall harvest, they broke across the Danube and began ravaging the province of Valeria. The marauders could not penetrate the fortified cities, but they heavily damaged the unprotected countryside. Two legions, the Pannonica and Moesiaca, were sent in, but they failed to coordinate their efforts and were routed by the Sarmatians. At the same time, another group of Sarmatians invaded Moesia, but they were driven back by the *dux Moesiae* **Theodosius the younger**, future emperor and son of the *magister equitum*. [[37]]

Valentinian did not receive news of these disasters until mid-to-late 374. In the spring of 375 he set out from Trier and came to Carnuntum, which was deserted. There he was met by Sarmatian envoys who begged forgiveness for their actions. Valentinian replied that he would investigate what had happened and act accordingly. Valentinian ignored Marcellianus' treacherous actions and decided to punish the Quadi. He, accompanied by Sebastianus and Merobaudes, spent the summer months preparing for the campaign and finally crossed into Quadic territory at Aquincum (Budapest). After generally pillaging the Quadic lands and carrying out acts of terrorism, he retired to Savaria (Szombathely) to winter quarters. For unknown reasons, he decided to continue campaigning and moved from Savaria to Brigetio (Komarom-Szony).[[38]] It was here that he received a deputation from the Quadi on November 17. In return for supplying fresh recruits to the Roman army, the Quadi were to be allowed to leave in peace. Before the envoys left, however, they were granted an audience with Valentinian. The envoys insisted that the conflict was caused by the building of Roman forts in their lands, and that furthermore individual bands of Quadi were not necessarily bound to the rule of the chiefs who had made treaties with the Romans, and thus might attack at any time. The attitude of the envoys so enraged Valentinian that he suffered a stroke that ended his life.[[39]]

Roman Society under Valentinian

Ammianus and Zosimus as well as modern scholars praise Valentinian for his military accomplishments.[[40]] He is generally credited with keeping the Roman empire from crumbling away by ". . . reversing the generally waning confidence in the army and imperial defense . . .."[[41]] Several other aspects of Valentinian's reign also set the course of Roman history for the next century. Valentinian deliberately polarized Roman society, subordinating the civilian population to the military. The military order took over the old prestige of the senatorial nobility. The imperial court, which was becoming more and more of a military court, became a vehicle for social mobility. There were new ideas of nobility, which was increasingly provincial in character. By this it is meant that the imperial court, not the Senate, was the seat of nobility, and most of these *new* nobles came from the provinces. With the erosion of the *old* nobility, the stage was set for the ascendancy of Christianity. At the same time, the empire was becoming more and more of a bureaucracy, with the emperor delegating authority to a chain of officials.

These officials did not always perform their job well and, as a result, the provincial populations became increasingly alienated from the imperial government. They were crushed under the increasing burden of taxation, and often the emperor, through his delegates, failed to provide the security for which the provincials' tribute was paying.[[42]]

Valentinian, Christianity, and Legislation

Unlike his brother Valens, Valentinian refused to become embroiled in the religious controversies of the time. Ammianus praised Valentinian for his religious neutrality.[[43]] Valentinian refused to get involved in the Arian controversy of the east, dismissing a deputation of eastern Nicene bishops who appealed to him to control Valens.[[44]] Valentinian did, however, take a harsh stand against two of the heretical movements that had grown during the past century in the west. In 372 he forbade gatherings of Manichees in the city of Rome. Such assemblies were to result in the death of the leaders, the exile of the others, and confiscation of the property of all involved.[[45]] In addition he officially condemned Donatist bishops in Africa in 373.[[46]]

The ecclesiastical sources for this period generally have a favorable opinion of Valentinian. Jerome speaks in glowing terms, saying "Valentinian was an excellent emperor in most cases and similar in character to Aurelian, save only that certain people interpreted his excessive strictness and parsimony as cruelty and greed."[[47]] Socrates and Orosius took the story of his dismissal from the military by Constantius II and turned him into a martyr of sorts. According to Sozomen, Valentinian was dismissed from the military by Julian, instead of Constantius II, for refusing to perform a pagan ritual at a pagan shrine.[[48]] Less accurately, Theoderet, Sozomen, and Socrates praised Valentinian for installing Ambrose as bishop of Milan. Ambrose's predecessor, Auxentius, had been an Arian.[[49]]

Valentinian, however, was not uniformly friendly towards Christianity. For example, he ordered Symmachus, *praefectus urbi* of Rome in 365, to put to death and confiscate the property of any Christians who became custodians of temples.[[50]] It seems, however, that much of his legislation concerning Christians was driven by fiscal motives, rather than any real concern with religious doctrine. Any Manichees caught under the law contributed their property to the fisc, and the condemnation of the Donatists could really be seen as a condemnation of those who inhibited the collection of taxes from the African provinces. In other examples, Valentinian addressed a law to Damasus, Pope of Rome in 370, which forbade ecclesiastics to marry widows or female wards of the state. The purpose of this law was to stop churchmen from obtaining the wealth of such women through inheritance.[[51]] On the other hand, Valentinian appears to have given Christians special privileges. For example, in 370 he upheld a law of Constantius II that exempted professed Nicene Christians in the African provinces from obligatory municipal duties.[[52]] Similarly, a law was passed in 371 that those in the city of Rome who could prove that they were ecclesiastics before the accession of Valentinian were exempt from municipal services.[[53]]

Revenues lost by these measures had to be made up from other sources, and Valentinian sought them from the senatorial order. In a law promulgated on 18 October 365 in Paris and reaching Carthage on 18 January 366, Valentinian ordered Dracontius, *vicarius Africae*, to send out men to collect taxes from those African estates which were owned by Roman senators.[[54]] This law was in keeping with Valentinian's general hostility to the senatorial order.

Initially, it seemed that Valentinian actively sought to pacify the pagan aristocracy at Rome by retaining the title *pontifex maximus* and by passing legislation confirming toleration of the pagan practice of divination.[[55]] In 371, however, he sanctioned a purge of the nobility by the *praefectus annonae* Maximinus, whom he temporarily elevated to the office of urban prefect for this purpose. Members of the aristocracy were brought before Maximinus and Valentinian's old friend Leo on charges such as using magic, using poison, and adultery.[[56]] Punishments ranged from exile to death. Ammianus cites many such cases, including those of the senators Cethegus, killed for adultery, and Paphius and Cornelius, prosecuted and executed for using poison.[[57]] The scale of Maximinus' prosecutions was such that even children were tried. One

Alypius, whom Ammianus describes as *nobilis adulescens*, was exiled for an offense Ammianus does not specify (and thus implies was trumped up), while Lollianus, son of the ex-prefect Lampadius, was sentenced to exile for writing a book concerning the destructive use of magic (*noxiarum artium*). Lampadius appealed to Valentinian, who turned the case over to Phalangius, governor of Baetica, who sentenced Lollianus to death.[[57]]

Ammianus makes it clear that actions such as these were part of a systematic plan by Valentinian to erode the power and prestige of the senatorial aristocracy. It was at the request of Maximinus that Valentinian abrogated the right of persons of senatorial rank to appeal cases to the emperor, a right that had already been strictly curtailed during the reign of Ampelius, Maximinus' predecessor as urban prefect. He did this by treating as treasonous such acts as adultery, use of magic, and poisoning. He also empowered Maximinus to use torture to extract confessions from the accused.[[59]] As with Lollianus, the appeals that were heard often resulted in a harsher punishment than the original sentence.

Several pieces of extant legislation seem to confirm Ammianus' allegations that Valentinian was eroding senatorial prestige. In a law of 364, Valentinian decreed that the *equites* now ranked in prestige only behind the senatorial order. In addition, these *equites* were exempt from the more onerous forms of compulsory service and senatorial taxes.[[60]] Furthermore, a second law issued in 367 gave members of the imperial court the same privileges as senators. This law also established that discharged *comites* and tribunes could become senators.[[61]]

In July of 372, Valentinian sent several pieces of legislation to Ampelius, *praefectus urbi* of Rome, putting members of the imperial court and the military on equal footing with those who occupied places in the civil administration. First, *magistri peditum* and *magistri equitum* were to be of equal social prestige to praetorian prefects. In addition, quaestors, *magistri officiorum*, the *comes sacrarum largitionum*, the *comes rerum privatarum*, *comites rei militaris*, and *magistri equitum* outranked proconsular governors. Finally, any member of the imperial court outranked *vicarii*.[[62]]

Ammianus also observes that Valentinian's main goal was to raise the prestige of the military. Zosimus confirms this by stating that Valentinian promoted many officers, and modified the system of tax collection so that the army got its supplies more quickly. Valentinian issued several laws expressly intended to make the collection of taxes easier. In 367, Valentinian instructed Probus that tax payments in kind could now be made in three installments *per annum* or all at once.[[63]] In addition, Valentinian raised the standard exactions. This increase in taxation alienated the provincials.

The African provinces illustrate this effect of Valentinian's tax policies. When Romanus, as the military representative of the imperial government, came to power in 363, he began exploiting the provincials in the African diocese. When they refused to meet his exorbitant demands, he left them to the vagaries of such peoples as the Austoriani. In addition, when Valentinian sent Palladius, a tribune and *notarius*, to investigate, Romanus split the stolen tax revenue with him to prevent Palladius from reporting his misconduct to Valentinian.[[64]] As a result of Romanus' actions, the provincials balked at paying any taxes. The fact that Valentinian had to resend the law directly to Dracontius, the vicarius of Africa in 367, confirms that the government was having a hard time in collecting its tribute.[[65]] Valentinian was very distressed by the situation, dispatching the *notarius* Neoterius, the *protector domesticus* Masaucio, and Gaudentius, a tribune of the Scutarii, to Africa in 365.[[66]] Theodosius took steps to ameliorate the situation upon his arrival, declaring that the provincials did not have to supply his army. He would take any supplies he needed from the supporters of Firmus.[[67]]

In addition, when Valentinian came to Pannonia in 375, the provincials took the opportunity to complain bitterly about the oppression they had suffered under Probus, praetorian prefect for the region. According to Ammianus, the taxation was so onerous in Pannonia that many of the leading nobles fled, were imprisoned for debt, or killed themselves.[[68]] There may have been similar unrest in Gaul, for Ammianus reported that there was an outbreak of civil unrest among the provincials there in 369, although he gives no details.[[69]] Scholars such as Raymond Van

Dam see such provincial outbreaks as signs that the imperial system was devolving to the local level.[[70]]

Assessment of Valentinian's Reign

Valentinian's reign affords valuable insights into late Roman society, civilian as well as military. First, there was a growing fracture between the eastern and western portions of the empire. Valentinian was the last emperor to really concentrate his resources on the west. Valens was clearly in an inferior position in the partnership. Second, there was a growing polarization of society, both Christian versus pagan, and civil versus military. Finally there was a growing regionalism in the west, driven by heavy taxation and the inability of Valentinian to fully exercise military authority in all areas of the west. All of these trends would continue over the next century, profoundly reshaping the Roman empire and western Europe.

Selected Bibliography

I. Primary Sources

Ammianus Marcellinus. *Rerum gestarum libri qui supersunt*. W. Seyfarth, ed. 3 vols. Leipzig, 1978.

Consularia Constantinopolitana. T. Mommsen ed., *Monumenta Germaniae Historica, Auctores Antiquissimi*. Volume 9. Berlin, 1892.

Codex Theodosianus. T. Mommsen, P.M. Meyer, and P. Krüger, eds. *Theodosiani libri XVI cum constitutionibus Sirmondianis et leges novellae ad Theodosianum pertinentes* (2 vols.). Berlin, 1905.

Corpus Inscriptionum Latinarum. Vol. 6. T. Mommsen, ed. Berlin, 1875.

Epitome de Caesaribus. F.R. Pichlmayr, ed. Leipzig, 1961.

Jerome. *Chronicon*. R. Helm, ed., in Malcolm Drew Donalson, *A Translation of Jerome's Chronicon with Historical Commentary*. Lewiston, NY, 1996.

Orosius. *Adversus paganos historiarum libri septem*. Z. Zangemeister, ed. *Corpus scriptorum ecclesiasticorum latinorum* 5. Vienna, 1882.

Socrates. *Historia Ecclesiastica*. J.P. Migne ed., *Patrologia Graeca* 67. Paris, 1864.

Sozomen. *Historia Ecclesiastica*. J.P. Migne ed., *Patrologia Graeca* 67. Paris, 1864.

Theoderet. *Historia Ecclesiastica*. J.P. Migne ed., *Patrologia Graeca* 82. Paris, 1864.

Zosimus. *Historia nova*. François Paschoud, ed. and trans., *Zosime: Histoire Nouvelle* (3 vols.). Paris, 1971-89.

II. Secondary Sources

Alföldi, Andreas. *A Conflict of Ideas in the Late Roman Empire: The Clash between the Senate and Valentinian I*. Translated by Harold Mattingly. Oxford, 1952.

Blockley, R.C. "The Date of the 'Barbarian Conspiracy.'" *Britannia* 11 (1980): 223-5.

Burns, Thomas S. *Barbarians within the Gates of Rome: A Study of Roman Military Policy and the Barbarians, ca. 375-425 A.D*. Bloomington, 1994.

Hind, J.G.F. "The British 'Provinces' of Valentia and Orcades." *Historia* 24 (1975): 101-11.

Jones, A.H.M. *The Later Roman Empire 284-602: A Social, Economic, and Administrative Survey*. 3 Volumes. Oxford, 1964.

_____. "The Social Background of the Struggle Between Paganism and Christianity." In *The Conflict Between Paganism and Christianity in the Fourth Century*, ed. Arnaldo Momigliano, 17-37. Oxford, 1963.

_____., J.R. Martindale, and J. Morris, eds. *The Prosopography of the Later Roman Empire, Volume I A.D. 260-395*. Cambridge, 1971.

Matthews, John F. *The Roman Empire of Ammianus*. London, 1989.

_____. "Symmachus and the magister militum Theodosius." *Historia* 20 (1971): 122-8.

_____. "Mauretania in Ammianus and the Notitia." In *Aspects of the "Notitia Dignitatum"*, eds. R. Goodburn and P. Bartholomew, 157-86. Oxford, 1976.

_____. *Western Aristocracies and Imperial Court, A.D. 364-425*. Oxford, 1975.

Momigliano, Arnaldo, ed. *The Conflict Between Paganism and Christianity in the Fourth Century*. Oxford, 1963.

Nagl, A. "Valentinianus I." *RE* 14: 2158ff.

Napoli, Joëlle. "Ultimes fortifications du limes." In *L'armée romaine et les barbares du IIIe au VIIe siècle*, eds. Françoise Vallet and Michel Kazanski, 67-76. Paris, 1993.

Oldenstein, Jürgen. "La fortification d'Alzey et la defense de la frontière romaine le long du Rhine au IVe et au Ve siècles." In *L'armée romaine et les barbares du IIIe au VIIe siècle*, eds. Françoise Vallet and Michel Kazanski, 125-33. Paris, 1993.

Pearce, J.W.E. *The Roman Imperial Coinage: Vol. 9 Valentinian I to Theodosius I*. Harold Mattingly, C.H.V. Sutherland, and R.A.G. Carson eds. London, 1972.

Stein, Ernest. *Histoire du bas-empire*. Translated by Jean-Remy Palanque. Amsterdam, 1968.

Thompson, E.A. "Ammianus Marcellinus and Britain." *Nottingham Medieval Studies* 34 (1990): 1-15.

Tomlin, Roger. "The Date of the 'Barbarian Conspiracy.'" *Britannia* 5 (1974): 303-9.

Van Dam, Raymond. *Leadership and Community in Late Antique Gaul*. Berkeley, 1985.

Warmington, B.H. "The Career of Romanus, *Comes* Africae." *Byzantinische Zeitschrift* 49 (1956): 55-64.

Notes

[[1]] For a survey of the primary source for Valentinian I, see A.H.M. Jones, J.R. Martindale, and J. Morris, *The Prospography of the Later Roman Empire, Volume 1 A.D. 260-395* (Cambridge, 1971), s.v. "Flavius Valentinianus 7 [hereafter cited as *PLRE* 1]; and Karl Mittelhaus and Konrat Ziegler, eds. Paulys *Realencyclopädie der classischen Altertumswissenschaft,* 2nd ed. Volume 14 (Munich, 1948), s.v. "Valentinianus 1," by Assunta Nagl.

[[2]] For the date see Ammianus Marcellinus, *Rerum gestarum libri qui supersunt*, 30.6.6, ed. W. Seyfarth, 3 vols. (Leipzig, 1978); Socrates, *Historia Ecclesiastica*, 4.31, in *Patrologia Graeca* 67, ed. J.P. Migne (Paris 1864); and Sozomen, *Historia Ecclesiastica*, 6.31, in *Patrologia Graeca* 67, ed. J.P. Migne (Paris 1864). For the place see Ammianus 30.7.2; Zosimus, 3.36.2; Socrates 4.1; Jerome, *Chronicon, Olympiad* 285.4, ed. R. Helm in Malcolm Drew Donalson, *A*

Translation of Jerome's Chronicon with Historical Commentary (Lewiston, NY, 1996), 112; and *Epitome de caesaribus,* 45.2, ed. F.R. Pichlmayr (Leipzig, 1961).

[[3]]Ammianus 30.7.1-3.

[[4]]*Ibid.*, 16.11.6-7.

[[5]]*PLRE* 1 s.v. "Marina Severa 2;" "Justina;" "Justa 1;" and "Galla 2."

[[6]]Ammianus 25.8.8-10.

[[7]]*Ibid.*, 25.10.6.

[[8]]*Ibid.*, 25.8.11-12.

[[9]]*Ibid.*, 25.10.6-9. Zosimus 3.35.1-2 relates basically the same story, but says that Valentinian's party was sent to Pannonia in order to inform the army there of Julian's death. The Batavi legion in Pannonia regarded Jovian as a usurper and attacked the envoys. Valentinian only escaped death by running away.

[[10]]Ammianus 25.10.13; *Consularia Constantinopolitana*, 364.2, T. Mommsen ed., in *Monumenta Germaniae Historica Auctores Antiquissimi*, Volume 9 (Berlin, 1892); and *PLRE* I, *s.v.* "Fl. Jovianus 3."

[[11]]Ammianus 26.1.3-6.

[[12]]*Ibid.*, 26.1.7-14.

[[13]]*Ibid.*, 26.2.1.

[[14]]*Ibid.*, 26.2.2-11.

[[15]]*Ibid.*, 26.4.1-2.

[[16]]*Ibid.*, 24.6.3; 26.5.1.

[[17]]*Ibid.*, 26.5.2-3.

[[18]]*Ibid.*, 26.5.5; Zosimus 4.3.1; and Theoderet, *Historia Ecclesiastica*, 5.5, in *Patrologia Graeca* 82, ed. J.P. Migne (Paris 1864).

[[19]]Ammianus 26.5.4-5.

[[20]]*Ibid.*, 26.5.7.

[[21]]*Ibid.*, 26.5.8. Three laws actually put Valentinian in Paris between Oct. 18 and Dec. 12. *Codex Theodosianus,* 8.1.11; 10.19.3; 11.1.13, T. Mommsen, P.M. Meyer, and P. Krüger, eds. *Theodosiani libri XVI cum constitutionibus sirmondianis et leges novellae ad Theodosianum pertinentes*, 2 vols., (Berlin, 1905).

[[22]]Ammianus 26.8-13.

[[23]]J.W.E. Pearce, *Roman Imperial Coinage: Vol. 9 Valentinian I to Theodosius I*, eds. Harold Mattingly, C.H.V. Sutherland, and R.A.G. Carson (London, 1972), 13-21; 34-47; 54-67.

[[24]]Ammianus 27.7.1-5; 27.2.1-11.

[[25]]*Ibid.*, 27.10.1-16.

[[26]]*Ibid.*, 28.2.1-9. For a discussion of the archaeological evidence which supports the literary accounts of Valentinian's program see Joëlle Napoli, "Ultimes fortifications du limes," in *L'armée romaine et les barbares du IIIe au VIIe siècle*, eds. Françoise Vallet and Michel Kazanski (Paris, 1993), 67-76; and Jürgen Oldenstein, "La fortification d'Alzey et la défense de la frontière romaine le long du Rhine au IVe et au Ve siècles," in *ibid.*, 125-33.

[[27]]Ammianus 28.5.1-7.

[[28]]*Ibid.*, 28.5.8-14.

[[29]]*Ibid.*, 29.4.1-7.

[[30]]*Ibid.*, 30.3.1-6.

[[31]]*Ibid.*, 27.8.1-5; 27.6.1-16. For the problems of chronology with these events see Roger Tomlin, "The Date of the 'Barbarian Conspiracy'," *Britannia* 5 (1974): 304-5; and R.C. Blockley, "The Date of the 'Barbarian Conspiracy'," *Britannia* 11 (1980): 223-4.

[[32]]Ammianus, 27.8.3; 27.10.6.

[[33]]*Ibid.*, 27.8.6-10.

[[34]]*Ibid.*, 28.3.1-9; see J.G.F. Hind, "The British 'Provinces' of Valentia and Orcades," *Historia* 24 (1975): 101-11; and E.A. Thompson, "Ammianus Marcellinus and Britain," *Nottingham Medieval Studies* 34 (1990): 1-15.

[[35]]Ammianus 28.3.9.

[[36]]*Ibid.*, 29.5.1-55; for details of the campaign see John F. Matthews, "Mauretania in Ammianus and the Notitia," in *Aspects of the "Notitia Dignitatum"*, eds. R. Goodburn and P. Bartholomew (Oxford, 1976), 157-86.

[[37]]Ammianus 29.6.1-16.

[[38]]*Ibid.*, 30.5.1-15.

[[39]]*Ibid.*, 30.6.1-6.

[[40]]*Ibid.*, 29.4.1; Zosimus 4.3.4-5; Thomas S. Burns, *Barbarians within the Gates of Rome: A Study of Roman Military Policy and the Barbarians, ca. 375-425 A.D.* (Bloomington, 1994): 1-42; Ernest Stein, *Histoire du bas-empire*, trans. Jean-Remy Palanque (Amsterdam, 1968), 181-3.

[[41]]Burns, *Barbarians within the Gates,* 294, n.4.

[[42]]John F. Matthews, *Western Aristocracies and Imperial Court A.D. 364-425* (Oxford, 1975), 30-55; *idem*, *The Roman Empire of Ammianus* (London, 1989), 284-6; A.H.M. Jones, *The Later Roman Empire 284-602: A Social, Economic, and Administrative Survey, Volume 1* (Norman, 1964), 138-54; and A.H.M. Jones, "The Social Background of the Struggle between Paganism and Christianity," in *The Conflict Between Paganism and Christianity in the Fourth Century*, ed. Arnaldo Momigliano (Oxford, 1963), 17-37. For a contrary view see Andreas Alföldi, *A Conflict of Ideas in the Late Roman Empire: The Clash Between the Senate and Valentinian I*, trans. Harold Mattingly (Oxford, 1952).

[[43]]Ammianus 30.9.5.

[[44]]Sozomen 6.7.

[[45]]*CTh* 16.5.3.

[[46]]*Ibid.* 16.6.1.

[[47]]Jerome, *Chronicon*, Olympiad 286.1, ed. R. Helm, in Malcolm Drew Donalson, *A Translation of Jerome's Chronicon with Historical Commentary* (Lewiston, NY, 1996), 113.

[[48]]Sozomen 6.6; Orosius, 7.32, states that Valentinian voluntarily went into exile.

[[49]]Socrates 4.30; Sozomen 6.24; and Theoderet 5.6.

[[50]]*CTh* 16.1.1.

[[51]]*Ibid.*, 16.2.20.

[[52]]*Ibid.*, 16.2.18.

[[53]]*Ibid.*, 16.2.21.

[[54]]*Ibid.*, 11.1.13.

[[55]]*CIL*, 6.1175; *CTh* 9.16.5.

[[56]]Ammianus 28.1.10-12.

[[57]]*Ibid.*, 28.1.16; 28.1.29.

[[58]]*Ibid.*, 28.1.16; 28.1.26.

[[59]]*Ibid.*, 28.1.11; *CTh* 9.16.10.

[[60]]*Ibid.*, 6.37.1.

[[61]]*Ibid.*, 6.35.7.

[[62]]*Ibid.*, 6.7.1; 6.9.1; 6.11.1; 6.14.1; and 6.22.4.

[[63]]*Ibid.*, 11.1.15.

[[64]]Ammianus 28.6.1-18.

[[65]]*CTh* 11.1.16.

[[66]]Ammianus 26.5.13.

[[67]]*Ibid.*, 29.5.10. For the social implications of Firmus' revolt see B.H. Warmington, "The Career of Romanus, *Comes Africae*," *Byzantinische Zeitschrift* 49 (1956): 55-64; and John F. Matthews, "Symmachus and the *magister militum* Theodosius," *Historia* 20 (1971): 122-8.

[[68]]Ammianus 30.5.5-10.

[[69]]*Ibid.*, 28.2.10.

[[70]]Raymond Van Dam, *Leadership and Community in Late Antique Gaul* (Berkeley, 1985), 7-24.

Copyright (C) 1998, Walter E. Roberts. This file may be copied on the condition that the entire contents, including the header and this copyright notice, remain intact.

Comments to: Walter E. Roberts

Updated: 10 August 2001

For more detailed geographical information, please use the *DIR/ORB* Antique and Medieval Atlas below. Click on the appropriate part of the map below to access large area maps.

Return to the Imperial Index

Durch ihren Beitrag und eine eigenständige Entwicklung der einheimischen Völker bildete sich die keltische Kultur dort bis zu ihrem Zusammenprall mit den Legionen Caesars kontinuierlich weiter aus. Im Laufe der Zeit verloren die Kelten allmählich ihren «Kriegseifer». An die Stelle der mit enthaupteten Leichen und verbogenen Waffen angefüllten Heiligtümer (Ribemont-sur-Ancre, Fesques, Blicquy usw.) traten Stätten, an denen Menschenopfer seltener waren und die Waffen Miniaturform und Symbolcharakter annahmen (u. a. Mouzon, Baâlons). In Acy-Romance (REM) wurden mehrere Zonen mit unterschiedlicher Funktion voneinander abgegrenzt. In einem heiligen Bezirk (3500 m²), der von einem mit Palisaden verstärkten Graben umgeben war, wurden quadratische Bauten freigelegt, die der Dicke der Pfosten nach zu urteilen monumentale Ausmaße gehabt haben müssen und deren Grundriss in römischer Zeit übernommen wurde. Aus dem 2. Jh. v. Chr. stammen Funde von Waffen und von menschlichen Überresten, die man als Menschenopfer ansprechen darf. Es handelt sich zum Teil um vollständige Skelette, die erkennen lassen, dass die Körper entweder zusammengekrümmt in Brunnen austrockneten oder in Gruben begraben wurden. Im 1. Jh. v. Chr. wurden dann ausschließlich Tiere geopfert, und neben den durch Verbiegen unbrauchbar gemachten «echten» Waffen tauchen Miniaturwaffen auf.

Der ländliche Charakter der keltischen Kultur und die Macht der aristokratischen Grundeigentümer setzten sich also nach und nach durch. Sie lassen erkennen, dass gesellschaftliche und wirtschaftliche Beziehungen im Vergleich zu Blutsverwandtschaft und kriegerischen Auseinandersetzungen an Gewicht gewannen. Erst seit etwa 30 Jahren ist man dank der Archäologie über das Landleben am Ende der Eisenzeit etwas besser unterrichtet. Die archäologischen Befunde sind einfach. Die Siedlungen weisen wenige Besonderheiten auf und das gesamte Territorium wirkt in gewisser Weise einheitlich. Das Fundmaterial ermöglicht dagegen eine bessere soziale und kulturelle Differenzierung. Die Dichte der bäuerlichen Gehöfte nimmt zu; die offene Landschaft wird zunehmend parzelliert. Die Gehöfte sind innerhalb einer unregelmäßigen viereckigen Einfriedung organisiert und umfassen Wohneinheiten, Silos und Speicher sowie handwerkliche Bereiche (Abb. 5). Das Gehöft «Camp du Roi» in Jaux (BEL) stellt ein gutes Beispiel dar: Eine erste rechteckige innere Einfriedung misst 78 x 54 m; parallel zu ihr verläuft eine zweite, äußere Umfriedung, die das Areal auf 7300 m² erweitert (Abb. 6). Die Gebäude reihten sich an den Seiten der Einfriedung aneinander, wodurch in der Mitte ein freier Platz entstand. Die Gehöfte bestanden in der Regel aus drei bis fünf rechteckigen

Abb. 5
Die Gebäude der gallischen Bauernhöfe waren auf Holzpfosten errichtet. Die Pfosten waren sehr massiv, wenn sie das Gebälk trugen; weniger dick, wenn sie Wände aus Lehm stützen mussten. Die Dächer waren mit Stroh gedeckt. Im Freilichtmuseum in Asnapio (Departement Nord) wurden ein Speicher (links), ein Wohnhaus (rechts) sowie ein kleines Gebäude (Mitte) rekonstruiert.

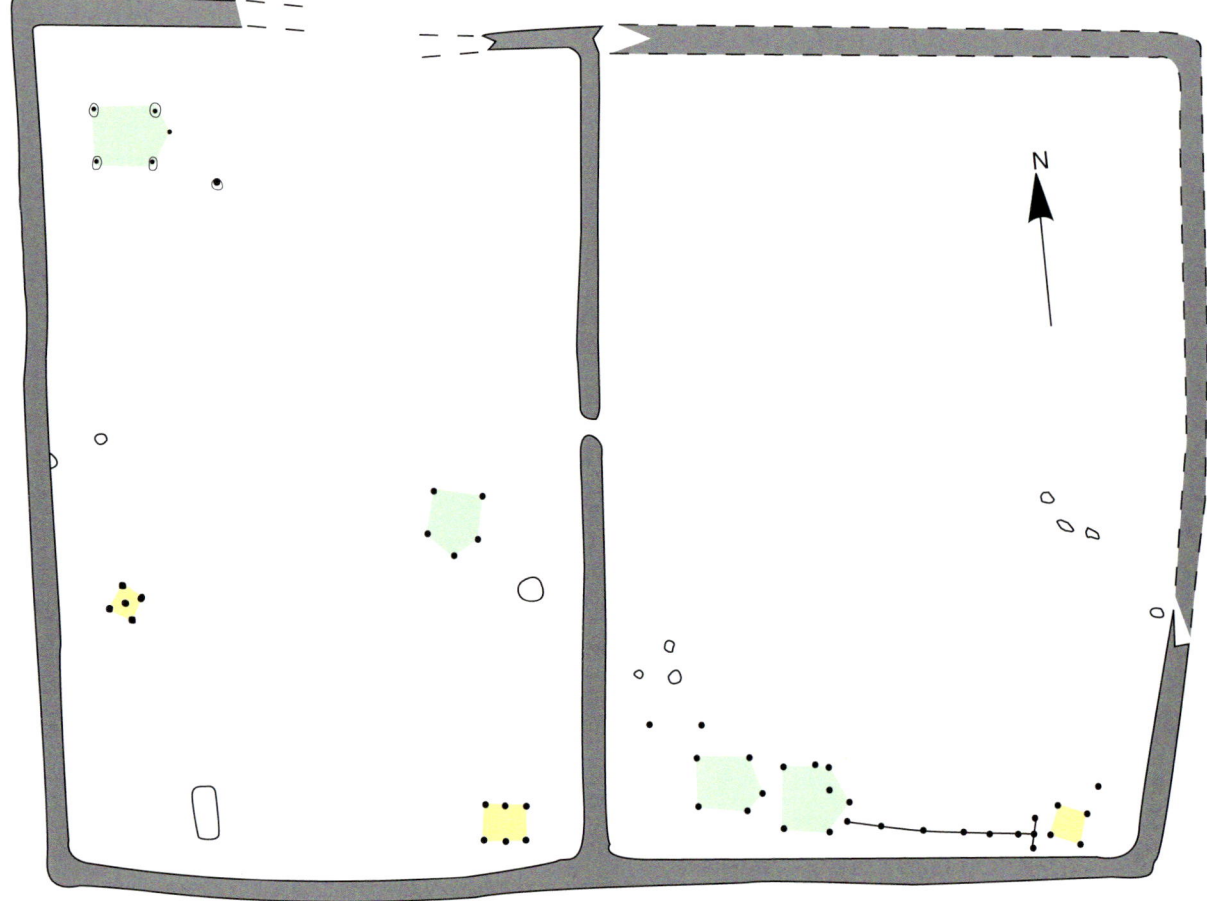

*Abb. 6
Jaux, «Camp du roi», Grundriss eines Bauernhofs vom Ende der Eisenzeit: 1. Graben, 2. Wohn- und Wirtschaftsgebäude, 3. Speicher. Einfriedungen und Gräben trennen die unterschiedlichen Bereiche. Die römische villa wird dieses Organisationsmuster übernehmen.*

Pfostenbauten, mit einem abgestumpften Winkel; diese Architektur findet sich bei den frührömischen Gehöften wieder. Die Siedlungen waren auf Getreideanbau und Viehzucht ausgerichtet. Ein Teil des Getreides wurde für längere Zeit im Silo gelagert, ein anderer Teil in den Speichern. Getreide, das für den baldigen Verzehr gedacht war, wurde ungemahlen in *dolia* (großen Tongefäßen) aufbewahrt. Das Silo, eine glockenförmige Grube, konnte mehrere Tonnen Getreide aufnehmen. Die Speicher waren auf Pfosten errichtet. Einige Feuerstellen könnten dem Rösten des Getreides oder dem Maischen von Bier gedient haben. Zangen, Spinnwirtel und Webgewichte belegen die Weberei, während Abtropfsiebe von der Käseproduktion zeugen.

Während Caesars Beschreibung und die landwirtschaftlichen Strukturen dem Territorium der Belger zunächst eine gewisse Einheitlichkeit zu verleihen scheinen, lassen hingegen Details in Caesars *Commentarii* des Gallischen Krieges und besonders die archäologischen Entdeckungen eine komplexere Realität erkennen. Befestigte Siedlungen, Münzprägung und Importe aus weit entfernten Regionen (hauptsächlich Wein), ermöglichen die Unterscheidung von drei Kulturgruppen.

Befestigte Siedlungen tauchen im 2. Jh. v. Chr. im Zentrum und im Osten der Belgica auf und breiten sich in der Zeit des Gallischen Krieges aus; ausgenommen bleibt die Küstenebene (Abb. 7). Um bedeutende befestigte Orte sowohl auf Anhöhen als auch in den Ebenen zu bezeichnen, verwenden die Archäologen allgemein den Begriff *oppidum*, obwohl Caesar darüber hinaus auch die Bezeichnungen *castellum* und *vicus* benutzt. Diese Orte können nach der Art der Befestigung (Wall, Tor und Graben), der Besiedlung innerhalb der Befestigung (u. a. Freifläche, Wohnraum, Heiligtum, Handwerksbetriebe) und der Fläche (von 0,1 bis 240 ha) klassifiziert werden. Die im Westen anscheinend erst relativ spät gegründeten *oppida* (u. a. Etrun, Liercourt-Erondelle) wurden durch massive Erdwälle und breite Gräben geschützt; im Zentrum der Belgica und im Osten weisen die Fundstätten Wälle (*murus gallicus*) auf, deren innere Holzstrukturen von Eisennägeln zusammengehalten und mit Steinen verfüllt wurden. Es handelt sich um Siedlungsspuren, bei denen sowohl Hinweise auf häusliche als auch die Gemeinschaft betreffende Aktivitäten gefunden werden (Condé-sur-Suippe, Villeneuve-Saint-Germain, Saint-Thomas, Zabern, Naix-aux-Forges usw.). Der Titelberg in La Madeleine (TRV) ist eine

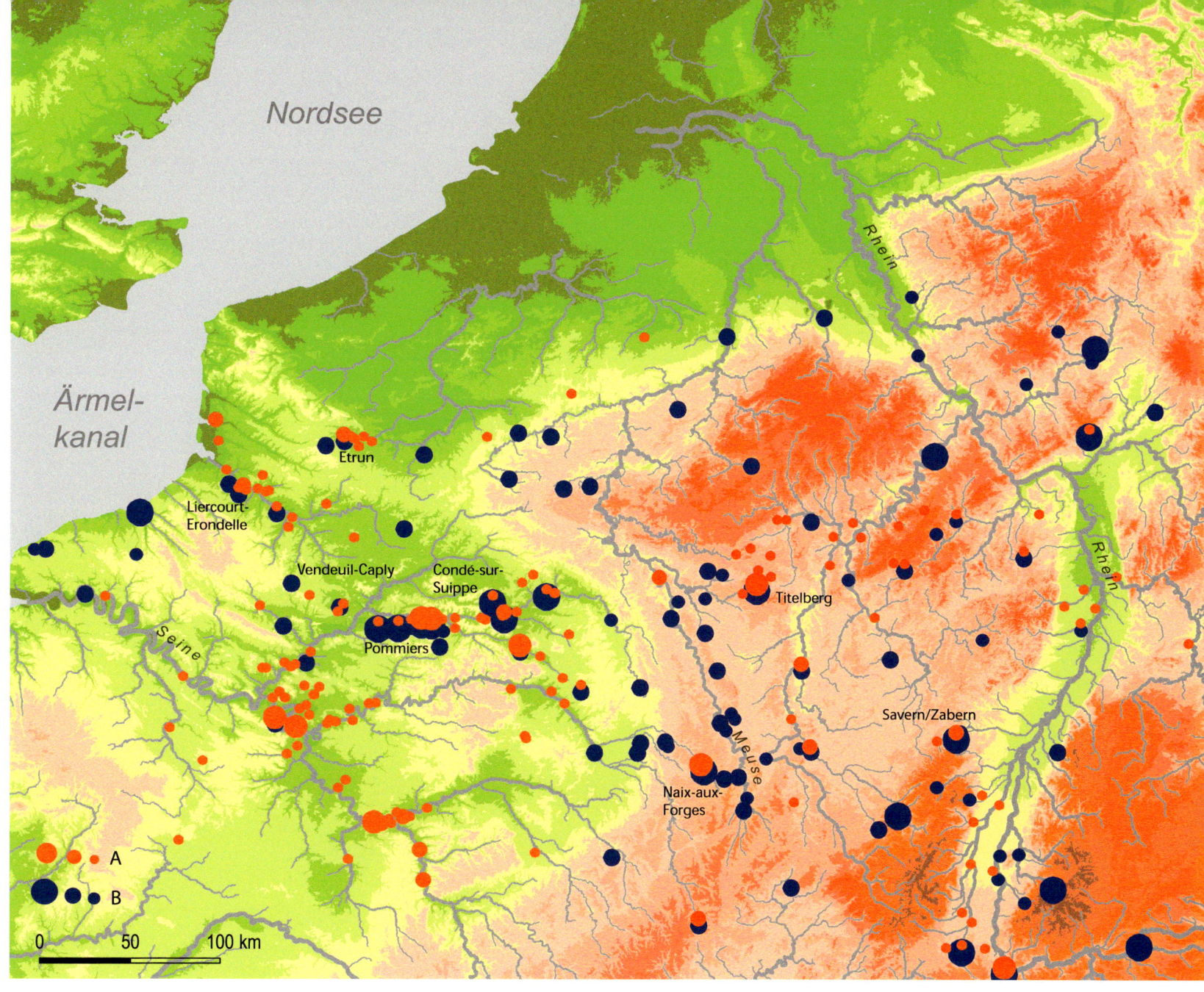

dieser Fundstätten (Abb. 8): Zunächst wurde der Bergsporn mit einer Sperrmauer versehen, am Ende des 2. Jhs. v. Chr. dann das gesamte *oppidum* von einem *murus gallicus* umgeben. Ein Graben teilte das Plateau in zwei Bereiche: Der nordwestliche Bereich war ein Wohn- und Handwerkerviertel; nach der Eroberung wird hier kurzfristig ein Militärlager eingerichtet. Der südöstliche Bereich (10 ha) blieb einem Heiligtum vorbehalten und diente möglicherweise auch politischen Versammlungen. Das *oppidum* wurde nun zur städtischen Siedlung, einem Zentrum, in dem sich ein Teil der Bevölkerung konzentrierte und zum Ort politischer, religiöser und ökonomischer Aktivitäten. Das *oppidum* und wohl auch sein Heiligtum nahmen aufgrund ihres Reichtums an Eisenerz zweifellos eine privilegierte Stellung ein. Sie bestanden auch in römischer Zeit, noch über die Gründung Triers, der neuen Hauptstadt der Treverer, hinaus.

Im 2. Jh. v. Chr. und in der ersten Hälfte des 1. Jhs. v. Chr. wurden nach Gallien rund 65 Millionen Amphoren eingeführt und demzufolge ungefähr eineinhalb Milliarden Liter Wein getrunken. Dennoch sind diese Zahlen bescheiden, wenn man bedenkt, dass das heutige Frankreich jährlich das Fünffache produziert. Ein beachtlicher Anteil des Weins ging in die Gallia Transalpina, den südlichen Teil der Aquitania und nach Zentralgallien. Im Süden Galliens zeugt dieser Konsum von einer Übernahme von Gepflogenheiten und Ernährungsweisen der griechisch-römischen Kultur, während er in Zentralgallien auf einen regen Kontakt mit den römischen Händlern einerseits und andererseits auf eine redistributive Kultur der Aristokratie auf der Grundlage des Klientelwesens hinweist. Die Anzahl der Amphoren nimmt nördlich der Seine ab; Wein wurde selten, da sich die Transportkosten negativ auswirkten (vgl. Abb. 7). Der Osten, der Norden

Abb. 7
Die oppida (A, nach Größe geordnet von 1 bis 3) und die Importe italischer Amphoren (B, Dressel 1, nach unterschiedlichen Kriterien geordnet). Die Regionen der südlichen Belgica erfuhren eine erste Urbanisierung, während in der Mitte der Belgica nur einige oppida verzeichnet werden können. Die Amphoren erreichten die südlichen Regionen regelmäßig, den Westen sporadischer und im Norden fehlen sie.

DIE VÖLKER VOR CAESARS ZEIT | 13

und der Westen des Territoriums weisen Unterschiede auf, deren Gründe jedoch nicht nur wirtschaftlicher Natur waren. Caesar gibt uns eine Erklärung dafür, indem er Folgendes berichtet: «Kein Händler erlangt Zugang zu ihnen [den Nerviern]. Es war verboten, bei ihnen Wein und andere Luxusgüter einzuführen, weil sie glaubten, dass diese sie verweichlichten und ihre Tapferkeit verminderten.» (*de Bello Gallico* 2, 15; s. a. 1,1 oben zitiert). Es sind also politische und moralische Argumente, die das Fehlen von Amphoren im Norden Galliens und jenseits des Rheins erklären. Im westlichen Teil, dem unteren Seine-Tal, der Picardie und dem Artois, sind Amphoren in ländlichen Siedlungen und Heiligtümern relativ selten; sie stellen dort ein aristokratisches Privileg dar. In den Gräbern der Oberschicht dieser Region findet man neben Situlen und großen Gefäßen, aus denen die einheimischen Getränke geschöpft wurden, Hakenstangen und Vorrichtungen zum Grillen von Fleisch sowie Feuerböcke, die typisch für eine Elite von Kriegern und Grundeigentümern sind. Im östlichen Teil, vom Becken der Aisne bis zu dem der Mosel, trifft man Amphoren häufiger an. In den *oppida*, den Heiligtümern und den Waffengräbern werden sie in großer Anzahl gefunden. Sie illustrieren eine den traditionellen Werten verbundene, jedoch für Einflüsse aus dem Süden offene Aristokratie.

Wie der Wein sind im Norden der Seine vor der Eroberung durch Caesar auch Münzen selten und nicht sehr vielfältig – und vielleicht liegen dieselben Ursachen zugrunde. Während in den Regionen in Zentral- und Südgallien Silbermünzen mit römischen Gewichtsnormen geprägt werden, überwiegen hier Gold- und Bronzemünzen (Abb. 9). Goldmünzen, deren hellenistische Vorbilder von den Söldnern mitgebracht wurden, findet man ab Ende des 3. Jhs. v. Chr. Und obwohl sie im 2. Jh. v. Chr. zusammen mit gegossenen Potinmünzen aus Kupferlegierung vorhanden sind, scheinen sie auf Heiligtümer begrenzt geblieben zu sein und keine Rolle als Zahlungsmittel gespielt zu haben. Goldmünzen wurden allerdings über weitere Strecken transportiert als Bronzemünzen, die nur auf regionaler Ebene zirkulierten. Im 1. Jh. v. Chr., vor dem Ende des Gallischen Krieges, vermehrten sich die Prägungen auf dem gesamten Territorium; auch tauchten immer

Abb. 8
La Madeleine, das oppidum vom Titelberg. Diese große Siedlung beherrschte das treverische Land; in der römischen Zeit folgten auf das oppidum eine Siedlung und ein Heiligtum.

*Abb. 9
Statere der Ambianer (Büste mit Lorbeerkranz, 2. Jh. v. Chr.) und der Treverer (großes Auge, Loucotio 100–50 v. Chr.). Die Vorbilder für die stark stilisierten Darstellungen stellten griechische Münzen dar: ein Stater aus Tarent und ein Stater des Philipp von Makedonien.*

mehr Silber- und Bronzeprägungen auf. Die Kriegskosten sind einer der Hauptfaktoren dieser Entwicklung, obwohl möglicherweise eine Machtkonzentration und eine zunehmende Monetarisierung des Tauschhandels vorausgegangen waren. Die Gold-, Silber- Bronze- und Potinmünzen sind geläufiger im Zentrum und im Osten der Belgica, von der Gegend um Soisson bis zum Rhein, während im Westen (Picardie) vornehmlich Bronzeprägungen vorkommen. In den nördlichen Gebieten und den Küstenregionen tauchen Münzprägungen erst kurz vor dem Gallischen Krieg auf. Ebenso scheint es, dass die Münzen im Westen überwiegend in religiösem Kontext vorkommen, während im Zentrum und im Osten verlorengegangene Münzen häufig in den *oppida* und ländlichen Siedlungen gefunden werden. Nach der Eroberung und bis in die augusteische Zeit wurden auch weiterhin Bronzemünzen geprägt, während die Prägung von Gold- und Silbermünzen, denen ein strategischer Wert zukam, möglicherweise sehr bald von Rom verboten wurde. Die Bronzemünzen könnten als Sold für die Auxiliartruppen gedient haben; ihr Wert dürfte äußerst gering gewesen sein.

Die Völker Nordgalliens sind vor Einrichtung der römischen Provinz nicht mehr die, die der griechische Schriftsteller Poseidonios (um 135 v. Chr.–51/50 v. Chr.) beschrieben hatte, und auch dem Bild Caesars entsprechen sie nicht mehr. Sie haben sich dank der steigenden landwirtschaftlichen Produktion intern weiterentwickelt, und auch der Kontakt mit den *mercatores* (Händlern) aus dem Mittelmeerraum mag eine Rolle gespielt haben. Im Norden der Seine sind die Anzeichen dieser Entwicklung weniger ausgeprägt und man kann drei Regionen unterscheiden: Das Zentrum mit dem Osten, die den Territorien der Suessionen, Remer, Treverer, Mediomatriker und Leuker entsprechen, der Westen (ungefähr das caesarische *Belgium*) der Ambianer, Bellovaker und Atrebaten sowie der Norden der Nervier, Moriner, Menapier, Aduatuker und Eburonen. Wie wir sehen werden, gingen manche dieser Völker im Gallischen Krieg vollständig zugrunde (Aduatuker und Eburonen), andere wurden ins Innere des Territoriums umgesiedelt (Nervier und Menapier) und wieder andere, die vom rechten Ufer des Rheins stammten, wurden in die Reichsgrenzen eingegliedert (u. a. Bataver und Ubier).

GESCHICHTE UND VERWALTUNG

Die Eroberung

Den Verlauf der Ereignisse der Eroberung Galliens beschreibt Caesar in seinem Werk *De Bello Gallico* (Abb. 10). Den Ausgangspunkt bildete die Entscheidung der Helvetier, ihr von den Sueben bedrohtes Territorium zu verlassen, um sich an der Atlantikküste niederzulassen. Beunruhigt baten die Haeduer, deren Land die Helvetier durchqueren mussten, Caesar um Hilfe. Dieser war seit Ende 59 v. Chr. Statthalter Illyricums, der Gallia cisalpina (Norditalien) und der Gallia transalpina (Gebiet jenseits der Alpen). Nachdem Caesar die Helvetier und die Sueben in Ostfrankreich zurückgeschlagen hatte, beschloss er Gallien zu erobern: Er beschuldigte die belgischen Völker, sich gegen ihn verschworen zu haben. Diese befürchteten in der Tat Caesars Annexionsabsichten, da er seine Armee bei den Sequanern hatte überwintern lassen, anstatt sie in die Gallia transalpina zurückzuführen. Anfang des Jahres 57 v. Chr. marschierte Caesar in Richtung Belgien. Die Remer verstanden sich aufgrund ihres Namens als Nachkommen von Remus, dem Bruder des Romulus, und verbündeten sich mit Caesar. Sie sollten ihm auch in Zukunft, selbst in schwierigen Momenten, treu bleiben. Die anderen Völker, Bellovaker, Suessionen, Nervier, Atrebaten, Ambianer, Moriner, Menapier, Caleten und Paemaner, verbündeten sich jedoch gegen Caesar (Abb. 11. 12). Nach einem Sieg an der Aisne in der Nähe von Bibrax (Saint-Thomas) nahm Caesar *Noviodunum Suessionum* (Pommiers), das *oppidum* der Suessionen, und darauf Bratuspantium, das *oppidum* der Bellovaker (Vendeuil-Caply ?), ein, unterwarf die Ambianer und richtete sich gegen die Nervier, die ihn mit den Atrebaten und den Viromanduern an einem Sabis genannten Fluss erwarteten (oft wird dieser irrtümlich mit der Sambre gleichgesetzt, tatsächlich handelt es sich jedoch um die Schelde). Die von dem Nervier Boduognat angeführten Gallier wurden besiegt und die zu spät eingetroffenen Aduatuker nach der Einnahme ihres *oppidum* Atuatuca (Namur?) ebenfalls unterworfen. Im Jahre 56 v. Chr. führten die Feldzüge Caesar in den Westen und Südwesten Galliens. Erst im Spätsommer kam er nach Nordgallien zurück, um die Moriner und die Menapier zu bestrafen, die den Venetern geholfen hatten. Doch diese zogen sich in die Wälder und Sümpfe zurück, und so musste sich Caesar damit begnügen, ihre Felder und Höfe zu plündern und niederzubrennen. Im Jahr 55 v. Chr. überquerten germanische Stämme, die Usipeter und die Tenkterer, den Rhein und besetzten einen Teil des Territoriums der Menapier, der Eburonen und der Condruser. Caesar schlug sie zurück, überquerte den Rhein und entschloss sich, als erster Römer eine Expedition nach Britannien zu wagen. Er begab sich zu den Morinern und schickte Commius, den er zum König der Atrebaten ernannt hatte und der auf der Insel Beziehungen unterhielt, als Abgesandten nach Britannien. Im Spätsommer überquerte Caesar mit zwei Legionen und Reitern die Straße von Dover. Bereits nach den ersten Kriegshandlungen unterwarfen sich die Britonen, doch die römische Flotte wurde zum Teil durch ein Unwetter vernichtet, weshalb Caesar gezwungen war, sich überstürzt nach Gallien zurückzuziehen. Dort rächte er sich an den Morinern und den Menapiern dafür, dass diese seine Soldaten auf ihrem Rückzug angegriffen hatten. Die gesamte Armee überwinterte in Belgien. Da Caesar sich nicht mit diesem Misserfolg zufriedengeben wollte, sammelte er im Jahr 54 v. Chr. ein großes Heer in Portus Itius (wohl die Mündung der Liane). Während der Vorbereitungen wendete er sich gegen die Treverer, die er beschuldigte, sie hätten die Germanen zu Hilfe rufen wollen. Bei den Treverern bekämpften sich zwei Stammesfürsten, der romfeindliche Indutiomarus und sein Caesar wohlgesonnener Schwiegersohn Cingetorix. Nachdem Caesar den Treverern Cingetorix aufgezwungen hatte, kehrte er nach Portus Itius zurück und setzte mit fünf Legionen und 2000 Reitern nach Britannien über. Er ließ seinen Legaten Labienus mit drei Legionen und 2000 Reitern zurück. Nach mehreren Gefechten, die ihn bis an die Themse führten, kehrte Caesar nach Belgien zurück und führte in Samarobriva (Amiens?) den Vorsitz der Versammlung der keltischen Stammesfürsten. Er ließ einen Teil seiner Truppen bei den Morinern, Nerviern, Remern, Bellovakern und Eburonen überwintern. Doch die Eburonen und Treverer erhoben sich unter der Führung von Ambiorix und Indutiomarus, und in der

*Abb. 10
Dank der Eroberung der Gallier konnte Caesar auch seine politischen Feinde in Rom bezwingen.*

Nähe von Atuatuca wurden fünf Kohorten niedergemetzelt. Ambiorix verbündete sich daraufhin mit den Nerviern und ihren Klienten; sie bedrängten das Lager des Legaten Quintus Cicero (der Bruder des berühmten Redners), doch dieser konnte Caesar zu Hilfe rufen, der Entsatz brachte. In Anbetracht des Ernstes der Lage verbrachte Caesar den Winter mit drei Legionen in der Nähe von Samarobriva, entsandte eine Legion zu den Morinern und eine zu den Treverern. Letztere legten die Waffen jedoch nicht nieder, sondern nahmen den Krieg wieder auf. Der Tod von Indutiomarus hinderte sie nicht daran, ein neues Bündnis mit Ambiorix, den Nerviern, den Aduatukern, den Menapiern und den diesseitig des Rheins ansässigen Germanen zu schließen. Zu Beginn des Jahres 53 v. Chr. zog Caesar gegen die Nervier ins Feld, dann gegen die Menapier, während Labienus die Treverer niederzwingen konnte und erneut Cingetorix einsetzte. Ambiorix konnte zwar fliehen, doch das Land der Eburonen wurde verwüstet. Die gallischen Stammesfürsten versammelten sich in Reims. Das Jahr 52 v. Chr. war von dem Aufstand des Averners Vercingetorix gekennzeichnet, der aber hauptsächlich Zentralgallien betraf. Jedoch wurden auch die Bellovaker nach der Niederlage Caesars vor Gergovia abtrünnig. Vercingetorix rief, als er in Alesia belagert wurde, alle Gallier zu Hilfe, und die belgischen Stämme (Bellovaker, Ambianer, Mediomatriker, Nervier, Moriner, Atrebaten) entsandten daraufhin Kontingente. Man bemerkte das Fehlen der Rom treu gebliebenen Remer und ihrer Klienten, der Suessionen. Der Atrebate Commius wurde zu einem der Oberbefehlshaber dieses Entsatzheeres ernannt, doch er konnte Alesia nicht befreien. Nach der Übergabe durch Vercingetorix führten die Atrebaten, Ambianer, Bellovaker und die Stämme der unteren Seine im Jahr 51 v. Chr. den Kampf unter der Führung von Commius und dem Bellovaker Correus fort. Correus wurde geschlagen und getötet, Commius floh zu den Germanen. Eine Zeit lang führte er den Krieg fort und floh schließlich nach Britannien, wo er König der britannischen Atrebaten wurde. Caesar überwinterte in Nemetocenna bei den Atrebaten (in der Nähe von Arras?). Ende des Jahres 50 v. Chr. begab er sich schließlich nach Italien und kehrte nicht mehr in die Region zurück.

Nur selten decken sich die archäologischen Funde eins zu eins mit den historischen Quellen. Doch Napoleon III. und sein Kommandant Stoffel stützten sich bei der Suche nach den Lagern und *oppida* des Gallischen Krieges auf die Texte Caesars. Alesia und Gergovia waren die bedeutendsten Orte, doch daneben wurden auch mehrere andere

Abb. 11
Die keltischen Krieger waren kaum geschützt und verließen sich vor allem auf ihren Schild. Helme und Kettenhemden waren selten, obwohl es sich dabei um keltische Erfindungen handelt. Die für die Kelten charakteristischen Waffen waren lange Schwerter, die persönliches Eigentum der Reiter waren. Den antiken Quellen nach zu urteilen, galt ihre Qualität jedoch nur als mittelmäßig.

Lager identifiziert, darunter das von Mauchamp (Abb. 13). Weitere wurden erst kürzlich mit Hilfe der Luftbildprospektion erkannt: Liercourt-Erondelle, Vendeuil-Caply, La Chaussée-Tirancourt und Folleville. Für die Schlacht an der Aisne im Jahr 57 v. Chr. beschreibt Caesar die Topographie und die Befestigungsarbeiten recht genau: «Caesar [ließ] eiligst das Heer über den Fluss Axona setzen […] und errichtete dort sein Lager. Dadurch schützten die Flussufer die eine Seite des Lagers […]. Schließlich ließ er das Lager mit einem 12 Fuß hohen Wall und einem 18 Fuß breiten Graben befestigen […]. Auf den beiden Seiten ließ Caesar Quergräben von etwa 400 Fuß ziehen und am Ende dieser Gräben Kastelle errichten. Dort stellte er Schleudermaschinen auf […]. Zwischen unserem und dem feindlichen Heer lag ein kleiner Sumpf.» Die Fundstelle Mauchamp entspricht diesen topographischen Angaben. Die Ergebnisse der Arbeiten des 19. Jhs. und die modernen Luftaufnahmen lassen Gräben erkennen, die eine quadratische Fläche von 42 ha umgeben; fünf Tore wurden von *claviculae* (Sperrmauern in Form von Viertelkreisen) geschützt. Bei den Befestigungen handelte es sich wahrscheinlich um Rasensoden- und Holzkonstruktionen; vom Lager selbst verlaufen lange Gräben.

In den Jahren 2001 und 2002 wurde bei einer Grabung unweit von Arras (Saint-Laurent-Blangy) ein kleines Auxiliarkastell freigelegt, das ebenfalls in die Zeit des Gallischen Krieges oder die Zeit direkt danach datiert wird (Abb. 14). Es misst 70 m x 66 m und weist im Nordosten eine gebrochene Mauerführung auf. Es wurde von einem 2,70 m bis 3 m tiefen Graben geschützt und zählte mehrere auf Pfosten errichtete Mannschaftsbaracken. Neben Rüstungsteilen lässt auch die Gefäßkeramik auf die Herkunft der Truppe schließen: Wahrscheinlich stammten die Soldaten aus dem Mittelmeerraum, denn ihr Tischgeschirr bestand aus schwarz gefirnisster Keramik, Krügen und feinwandigen Bechern. Zum Kochgeschirr gehörten für die mediterrane Küche typische Reibschüsseln, große und schwere Kochtöpfe sowie Stielkasserollen. Die Weinamphoren stammen vorwiegend aus Kampanien, aber z. T. auch von der adriatischen und iberischen Küste. Die gallischen Gefäße entsprechen weder dem lokalen Gefäßrepertoire noch den lokalen Techniken, sondern kommen aus unterschiedlichen Regionen. Besonders interessant ist diese Fundstätte aufgrund der großflächigen Erforschung der Umgebung des Kastells. In dessen unmittelbarer Nähe identifizierte man Sperrgräben und daran anschließend Areale, die einen Zusammenhang mit der Versorgung der Truppen aufweisen. In einem Bereich konzentrierten sich kleine Speicher, in dem übrigen Gebiet zeugen Spuren von landwirtschaftlichen und handwerklichen Tätigkeiten von einer einheimischen Besiedlung. Um das Kastell herum scheinen mehrere bäuerliche Gehöfte gelegen zu haben. Zudem wurden Gräber entdeckt, von denen einige mit reichen Beigaben ausgestattet waren; ein Grab aus der Zeit, als die Truppen aus dem Lager abgezogen wurden, war von einem Grabhügel bekrönt. Die Grabkammer mit einer Seitenlänge von 1,60 m enthielt Keramikgefäße, Fibeln und einen versilberten Spiegel sowie einen eisernen Klappstuhl als Machtsymbol. Dieses Auxiliarkastell stellte nur ein Element eines militärischen Systems dar, zu dem auch der ehemalige Fluchtort Etrun gehörte. Dennoch ist es wahrscheinlich, dass der Standort des Lagers mit der Gründung des neuen Hauptortes der Atrebaten zusammenhängt. Die Aufgabe des Lagers ist also vermutlich im Zusammenhang mit der Befriedung des Landesinneren sowie der Organisation der *civitas* zu sehen.

Die von Caesar unterworfenen Völker wurden vermutlich im Jahre 50 v. Chr. in einer römischen Provinz zusammengefasst. Nach der Niederlage des Vercingetorix waren die Gallier derart ausgeblutet, das sie die Bürgerkriege, in denen sich die römischen *imperatores* gegenseitig bekämpften, nicht nutzen konnten, um sich gegen die Römer zu erheben. Es wird lediglich ein Aufstand bei den Bellovakern im Jahr 46 v. Chr. und ein anderer bei den Treverern und den Morinern in den Jahren 30/29 v. Chr. erwähnt, deren Niederschlagung dem Statthalter der gallischen Provinzen, Gaius Carrinas, am 30. Mai 28 v. Chr. einen Triumph in Rom bescherte. Die Gallier wurden tributpflichtig; ausgenommen blieben nur einige freie oder verbündete Völker bis zur Regierungszeit des Tiberius (14–37 n. Chr.). Die anderen mussten jährlich 40 Millionen Sesterzen zahlen und Soldaten stellen. Über die römische Verwaltung der gallischen Stämme dieser Zeit weiß man wenig;

einige nach der Eroberung geprägte Silber- und Bronzemünzen tragen Namen, bei denen es sich um einheimische Stammesfürsten handeln muss, deren Status wir jedoch nicht kennen (Könige oder gewählte Oberhäupter?).

Einige Gräber aus der Zeit nach der Eroberung enthalten Rüstungsteile. Sie werden allgemein als Gräber von Mitgliedern der Auxiliartruppen gedeutet, z. T. aber auch als Gräber von gallischen Stammensfürsten, die in den Diensten der römischen *imperatores* standen. Die Gräber von Goeblingen im Gebiet der Treverer veranschaulichen die Bündnisstrategie, doch darüber hinaus illustrieren sie auch die Integration der einheimischen Eliten in die römische Konsumkultur (Abb. 15. 16). Fünf Gräber sind besonders bemerkenswert. Bei den vier ersten handelt es sich um Altgrabungen. Es sind Gräber von Kriegern, denen man ihr Schwert und ihre Sporen mitgegeben hatte, beim letzten Grab handelt es sich um ein Frauengrab. Die mit Holz verschalten Grabkammern besaßen eine Seitenlänge von 2 m bis 3 m. Das erste Grab (C) enthielt keine Importware, nur lokale Gefäßkeramik; im zweiten Grab (D) wurde eine italische Weinamphore gefunden. Beide Gräber stammen aus der Zeit zwischen 50 und 30 v. Chr. In Grab A (30–20 v. Chr.) sind die einheimischen Gefäße zum Teil durch römisches Tafelgeschirr ersetzt (Terra Sigillata, feinwandige Keramik und Krüge). In Grab B (20–10 v. Chr.) fehlen einheimische Gefäße vollständig – gallisch sind lediglich die prunkvollen Situlen und Kessel. Das römische Geschirr stammt teilweise aus der Champagne, teilweise aus Italien. Bronzegefäße, in denen Wein gereicht wurde, ergänzen das Tafelgeschirr; die Amphoren weisen eine zunehmende Vielfalt auf. Das Frauengrab ist das jüngste dieser Gräber und wurde sehr sorgfältig ergraben, wobei aufgezeigt werden konnte, dass auf dem Grabhügel während der frühen Kaiserzeit Opfer dargebracht wurden. Dies zeugt von der Heroisierung der Verstorbenen nach ihrem Tod.

Von der Gallia zur Belgica

Von Caesar bis zum Tod des Augustus

Caesar setzte die Grenze zwischen den Belgern und den anderen gallischen Kelten an den Flüssen Seine und Marne fest. Es dürfte sich jedoch um eine recht vage Grenze gehandelt haben, denn die Völker, die beidseitig der Seine siedelten, prägten Münzen, die eine Nähe zu den Völkern der späteren Gallia Lugdunensis andeuten. Und auch wenn die Caleten und Veliocassen sich 57 v. Chr. mit den belgischen Völkern verbündeten, ordnete Caesar die Caleten den armorikanischen Kelten zu. Belgium im Sinne Caesars umfasste die Bellovaker, Suessionen, Ambianer, Atrebaten, Viromanduer, von denen er die Völker im Norden (Moriner, Nervier) und im Osten (Remer und Eburonen) unterschied. Caesar war mit der Verwaltung der Gallia cisalpina und der Gallia transalpina betraut, der die neu unterworfenen Völker angeschlossen wurden. Diese Organisation behielten seine Nachfolger zunächst bei. Im Jahre 44 v. Chr. wurde die Narbonensis von der Gallia transalpina abgetrennt und gemeinsam mit dem nördlichen Hispanien Lepidus anvertraut. Die restlichen gallischen Provinzen – nach der Haartracht der Bewohner «langhaariges Gallien» (Gallia Comata) genannt, im Gegensatz zum südlichen, romanisierten Gallien, wo die Bewohner die Toga tragen (Gallia Togata) – wurden Plancus unterstellt. 43 v. Chr. gehörten die Galliae zu den Provinzen, die Marcus Antonius anvertraut wurden, der sich allerdings mit der Entsendung von Legaten begnügte. 41 v. Chr. schlossen die Galliae sich Octavian an, dem durch den Vertag von Brundisium (40 v. Chr.) die Herrschaft über den gesamten Westen, von Spanien bis Illyricum, übertragen wurde, was sich bis zum Ende des Triumvirats im Jahr 32 v. Chr. nicht ändern sollte. 22 v. Chr. wurde die Narbonensis erneut von der Gallia Comata abgetrennt und dem Senat zurückgegeben. Der von Caesar eroberte Teil Galliens nahm wiederum den Namen *tres Galliae* an. Es stellt sich die Frage, ob diese Bezeichnung einer Aufteilung

Abb. 12 Die Bewaffnung der Legionäre Caesars unterschied sich von der gallischen Ausrüstung nur wenig. Ein Fußsoldat des römischen Heeres war gegenüber einem gallischen Krieger dennoch im Vorteil, da er von einem Bronzehelm, einem Kettenhemd und einem Schild mit spina geschützt wurde. Als Angriffswaffen dienten ein kurzes Schwert und das pilum, ein recht langer Wurfspieß, der die einzig spezifische Waffe der römischen Soldaten darstellte.

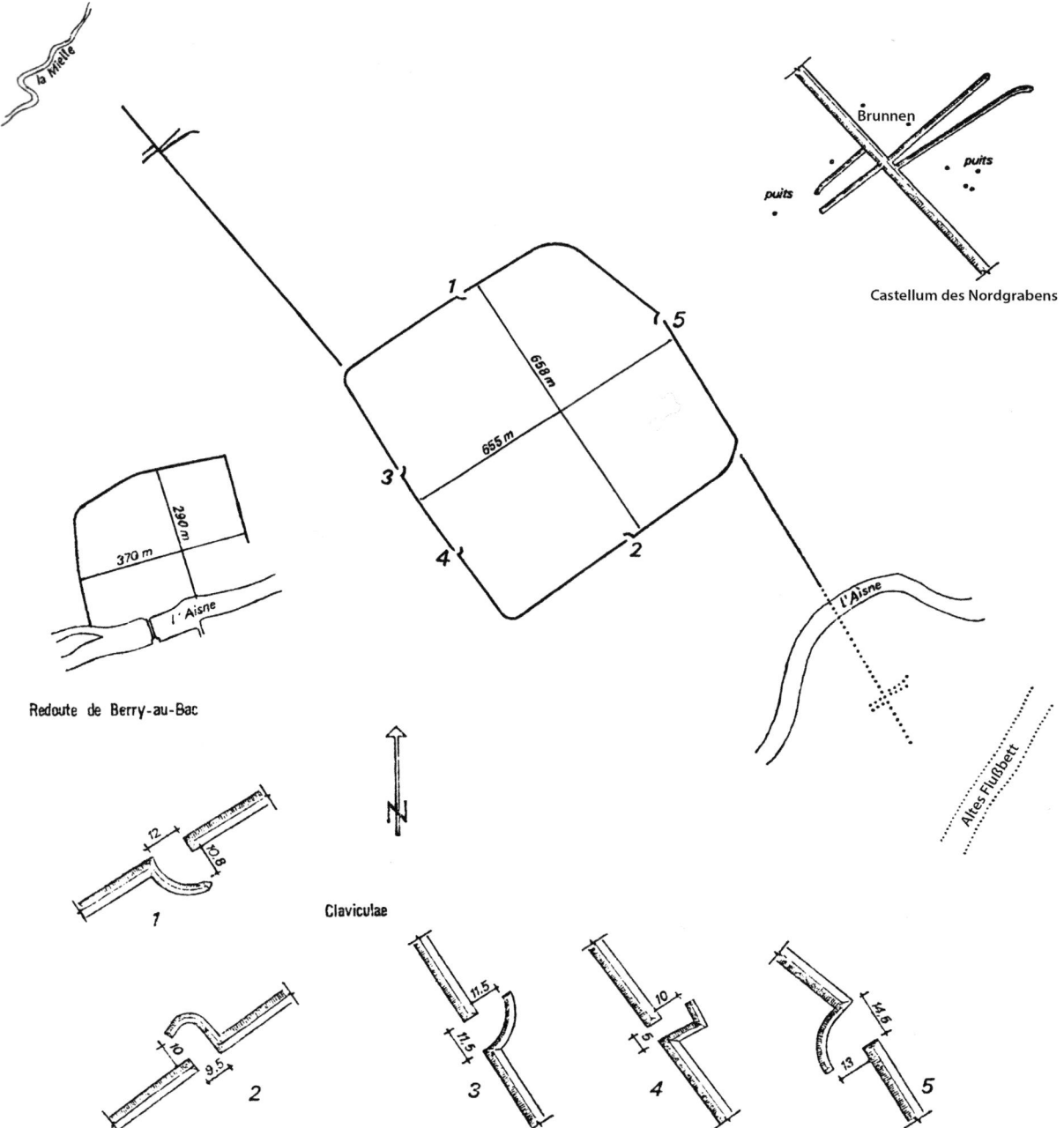

*Abb. 13
Lager und Schanzen Caesars in Mauchamp. Das Lager war viereckig; seine fünf Tore wurden von claviculae geschützt; außerhalb des Lagers verhinderten lange lineare Annäherungshindernisse die Einkreisung.*

in drei Provinzen mit jeweils eigener Verwaltung entsprach oder ob es sich um eine einzige Provinz mit drei unterschiedlichen Regionen handelte, die den drei schon von Caesar unterschiedenen Teilen Gallia Aquitania, Gallia Belgica und Gallia Celtica entsprachen. Es ist nicht möglich nachzuvollziehen, wann die Galliae geteilt wurden: 27, 22 oder zwischen 16 und 13 v. Chr. Für die Zeit vor 21 n. Chr. liegt kein Beweis vor, der bestätigen würde, dass die Gallia Belgica, Gallia Lugdunensis oder die Gallia Aquitania einen eigenen Statthalter gehabt hätten. Im Gegenteil – es scheint ein Statthalter das gesamte Territorium der *tres Galliae* verwaltet zu haben: Drusus führte am Rhein einen Feldzug gegen die Germanen, doch er veranlasste auch eine Volkszählung in Gallien und weihte im Jahre 12 v. Chr. den Altar der *tres Galliae* in Lyon ein, wo sein Sohn Claudius, der spätere Kaiser, 10 v. Chr. geboren wurde. Vor oder nach seinen Feldzügen am Rhein besuchte Tiberius ganz Gallien (seine Präsenz ist im Herbst des Jahres 4 n. Chr. in Bavay und Boulogne bezeugt). 14 n. Chr. veranlasste Germanicus eine Volkszählung in den Galliae und führte gleichzeitig militärische Operationen in Germanien durch, wobei ihm zwei Legaten zur Seite standen, welche die Truppen von Ober- und Untergermanien befehligten.

Die Provinz Gallia Belgica

Nach dem Abzug des Germanicus im Jahr 17 n. Chr. wurden die *tres Galliae* in drei Provinzen umgebildet (Gallia Belgica, Gallia Lugdunensis und Gallia Aquitania), von denen jede von einem Statthalter, dem *legatus Augusti pro praetore*, verwaltet wurde. Die Dauer der Amtszeit bestimmte der Kaiser, im Durchschnitt betrug sie im 2. Jh. n. Chr. drei Jahre. Der in Reims residierende Statthalter der Gallia Belgica wurde unter den Senatoren – ehemaligen Prätoren – ausgewählt, die zuvor bereits eine Legion befehligt hatten. Er verfügte über das *imperium* (Befehlsgewalt), das durch einen purpurnen Mantel, ein Schwert und fünf Liktoren, die ein zweischneidiges Beil in einem Rutenbündel tragen, symbolisiert wurde, sowie über eine Kohorte, deren Stärke nicht erkennbar ist.

Die Provinz Gallia Belgica erstreckte sich bis zum Rhein. Die benachbarten Gebiete entlang des Stroms stellten militärisches Gebiet dar, das der Autorität von zwei Legaten unterstellt war, die unter den ehemaligen Konsuln ausgewählt wurden und die Armeen von Ober- und Niedergemanien befehligten. Erst unter Domitian (81–96 n. Chr.) wurden diese Militärbezirke vollberechtigte Provinzen. Es werden hier nur die Territorien, die auch nach dieser Trennung weiterhin der Gallia Belgica angegliedert blieben, berücksichtigt (Abb. 17). Mit Sicherheit zur Provinz gehörten die *civitates* der Ambianer (Hauptort Samarobriua/Amiens), Atrebaten (Nemetacum/Arras), Bellovaker (Caesaromagus/ Beauvais), Leuker (Tullum/Toul), Mediomatriker (Diuodurum/Metz), Menapier (Castellum Menapiorum/Cassel), Moriner (Taruenna/Thérouanne), Nervier (Bagacum/Bavay), Remer (Durocortorum/Reims), Silvanectii (Augustomagus Siluanectum/Senlis), Suessionen (Augusta Suessionum/Soissons), Treverer (Augusta Treuerorum/Trier) und Viromanduer (Augusta Viromanduorum/Saint-Quentin). Der Vergleich der Listen von Strabon, Plinius dem Älteren und Ptolemäus lässt nicht auf wesentliche Änderungen zwischen der Zeit Caesars und der frühen Kaiserzeit schließen. Die genannten Autoren bemühten sich mehr um eine ungefähre – im Übrigen zuweilen fehlerhafte – geographische Beschreibung als um Genauigkeit bezüglich des Verwaltungssystems.

Hinsichtlich der Zuordnung der *civitates* zur Gallia Belgica oder zu den beiden germanischen Provinzen besteht zumindest in einem Punkt kein Zweifel: Die Legaten der Rheinlegionen verwalteten das Territorium der in Rheinnähe gelegenen *civitates* der Cananefaten, Frisiavonen, Bataver, Cugerner, Ubier, Vangionen, Nemeter, Triboker, Rauriker, Helvetier und Sequaner. Bezüglich der Lingonen und der Tungerer ist die Frage umstritten. In der frühen Kaiserzeit hielten die Lingonen sich wahrscheinlich in der Belgica auf, doch hingen sie verwaltungstechnisch von dem Territorium des Legaten der Armee Obergermaniens ab: Die Präsenz eines Lagers der VIII. Legion Augusta in Mirebeau zwischen 70 und 90 n. Chr. bestätigt dies zwar, doch kann nicht mit Sicherheit gesagt werden, ob diese Situation bereits im Jahre 17 n. Chr. bestand oder ob die *civitas* zunächst dem Statthalter der Belgica unterstand, bevor sie dem Legaten Obergermaniens unterstellt wurde. Plinius der Ältere ordnet die Tungerer den belgischen Völkern zu, doch er tut dies ebenfalls im Zusammenhang mit anderen Stämmen (Frisiavonen, Baetasii, Sunuci), die mit Sicherheit zu Germanien gehörten, welches aber zu diesem Zeitpunkt noch nicht als Provinz existierte. Das Problem wird durch eine Inschrift aus Bulla Regia (*l'Année épigraphique* 1962, 183) noch erschwert, in der Q. Domitius Marsianus als Prokurator der Völker der Tungerer, Frisiavonen und Bataver in der Belgica und der Germania inferior bezeichnet wird. Eine Inschrift aus Tongeren bestätigt zudem, dass es sich bei dieser *civitas* um ein Munizipium (s. u.) handelte (*AÉ* 1994, 1279). Nun gibt es in Gallien im Gegensatz zu Germanien zwar lateinische Kolonien, jedoch keine lateinischen Munizipien. Schließlich zeugt auch die Behauptung des Ptolemäus, die Tungerer siedelten an der Küste zwischen den Morinern und den Menapiern und die Atrebaten im Delta der Seine, von einer völligen Unkenntnis der geographischen Gegebenheiten.

Über das Personal des Statthalters ist wenig bekannt. Die Inschriften erwähnen einen Amtsdiener (*accensus*), einen Sekretär (*cornicularius*), der für die gerichtlichen Audienzen zuständig war, einen Verantwortlichen der Amtstagebücher (*commentariensis*), einen Archivar und Buchhalter (*librarius*) und seinen Vertreter, einen Schatzmeister sowie *beneficiarii*, die mit verschiedensten Aufgaben betraut waren, so z. B. mit der Leitung der Polizei-, Post- und Zollstationen. Dieses Personal setzte sich aus Soldaten zusammen, die aus der Armee der Germania inferior für diese Posten abkommandiert wurden.

Eine unauffällige Provinz (1.–2. Jh. n. Chr.)

Episodische Krisen

In den beiden ersten Jahrhunderten unserer Zeit machte die Gallia Belgica kaum von sich Reden. Im Jahr 21 n. Chr. führte der übermäßige Steuerdruck zu einem Aufstand. In der Belgica führten zwei Adlige der Treverer mit römischem Bürgerrecht, Iulius Florus und Iulius Indus, die Revolte an, die von einer treverischen Reitereinheit unterstützt wurde. Die Revolte konnte jedoch schnell niedergeschlagen werden. Aus diesem Aufstand muss man schließen, dass die Privilegien der freien Völker Galliens vor diesem Datum aufgehoben wurden, da die Treverer davor ein freies Volk waren und die Steuerlast aus diesem Grund weniger hoch hätte sein müssen.

Von der Krise in den Jahren 68 und 69 n. Chr. berichtet der Historiker Tacitus Folgendes: Im Frühjahr 68 n. Chr. erhob sich der Statthalter der Gallia Lugdunensis, Iulius Vindex, gegen Nero und erklärte Galba zum Kaiser. Mehrere Civitates unterstützten ihn, doch gegen den Widerstand von Lugdunum, der Lingonen, der Treverer und der Rheinarmee. Vindex wurde geschlagen und getötet, doch Galba führte den Aufstand weiter. Der neue Kaiser bestrafte die *civitates*, die sich Vindex widersetzt hatten. So zog er den Unmut der Lingonen, der Treverer und der Rheinarmee auf sich, die am 2. Januar 69 n. Chr. Vitellius zum Kaiser ausriefen. Vitellius erhielt sogleich die Unterstützung des Statthalters der Gallia Belgica, Valerius Asiaticus, dem er seine Tochter zur Frau gab. Einige Monate später, als die Rheingrenze unterbesetzt war, da ein Teil der Armee Vitellius nach Italien begleitet hatte, brachen unter dem Vorwand der Unterstützung des am 1. Juli 69 n. Chr. im Orient zum Kaiser ausgerufenen Vespasian neue Unruhen aus. An ihrer Spitze standen der Bataver Iulius Civilis, die Treverer Iulius Tutor und Iulius Classicus sowie der Lingone Iulius Sabinus. Im Jahr 70 n. Chr. besetzten die Rebellen Trier und Classicus rief das Gallische Imperium aus. Er brachte einen Teil der Nervier und der Tungerer auf seine Seite, die rekrutiert worden waren, um die nach Italien abkommandierten Soldaten zu ersetzen. Die kaisertreuen belgischen Kohorten wurden in Bonn niedergemetzelt und Civilis griff die Menapier und die Moriner an. Doch die in Reims versammelten Abgesandten der gallischen *civitates* beschlossen Rom die Treue zu halten. Sie zogen die Argumente des Remers Iulius Auspex denen des Treverers Iulius Valentinus vor, der sie zur Rebellion aufgewiegelt hatte. Die auf Roms Seite verbliebenen Nervier wurden an der Maas besiegt und schlossen sich nun doch dem Aufstand an, andere wurden von den aufständischen Cananefaten geschlagen. Die Wiedereinnahme Triers im Jahr 71 n. Chr. durch den römischen Feldherrn Petilius Cerialis bedeutete das Ende der Rebellion. Es ist nicht überliefert, wie die Geschichte zu Ende gegangen ist, nachdem Civilis sich zu den Batavern zurückgezogen hatte. Bekannt ist nur, dass die Tungerer und die Nervier von der aus Britannien angerückten Legio XIV Gemina unter Führung des Fabius Priscus unterworfen wurden.

Von diesen Ereignissen abgesehen wurde die Gallia Belgica in der Geschichtsschreibung der frühen Kaiserzeit eigentlich nur erwähnt, wenn ein Kaiser durch die Provinz zog. Im Jahr 40 n. Chr., nach einem Scheinfeldzug an den Rhein, demonstrierte Caligula seine militärische Macht an der Küste des Ärmelkanals bzw. an der Nordsee und beschloss, in Boulogne einen Leuchtturm errichten zu lassen. Im Jahr 43 n. Chr. schiffte Claudius sich in Boulogne in Richtung Britannien ein; der Senat ließ in der Stadt einen Ehrenbogen errichten, der allerdings archäologisch nicht mehr nachzuweisen ist. Auch Hadrian bestieg wohl 122 n. Chr. auf seinem Weg nach Britannien in Boulogne das Schiff. Die *Historia Augusta* erwähnt unter Mark Aurel einen Einfall der Chauken, eines an der Küste der Nordsee ansässigen germanischen Volkes, von dem auch die Belgica betroffen gewesen sei. Der Statthalter Didius Iulianus, der später kurzzeitig auch Kaiser war, habe sie jedoch zurückgedrängt. Die Archäologen haben diesen Unruhen ein 18 ha großes Lager in Maldegem an der Küste Flanderns, in der *civitas* der Menapier, zugeordnet. Im Jahr 196 n. Chr. rief Clodius Albinus, ein von Septimus Severus ernannter Statthalter Britanniens, sich selbst zum Kaiser aus. Er setzte nach Gallien über und zog die Völker Nordgalliens auf seine Seite. Die Rheinarmee und die Stadt Trier hielten Septimus Severus aber die Treue; die Stadt wurde belagert und von der Legio XXII Primigenia befreit. Albinus wurde am 19. Februar 197 n. Chr. bei Lyon getötet und Belgien wurde von Marius Maximus zurückerobert. Im Jahre 208 n. Chr. durchquerten Septimus Severus und seine Söhne, Caracalla und Geta, die Gallia Belgica, um sich nach Britannien einzuschiffen. Ihrer Anwesenheit in Boulogne gedachte eine heute verlorene Inschrift. 211 n. Chr. wurde auch der Leichnam Septimus Severus' über Boulogne nach Rom gebracht. Im Jahr 213 n. Chr. begab Caracalla sich erneut nach Belgien, um gegen die Germanen zu kämpfen. Er rief im Heiligtum von Grand, in der *civitas* der Leuker, den keltischen Gott Apollon Grannus an.

Die Finanzverwaltung

Gallien ist tributpflichtig geworden. Der Tribut, der die kaiserliche Staatskasse füllte, wurde zunächst durch kaiserliche Freigelassene verwaltet. Später (unter Claudius?) geht sie in die Hände der ritterlichen Prokuratoren über. Zu dieser Zeit diversifizierten sich die Steuereinnahmen dank der Einkünfte aus den Minen, Steinbrüchen, Salzwerken (seit Tiberius kaiserliches Monopol), kaiserlichen Landgütern und neu erhobenen Steuern. Für die allgemeine Steuerverwaltung war die Gallia Belgica anfangs mit der Gallia Lugdunensis in einem Bezirk zusammengefasst, später wurde die Gallia Belgica mit den beiden germanischen Provinzen von einem in Trier residierenden Prokurator (*ducenarius*) verwaltet, dessen Gehalt jährlich 200 000 Sesterzen betrug. Dieser Verwaltungsbezirk aus Germania superior, Germania inferior und Gallia Belgica wurde auch beibehalten, als die beiden Germaniae eigenständige Provinzen wurden. Die Höhe des Gehaltes erklärt sich durch die Höhe der verwalteten Beträge, da dieser Beamte mit der Auszahlung des Solds der Rheinarmeen betraut war. Dem ritterlichen Prokurator as-

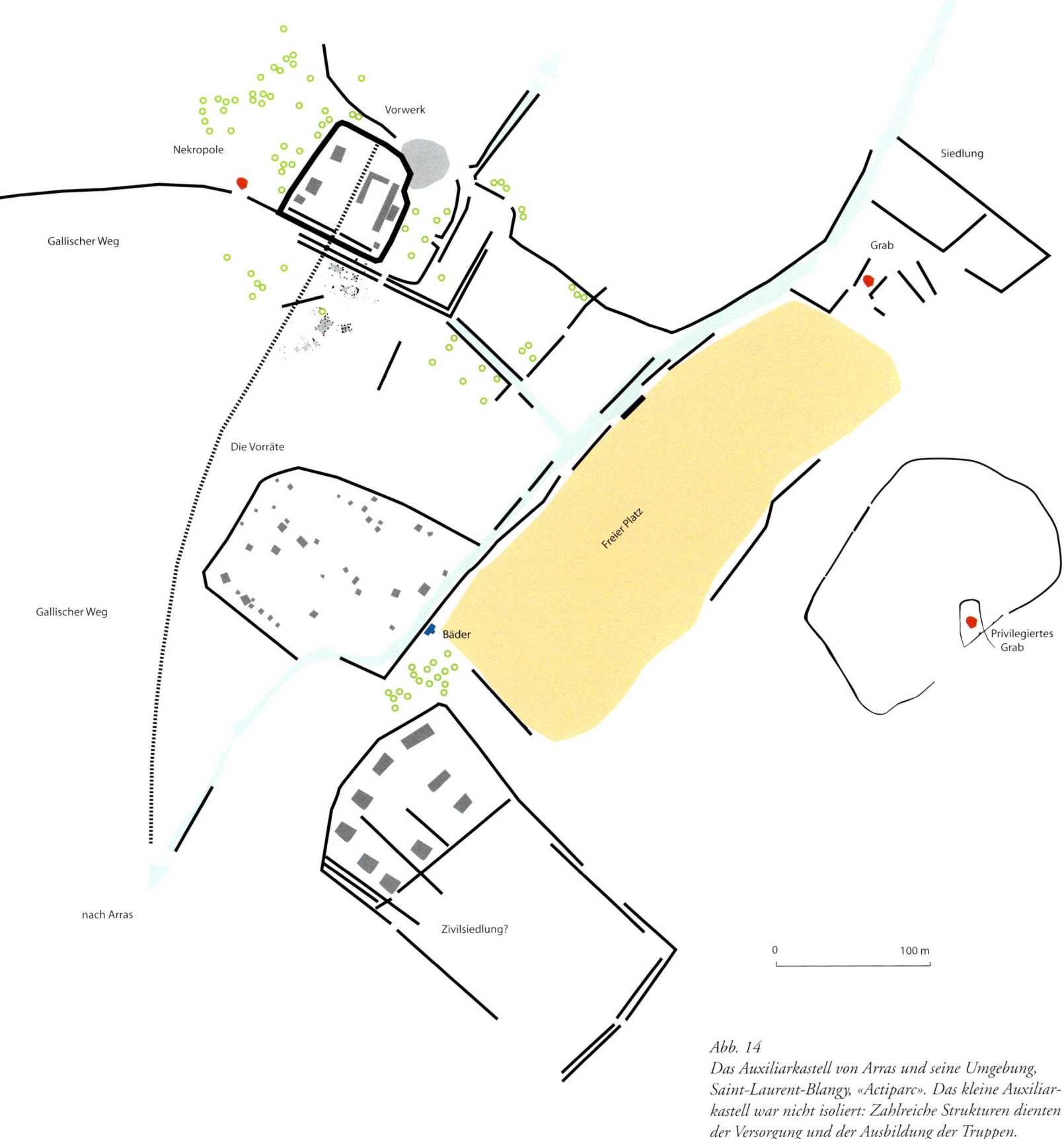

Abb. 14
Das Auxiliarkastell von Arras und seine Umgebung, Saint-Laurent-Blangy, «Actiparc». Das kleine Auxiliarkastell war nicht isoliert: Zahlreiche Strukturen dienten der Versorgung und der Ausbildung der Truppen. Auch die Nekropolen der Soldaten wurden gefunden.

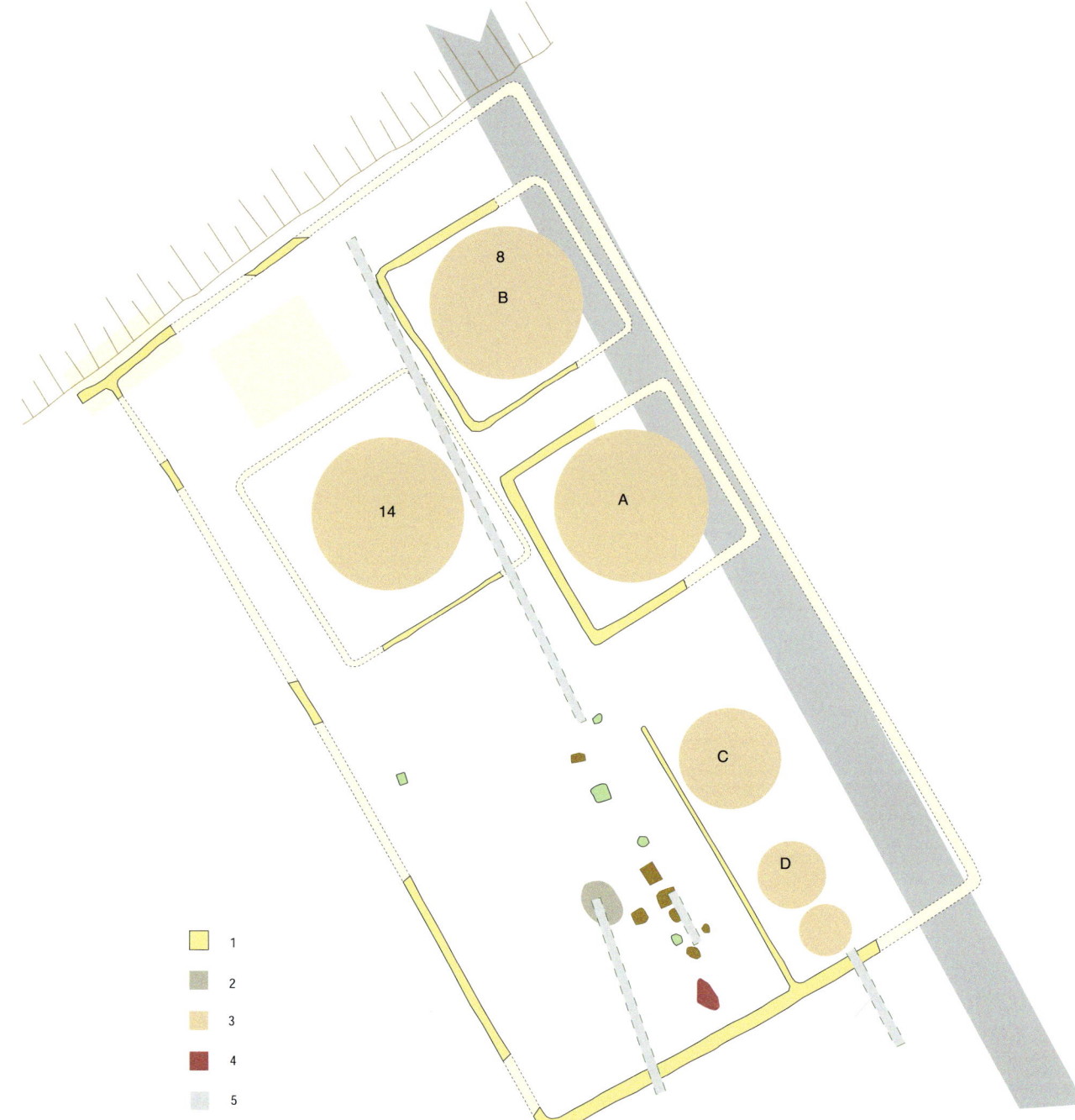

*Abb. 15
Nekropole von Goeblingen-Nospelt, Grabungen 1966–67 und 1993. 1. Graben; 2. Amphorenpflaster; 3. Grabhügel; 4. Scheiterhaufen; 5. moderne Zerstörung. Der Komplex entspricht dem Grabareal einer vornehmen Familie. Die Toten wurden in der ersten Hälfte des 1. Jhs. v. Chr. und in augusteischer Zeit bestattet. In der frühen Kaiserzeit wurde der Ort dann zu einer Gedenkstätte, an der Opfer dargebracht wurden.*

sistierte ein freigelassener Prokurator und am Ende des 1. Jhs. n. Chr. ein Unterprokurator mit einem Gehalt von 40 000 Sesterzen. Zum Personal des Prokurators gehörten *beneficiarii*, die von den Legionen abkommandiert wurden, ein *cornicularius* (ein militärischer Grad, Sekretär), ein Assistent aus der in Bonn stationierten Legio I Minervia oder der Legio VI Victrix und schließlich ein Verantwortlicher für die Amtstagebücher.

Neben dem hauptverantwortlichen Prokurator der Belgica traten weitere ritterliche Prokuratoren auf, deren Aufgabenbereiche in der Finanzverwaltung zwar eingeschränkter waren, jedoch mehrere Provinzen betreffen konnten:

(a) Prokurator des Staatsvermögens der Gallia Belgica sowie der Germania superior und inferior mit einem Gehalt von 60 000 Sesterzen, der in den Jahren 161/169 n. Chr. und um 233/234 n. Chr. bezeugt ist; (b) Prokurator des kaiserlichen Privatvermögens der Belgica sowie der Germania superior und inferior mit einem Gehalt von 60 000 Sesterzen vor 220 n. Chr.; (c) Prokurator für Erbsachen der Gallia Lugdunensis, Gallia Belgica, Germania superior und inferior, beauftragt mit der Erhebung der Steuer auf das Erbe römischer Bürger bei Vererbung an nicht nahestehende Verwandte; (d) Prokurator der Galliae mit einem Gehalt von 60 000 und nach der Mitte des

2. Jhs. n. Chr. von 100 000 Sesterzen, dem seit Anfang des 3. Jhs. n. Chr. ein Unterprokurator mit einem Gehalt von 40 000 Sesterzen zur Seite stand (er überwachte die Zölle und die Steuer von 2,5%, die bei der Ein- und der Ausreise in oder aus den gallischen Provinzen erhoben wurden); (e) ein Präfekt der Transportmittel der Belgica und der beiden Germaniae mit einem Gehalt von 60 000 Sesterzen, der unter Septimus Severus eingesetzt wurde und mit der Post und den Straßenstationen betraut war.

In mehr oder weniger regelmäßigen Abständen wurden in Gallien Volks- und Güterzählungen durchgeführt. Sie unterstanden der Befehlsgewalt eines Censors, bei dem es sich um einen ehemaligen Konsul handelte; auf lokaler Ebene waren Ritter mit der Erfassung eines bestimmten geographischen Sektors beauftragt, wie z. B. der *civitates* der Ambianer, Moriner und Atrebaten in den Jahren 175/176 n. Chr. oder 197/198 n. Chr.

Der gallische Landtag (Concilium Galliarum)

Am 1. August 12 v. Chr. weihte Drusus am Zusammenfluss von Saône und Rhone in Condate, im Land der *Segusiavi*, einen Altar für Roma und Augustus. Jedes Jahr versammelten sich hier im August die Abgesandten von 60 bzw. 64 *civitates* der *tres Galliae*, die unter den Vornehmen dieser *civitates* ausgewählt wurden. Bei dieser Gelegenheit wurden Spiele und Vorführungen geboten, und die Abgeordneten brachten Roma und dem Kaiser Opfer dar. Man entschied, welche Statthalter und kaiserliche Beamte geehrt und beglückwünscht werden sollten oder beschloss im Gegenteil, Gerichtsverfahren gegen sie einzuleiten. Zudem wurde über Gesandtschaften zum Kaiser entschieden. Das *concilium* wählte jedes Jahr einen Oberpriester, der die Versammlung des folgenden Jahres organisierte und den Vorsitz führte. Dies war z. B. der Fall bei dem Nervier L. Osidius […] Quinti f(ilius) und dem Viromanduer C. Suiccius La[…].

Neben dem Oberpriester wurden die Verwalter der Kasse benannt (ein Richter, *iudex*, der die Galliae Lugdunensis, Belgica und Aquitania vertrat sowie seine drei Beisitzer, die *allecti*): Der Viromanduer L. Besius Superior, *allectus* der Kasse der drei gallischen Provinzen, erhielt von der Versammlung eine Statue als Auszeichnung für seine gute Amtsführung; eine andere Inschrift aus der Regierungszeit Elagabals überliefert uns die Namen der drei *allecti* des Jahres, darunter […]ilius genannt Sabinus, der die Gallia Belgica vertrat (*AÉ* 1955, 210). Schließlich teil-

Abb. 16 Goeblingen-Nospelt, Grab B. Die Anzahl der deponierten Münzen, das Metallgeschirr und die Amphoren zeugen von dem vornehmen Charakter der Grabstätte.

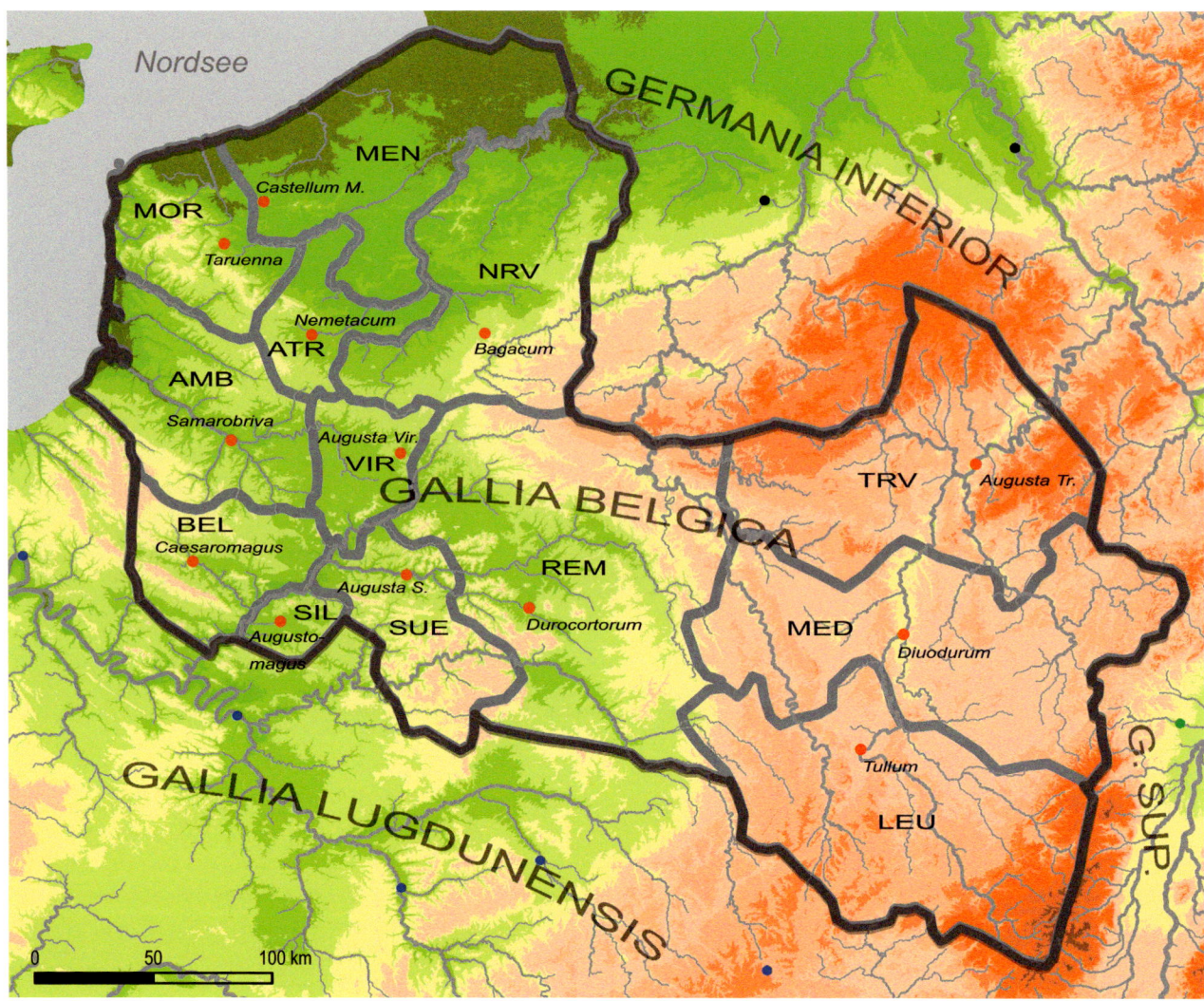

*Abb. 17
Die Provinz Gallia Belgica in der frühen Kaiserzeit: civitates et capita civitatis (Hauptorte) mit ihren ungefähren Grenzen.
AMB: Ambianer; ATR: Atrebaten; BEL: Bellovaker; LEU: Leuker; MED: Mediomatriker; MEN: Menapier; MOR: Moriner; NRV: Nervier; REM: Remer; SIL: Silvanecten; SUE: Suessionen; TRV: Treverer; VIR: Viromanduer.*

ten Beamte die Kosten für die Organisation des *concilium* unter den *civitates* auf; von den Trägern dieses Amtes kennen wir den Viromanduer C. Suiccius La[...] und den Suessonen L. Cassius Melior.

Die Verwaltung der civitates

Die Umbildung der gallischen Stammesverbände in *civitates* wird gewöhnlich in die Jahre vor der Errichtung des Altars für Roma und Augustus (12 v. Chr.) angesetzt und fiele demnach in die Zeit, in der sich Kaiser Augustus in Gallien aufhielt (von 16 bis 13 v. Chr.). Es ist wahrscheinlich kein Zufall, dass mehrere Hauptorte, welche die notwendigen Verwaltungsorgane aufnehmen sollten, in den Jahren um 20/10 v. Chr. Gegenstand eines Bauprogramms gewesen zu sein scheinen und ein kaiserliches Toponym annahmen. Die Namensbildungen mit «Augusta» bei den Treverern, Suessionen und Viromanduern zeugen zweifellos von einer Initiative des Kaisers oder zumindest einer von ihm begünstigten Umbenennung. Bei zusammengesetzten Namen mit *Caesaro-* oder *Augusto-* kann es sich dagegen um eine Huldigung für Augustus ohne dessen Zutun vor oder nach 27 v. Chr. (in diesem Jahr nimmt Octavian den Beinamen Augustus an) handeln: *Caesaromagus* (Beauvais), *Augustomagus* der Silvanecter (Senlis).

Die *civitates* besitzen nicht alle den gleichen Status. Er hängt von ihrer Beziehung zu Rom ab:

– Kolonien und Munizipien: *civitates*, die das lateinische oder römische Recht besitzen. Ursprünglich war die Kolonie eine Gründung Roms, während das Munizipium bereits bestand, bevor es diesen Status zugesprochen bekam. Jedoch geht in der Kaiserzeit mit den sog. Honoratkolonien dieser Unterschied verloren. Honoratkolonien sind *civitates*, denen Rom diesen Titel und das römische Recht zugesteht, ohne eine neue Bevölkerung anzusiedeln. In den *tres Galliae* gibt es abgesehen von Lyon weder römische Kolonien noch Munizipien römischen Rechts, sondern lediglich Kolonien lateinischen Rechts (die Treverer vor 69 n. Chr., Mediomatriker, Moriner). Das diesen *civitates* zugestandene lateinische Recht erlaubte den hohen Beamten und ihren Familien nach ihrer Amts-

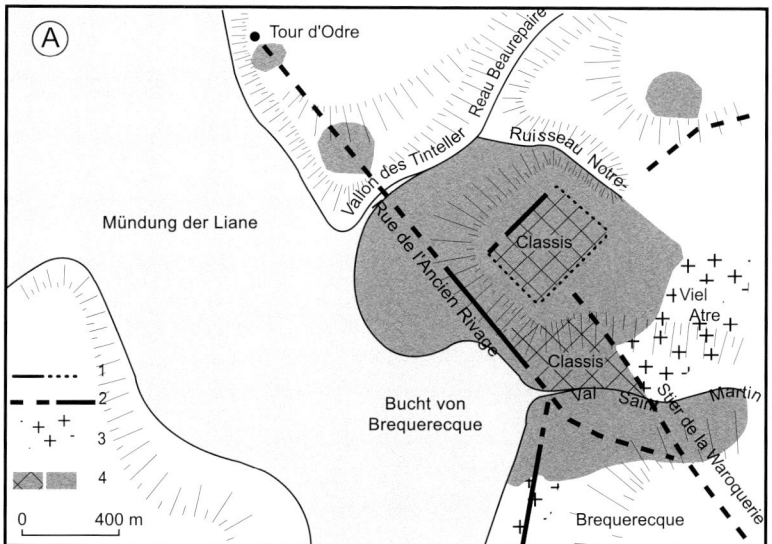
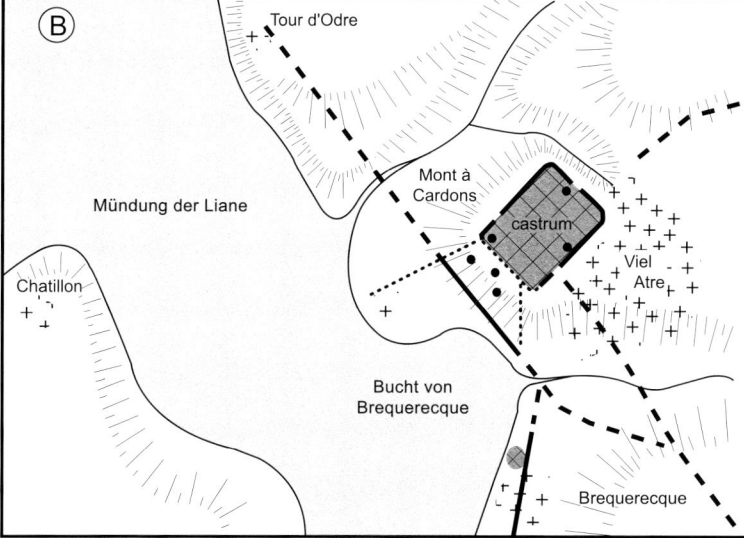

zeit das römische Bürgerrecht zu erlangen und römische Bürger zu ehelichen. Es ist in der Forschung umstritten, ob und wann alle Völker Galliens das lateinische Recht erhalten haben. Zur Diskussion stehen die Regierungszeiten von Claudius, Galba, Vespasian und Hadrian. Die Argumente sind in den einzelnen Fällen wenig überzeugend: Die Präsenz von *duumviri* oder *quattuorviri* in den *civitates* setzt nicht voraus, dass das römische oder lateinische Recht galt. Und die Tatsache, dass fast alle ehemaligen hohen Beamten der gallischen *civitates* die *tria nomina* (drei Namen des römischen Bürgers) trugen, beweist lediglich, dass man sie unter den hochangesehenen Honoratioren auswählte, also in erster Linie unter denen, die das römische Bürgerrecht besaßen.

– Verbündete *civitates*: Sie waren nie von den Römern erobert worden und galten als Verbündete Roms. In Belgien besaßen nur die Remer diesen Status, da sie sich mit Caesar verbündet und ihn nie bekämpft hatten.
– Freie *civitates*: Sie waren von den Römern erobert worden. Rom räumte ihnen jedoch eine gewisse Autonomie im Bereich der Verwaltung und der Rechtsprechung ein sowie zunächst auch Steuerprivilegien. Plinius der Ältere teilt mit, dass die Nervier, Suessionen, Silvanecten, Leuker und ehemals die Treverer diesen Status besaßen. Ihre steuerlichen Privilegien wurden vor 21 n. Chr. aufgehoben. Bei den belgischen *civitates* ist dieser Titel nicht nachweisbar. Es ist jedoch nicht auszuschließen, dass der Status üer einen gewissen Zeitraum vorhanden war, bei der Umbildung der *civitates* jedoch verloren ging.

Die *civitates* waren in *pagi* (Bezirke oder Gaue) aufgeteilt, und die größeren Orte bildeten die von einem *curator* verwalteten *vici* (Kleinstädte). Über die städtische Verwaltung gibt es kaum Informationen; man nimmt an, dass spätestens ab Ende des 1. Jhs. n. Chr. alle *civitates* Galliens über eine *curia* (Stadtversammlung) verfügten. In Trier zählte diese 113 Mitglieder (Tacitus, *Historiae* 5,19). Die Verwaltungen setzen sich nach römischem Vorbild aus zwei Quaestoren, zwei Aedilen und den beiden *duumviri* zusammen, die alle fünf Jahre den Titel *quinquennalis* annahmen. Von den Treverern und den Mediomatrikern sind die Namen einiger Quaestoren bekannt, ebenso von *duumviri* bei den Nerviern, den Morinern, den Treverern, während die Ambianer *quattuorviri* hatten (Kollegien, bei denen die beiden *aediles* und *duumviri* zusammengefasst sind) sowie möglicherweise einen Präfekten, dem die Aufgabe zukam Straßenräuber zu bekämpfen und der eine zeitlich begrenzte Funktion ausübte (*AÉ* 1978, 501).

Seit dem Jahr 212 n. Chr. wurde allen freien Bürgern des Reiches, die einer *civitas* angehörten – dies schließt die Fremden aus, die sich innerhalb der Grenzen niedergelassen hatten – durch die Antoninische Verfassungsreform (*Constitutio Antoniniana*) das römische Bürgerrecht zugesprochen. Es ist schwierig, den Anteil der Bevölkerung einzuschätzen, die von dieser Maßnahme betroffen war, da die Inschriften nicht sehr aussagekräftig und nur schwer zu datieren sind. Zudem tendieren sie dahin, den Anteil der reichen, gebildeten Schicht, also der römischen Bürger, zu betonen: Bei den Ambianern hat man 11 römische Bürger gegenüber 13 Nichtbürgern identifiziert, 6 gegenüber 4 bei den Bellovakern, 3 gegenüber 4 bei den Menapiern, 12 gegenüber 7 bei den Morinern, 36 gegenüber 28 bei den Nerviern, keinen Bürger gegenüber 2 Nichtbürgern bei den Silvanectern, 4 gegenüber 18 bei den Suessionen und 4 gegenüber 8 bei den Viromanduern. Die Zahlen der treverischen Kolonie akzentuieren dieses Phänomen noch, denn hier zählen wir 733 Bürger.

Abb. 18 Boulogne-sur-Mer, A. Siedlung und Militärlager in der frühen Kaiserzeit; B. Die Siedlung in der Spätantike. 1. Stadtmauer; 2. Straßen; 3 Nekropolen; 4. Besiedelte Bereiche. Die zivile Siedlung wurde von der Stationierung der Classis Britannica in der frühen Kaiserzeit geprägt, sie erstreckte sich unterhalb des Militärlagers, während sie sich im Spätmittelalter in die Grenzen des ehemaligen Militärlagers zurückzog.

*Abb. 19
Frencq, Boulogne-sur-Mer, SAM. Weihung an Apollo oder Sol mit Strahlenkranz, als Beschützer eines Dreiruderers (Inschrift III RAD). Der Gott ist als Halbfigur dargestellt; zu beiden Seiten sieht man Figuren mit Opfergaben. Unter der Tabula ansata, in der sich die Inschrift befindet, ziehen zwei Galeeren nach rechts; der Sporn ist konkav, und man kann die Ruderlinien sowie das Heckruder erahnen.*

Die militärische Präsenz

Während der frühen Kaiserzeit muss ein der Befehlsgewalt des Statthalters unterstelltes, stehendes Heer in der Gallia Belgica stationiert gewesen sein, zumindest aber Truppen, die hier für eine bestimmte Zeit Aufgaben im Bereich der Versorgung, der Verwaltung oder polizeiliche Pflichten übernahmen. Von Tiberius bzw. Claudius bis Domitian ist im Lager von Arlaines (4,91 ha), im Gebiet der Suessionen, eine Abteilung der Vocontii stationiert gewesen. Boulogne-sur-Mer besaß in strategischer Hinsicht sehr viel mehr Bedeutung als Arlaines, denn hier lag die Provinzflotte (*Classis Britannica*) vor Anker. Deren Aufbau wurde zuweilen Drusus zugeschrieben, doch eine Passage bei Florus (II, 30, 26 = 4, 12), die hierfür zitiert wird, ist nicht gesichert und scheint eher Drusus' Präsenz am Rhein zu betreffen. Tiberius war im Jahr 4 n. Chr. in Boulogne und Caligula ließ hier den Leuchtturm errichten, was die Existenz eines bereits bedeutenden Hafens voraussetzt. Das Lager dieser Flotte misst 395 m x 302 m (12 ha) mit einem Graben, einer Mauer von 1,80 m Dicke und Türmen; um 110/120 n. Chr. und in severischer Zeit (193–235 n. Chr.) wurde es aus Stein neu aufgebaut. (Abb. 18). Unterhalb von Boulogne an der Mündung der Liane befanden sich die 9–10 ha großen Hafenanlagen. Auch sie waren von einer Umfassungsmauer umgeben. Die Flotte, deren Stempel CL BR auf Ziegeln und Dachziegeln in der Stadt immer wieder zutage kommen, wurde von einem Präfekten aus dem Ritterstand mit einem Gehalt von 100 000 Sesterzen befehligt. Im Gegensatz zu den Kapitänen, Triarchen und einigen Matrosen hat indessen keiner dieser Befehlshaber Spuren von seinem Aufenthalt hinterlassen (Abb. 19). Die Ziegelstempel zeigen, dass die Flotte in Longfossé im Wald von Boulogne, eine Baumfällerei unterhielt, wo sie vermutlich das für den Bau und die Instandhaltung der Schiffe benötigte Holz schlagen ließ.

Mehrere militärische Einheiten setzten sich ursprünglich aus belgischen Soldaten zusammen. Die Namen verraten zwar die Herkunft der zur Bildung dieses Corps ausgehobenen Soldaten, doch neu einberufene Rekruten können von überall gekommen sein, ebenso wie die belgischen Soldaten in andere Einheiten verlegt werden konnten. Diese können also nur als Zeugnisse für die Rekrutierung wahrscheinlich zu Beginn des 1. Jhs. n. Chr. angeführt werden: Kohorte I der Menapier, Kohorte I der Moriner und Cersiaques sowie der Moriner allein, Kohorten I bis VI der Nervier (zu bemerken ist, dass man keine Zeugnisse der Kohorten IV und V findet, die wahrscheinlich aufgelöst wurden, weil sie, wie die Ala der Treverer, am Aufstand des Civilis im Jahr 69 n. Chr. beteiligt waren), belgische Auxiliartruppen, gemischte Kohorte I der Belger, später die Kohorte I Septimia der Belger und die gemischte Kohorte der Treverer.

Viele Belger haben wahrscheinlich in den Auxiliartruppen gedient und auf diesem Weg nach 25 Dienstjahren das römische Bürgerrecht erhalten. Nach dem Jahr 212 n. Chr. konnten dann alle Einwohner der Provinzen, die das römische Bürgerrecht erhalten haben, in die Legion eintreten und möglicherweise in die Prätorianergarde aufsteigen. Deren Mitglieder wurden ab 193 n. Chr. unter der Elite der Legionäre ausgewählt, wie z. B. zwei in Rom unter Gordian III. und Philippus Arabs bezeugte Viromanduer (*CIL* VI 32550–32551).

Zusammenfassend: Die nördlichen Territorien der Belgica erfuhren im 1. Jh. n. Chr. eine unterschiedliche Organisation: Der Osten, der unter Domitian in zwei Provinzen, Germania inferior und Germania superior, aufgeteilt wurde, zeichnete sich durch eine starke militärische Besatzung aus. Der Westen wurde ziviles Territorium mit Reims als Hauptstadt. Die Gallia Belgica setzte sich in der frühen Kaiserzeit aus dreizehn *civitates*, Verwaltungseinheiten mit jeweils einem Hauptort, zusammen.

DIE ORTSCHAFTEN

Tacitus (*Agricola* 21) weist uns im Zusammenhang mit der Beschreibung der Taten des Statthalters von Britannien auf die Bedeutung der Begriffe Zivilisation, *humanitas* und materielle Kultur hin, die sich im Gefallen an «Säulenhallen, Bädern und der Üppigkeit bei Gastmählern» äußerten. Die Statthalter veranlassten oder ermunterten die lokalen Eliten «Tempel, Foren und Häuser zu errichten», um die Galliae in die allgemeine Reichslandschaft zu integrieren. Römischer Urbanismus und Architektur nach römischem Vorbild wurden zum Gegenstand des sozialen Wettbewerbs, in dem soziale Handlungen und Euergetismus die Elite auszeichneten und gleichzeitig die Macht und die Anziehungskraft der römischen Zivilisation verherrlichten. Die neue soziale, politische und religiöse Ordnung setzte sich zuerst in den Städten durch. Hier kamen sowohl die Tugenden des Menschen – *pietas* (Frömmigkeit), *benevolentia* (Wohlwollen), *mansuetudo* (Milde), *severitas* (Strenge) usw. – als auch seine Laster zuerst zum Ausdruck.

Die Hauptorte

Verteilung der Hauptorte

Die Verteilung der Städte lässt ein Ungleichgewicht zwischen dem Osten und dem Westen der Gallia Belgica erkennen. Dieses lässt sich durch strategische und takti-

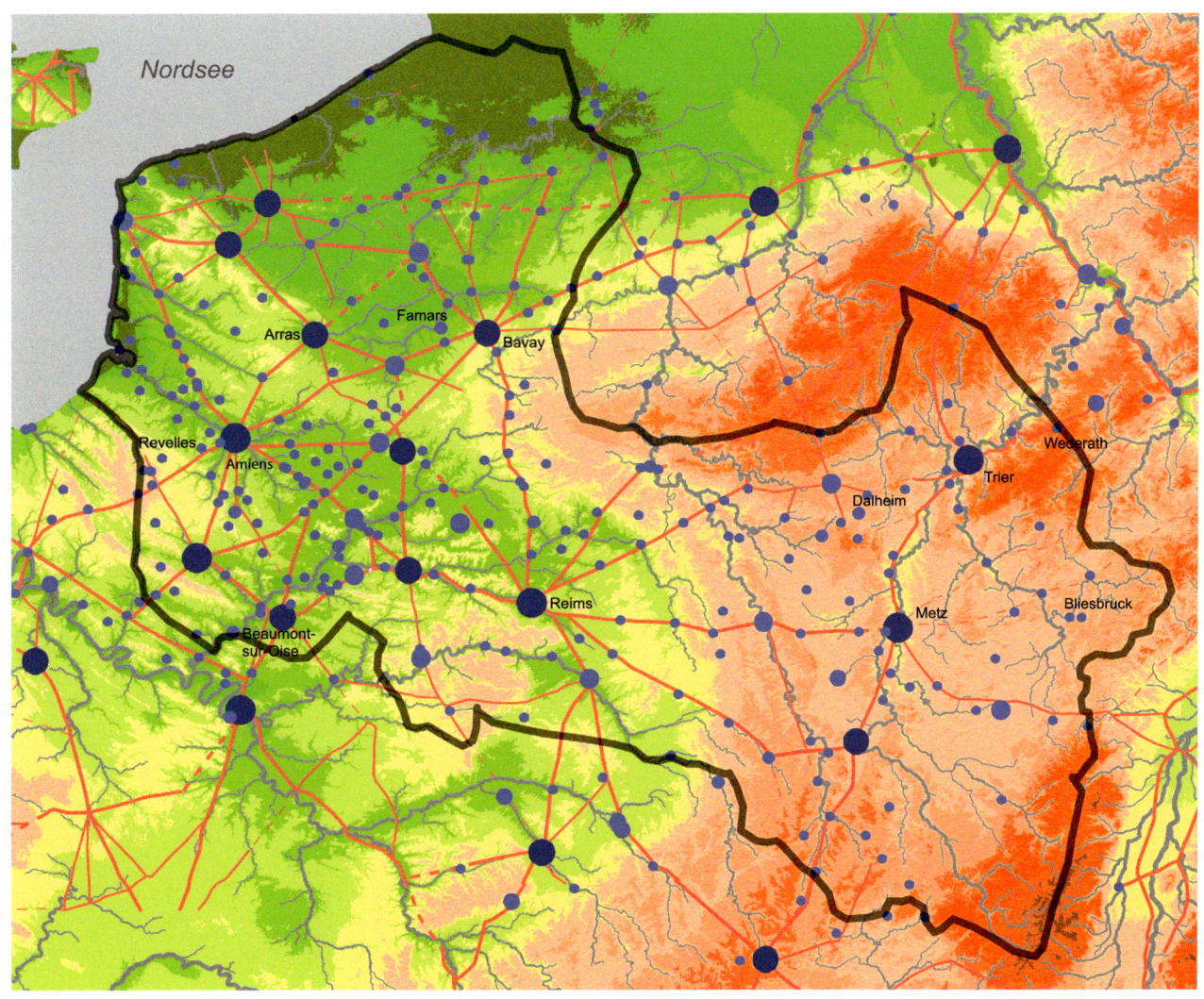

Abb. 20
Die Siedlungen der Gallia Belgica. Die Siedlungen sind nach Status, Fläche und Infrastruktur (z. B. Thermen und Heiligtum) hierarchisch geordnet.

sche, militärische und politische, topographische und wirtschaftliche Faktoren erklären (Abb. 20). Die Hauptorte, die Zentren der Macht, sind der Spiegel der einer *civitas* zugestandenen Privilegien. Eine stärkere Dichte entspricht einem zerstückelten Territorium, während eine weitere Streuung große Einflusszonen erkennen lässt und demzufolge eine starke und zentralisierte Macht der Hauptorte. Die Toponymie (*Augusta, Augustomagus, Caesaromagus* usw.) und zuweilen die Ergebnisse der Archäologie bestätigen, dass die Festsetzung der Grenzen der *civitates* und die Gründung der Städte größtenteils auf Augustus und Agrippa zurückgehen. Die von Strabon dem Agrippa (um 63 v. Chr.–12 v. Chr.) zugeordneten bzw. aus dessen Wirkungszeit stammenden Verkehrsstraßen spielen eine Schlüsselrolle für die Lokalisierung der Städte: Toul, Metz und Trier reihen sich entlang der Straße durch das Moseltal, Reims, Soissons und Amiens an der Küstenstraße und Bavay, Arras und Thérouanne

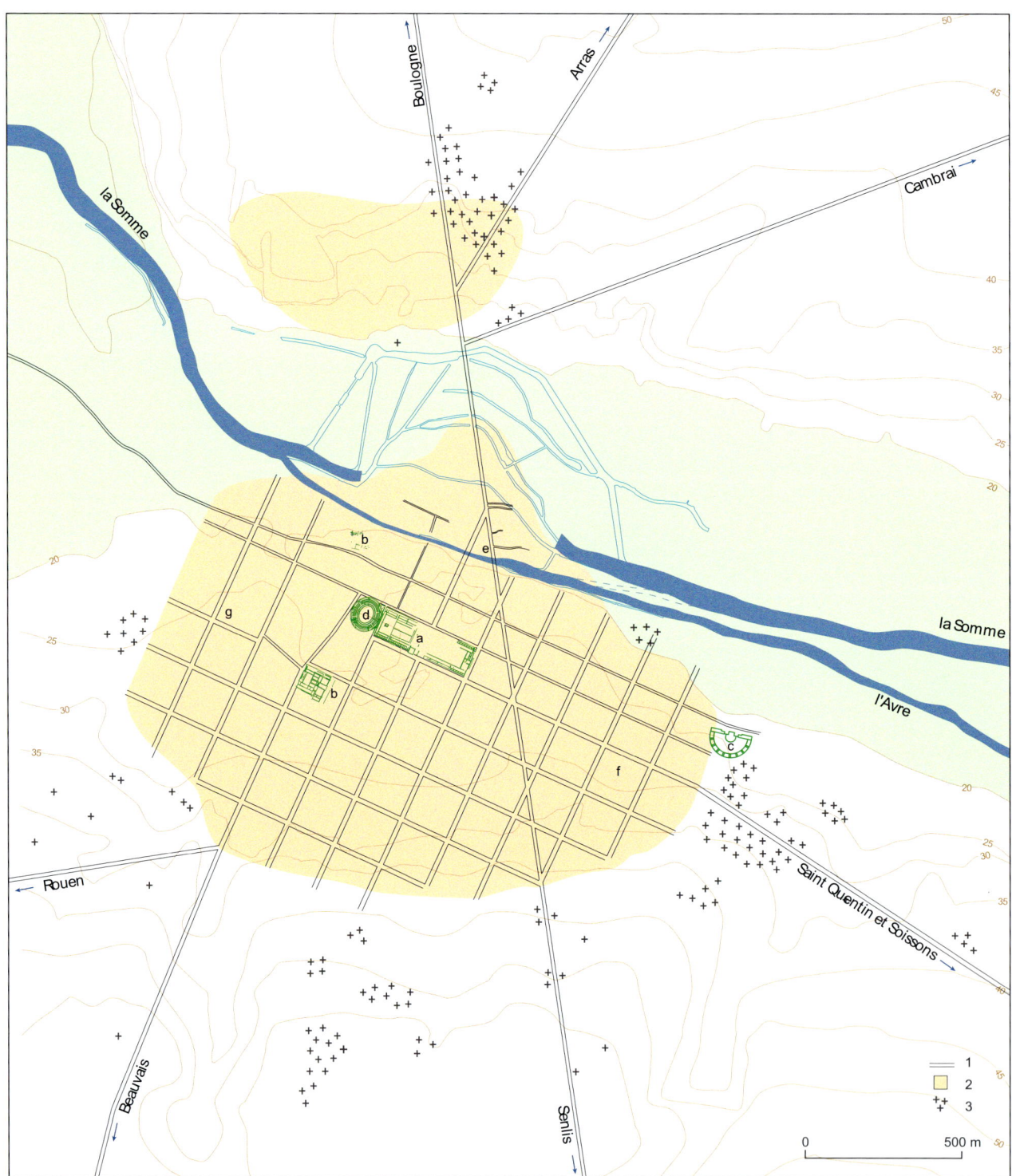

Abb. 21
Die Stadt Amiens im 3. Jh. n. Chr. 1. Straßen; 2. Siedlungsbereich; 3. Nekropole.
a. Forum und macellum; b. Thermen; c. Theater; d. Amphitheater; e. Viertel «ZAC Cathédrale»; f. Viertel «Garage Citroën»; g. Viertel «Palais des Sports».

Abb. 22
Reims, Porte de Mars. Reims verfügte über vier monumentale Tore mit den größten Bögen der römischen Welt.

an der Verbindungsstraße vom Rhein (Köln) zur Nordsee (Boulogne-sur-Mer). Reims und Metz führten eine bereits existierende keltische Besiedlung fort; bei den anderen Hauptorten scheint es sich um Neugründungen zu handeln. *Samarobriva* (Amiens) und *Nemetocenna* (Arras) wurden zwar bereits von Caesar erwähnt, doch eine topographische Kontinuität ist nicht nachweisbar. An diesen beiden Orten und auf dem Petrisberg in Trier zeugt ein Militärlager von der Rolle der Armee bei der Gründung dieser Machtzentren. Doch die militärische Präsenz ist nicht immer einheitlich. So handelte es sich in Arras um ein kleines Auxiliarkastell, während das Kastell von Trier zwei Legionen aufnehmen konnte. Die Ortswahl beruhte demzufolge auf einem Kompromiss zwischen dem Verhältnis der Völker zu Rom sowie dem Vorhandensein einer Heerstraße und eines Wasserlaufs; die Bodenbeschaffenheit scheint dagegen kein Argument dargestellt zu haben, sollte aber in der weiteren Entwicklung der Städte eine wichtige Rolle spielen.

Morphologie
Die Hauptorte sind in einem schachbrettartigen Straßennetz organisiert. Wie überall im Reich teilen die Hauptachsen *cardines* und *decumani* die Stadtlandschaft in *insulae* ein. Jedoch lässt das Bild, das sich aus neueren Grabungen ergibt, wesentlich unregelmäßigere Straßennetze erkennen, und dies sowohl innerhalb eines Fundortes als auch im Vergleich verschiedener Fundorte miteinander. In Reims folgen die Straßen z. B. dem Verlauf des Oppidumgrabens, während die Via Agrippa in Amiens das Straßennetz schräg durchquert (Abb. 21; vgl. Abb. 26). Gleichwohl wurde der Reisende durch die Organisation der Stadt in *insulae* und in zueinander rechtwinklig ausgerichtete Straßen mit ihren monumentalen Orientierungspunkten (Forum, Theater, Thermen etc.) geleitet, auch wenn die Stadtplanung nicht identisch war. Dies sorgte dafür, dass der Reisende sich in jeder Stadt zurechtfinden konnte. Das Ansehen einer Stadt gründete sich auf ihren Status und ihre Größe sowie auf die Qualität und den Reichtum ihrer Bauwerke.

Der Bau der Straßennetze kann nur selten präzise datiert werden, da diese im Allgemeinen direkt auf dem Untergrund angelegt wurden. In Reims, das seit dem 2. Jh. v. Chr. ununterbrochen besiedelt ist, wurde das neue städtische Konzept zwischen 30 und 10 v. Chr. angelegt. In den meisten anderen Hauptorten wird die Stadtplanung

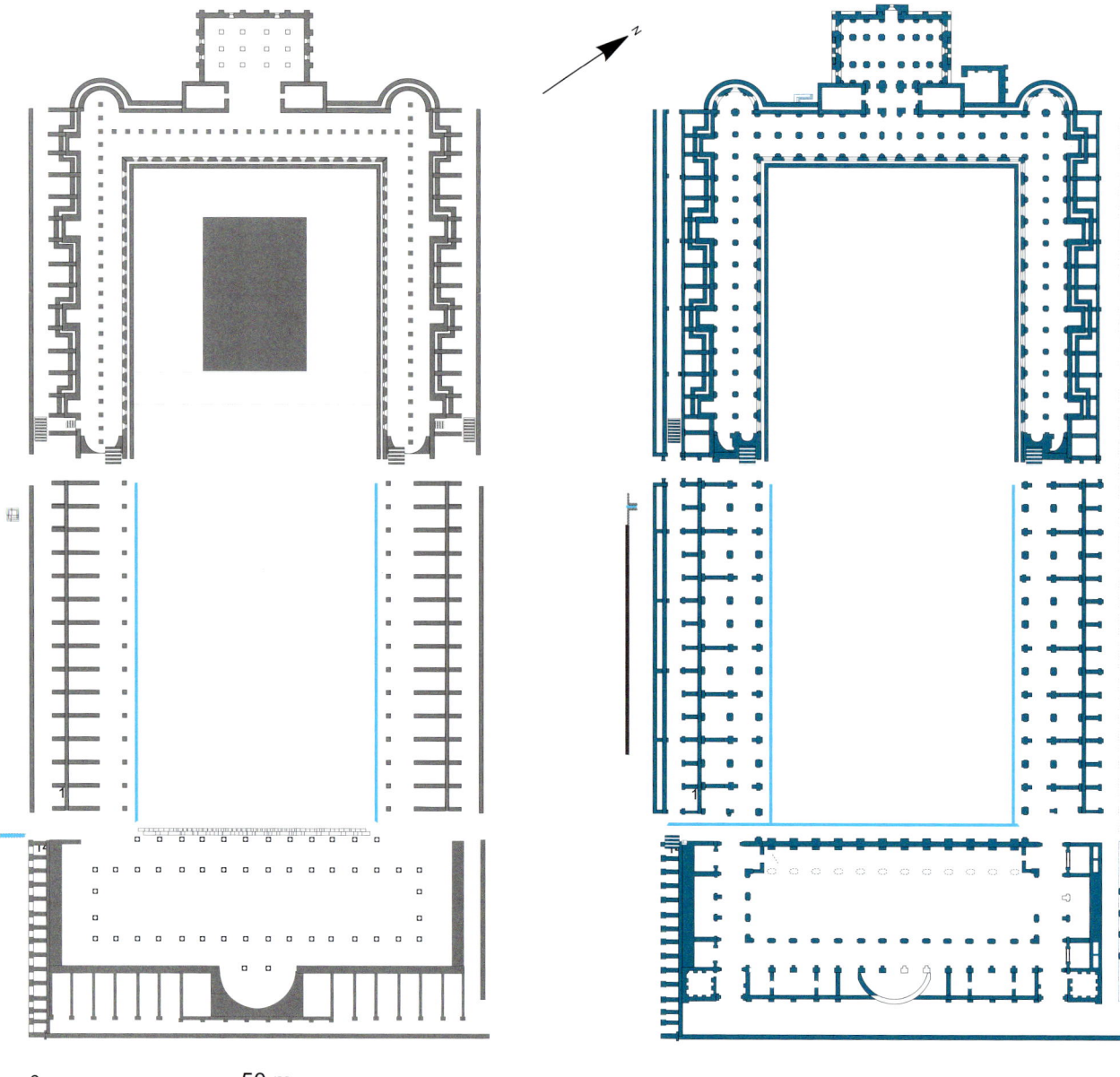

Abb. 23
Das Forum von Bavay.
Phase 1 und 2. Das
Forum – eines der
größten Galliens –
kontrastiert mit der
bescheidenen Größe
der Stadt.

wahrscheinlich gleich im Anschluss an die Gründung zwischen 20 v. Chr. und den ersten Jahren unserer Zeitrechnung erfolgt sein. Die Straßen waren in der Regel nicht gepflastert, sondern nur geschottert; die Ausbesserungsarbeiten, bei denen immer neues Material aufgeschüttet wurde, führten oft zu einer Erhöhung des Straßenniveaus um mehr als 1 m. Gleichzeitig mit der Straße wurden auch die Rinnsteine angelegt; die Ab- und manchmal auch die Zuleitung des Wassers wurde von Anfang an eingeplant. Im 1. Jh. n. Chr. befanden sich vor den Häusern in der Regel Säulengänge, von denen die Straßen rhythmisch gegliedert wurden und die man sich als überdachte Passagen vorstellen muss. Darüber waren Wohnungen eingerichtet. Den Vorschriften gemäß wurden diese Säulengänge einzeln für jedes Haus errichtet. Sie geben dem Straßenbild zugleich eine Einheitlichkeit und Vielgestaltigkeit. Dieser Fassadentyp ist selbst in kleinsten Ortschaften anzutreffen.

Als Fläche einer Stadt wird oft der von Nekropolen umgebene, bebaute Bereich definiert. Das *pomerium* wird zwar nur bei kolonialen Gründungen gezogen, doch auch ohne *pomerium* wird die Trennung der Stadt der Lebenden von der Stadt der Toten peinlich genau eingehalten. In Reims kennzeichnete ein breiter Graben die Stadtgrenze, nur Trier errichtete im 2. Jh. n. Chr. eine repräsentative Stadtmauer, von der die Porta Nigra noch heute zeugt. In beiden Städten überschritten die Nekropolen diese Grenzen zwar, breiteten sich allerdings nicht bis in die Wohnviertel aus (vgl. Abb. 26). In Reims wurden der *cardo* und der *decumanus* durch monumentale Ehrenbögen gekennzeichnet, von denen die Porte de Mars noch heute ein eindrucksvolles Zeugnis gibt. Diese zu Beginn

*Abb. 24
Bavay, Modell des Forum, Platz mit der Basilika.*

*Abb. 25
Die Kryptoportikus des Forum von Bavay ist einer der seltenen monumentalen Komplexe Nordwestgalliens. Die Mauern und die Pfeiler, die die oberen Säulengänge stützten, waren aus kleinen Kalkbruchsteinen gemauert und mit Ziegelausgleichschichten gegliedert.*

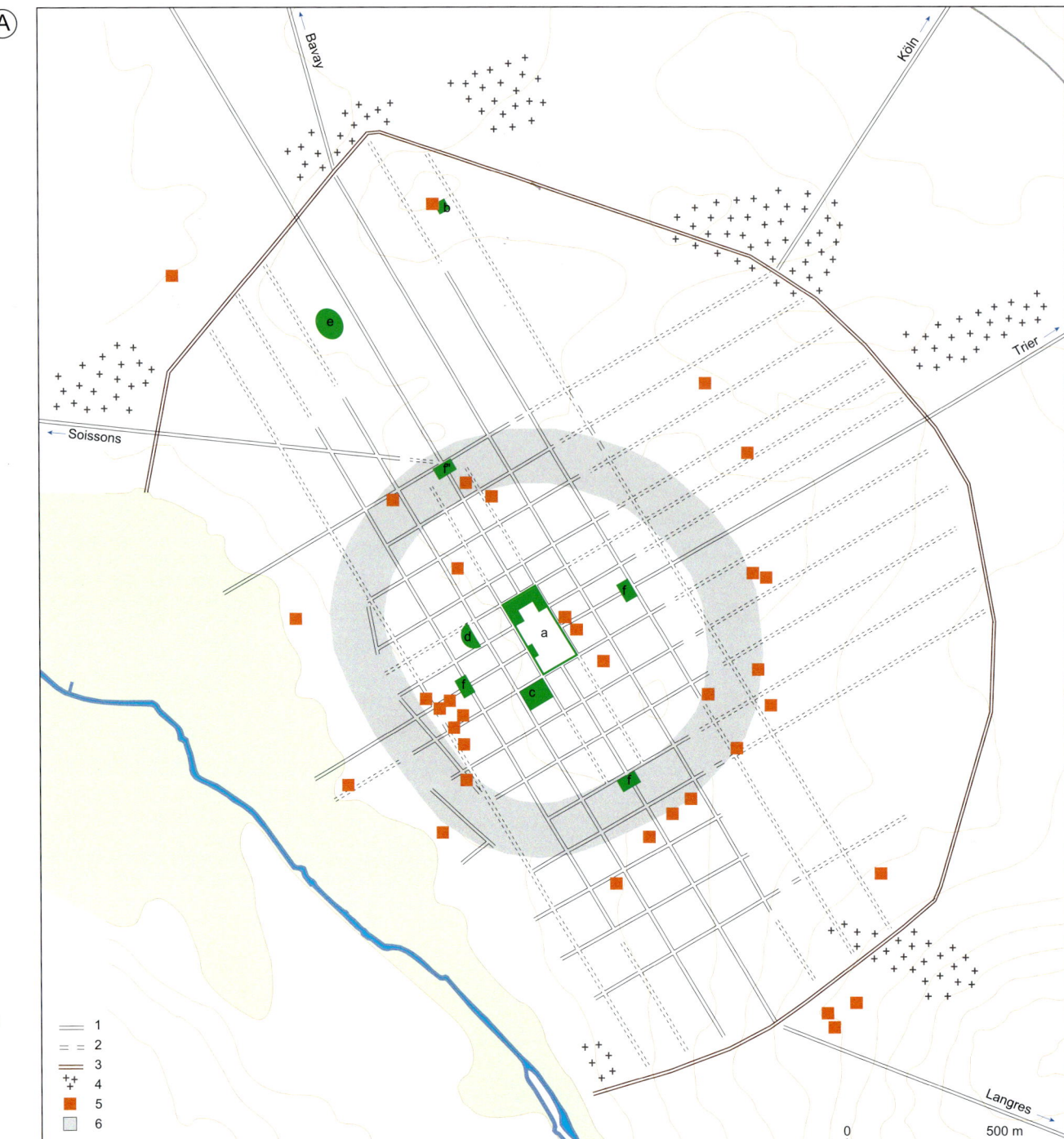

Abb. 26
Die Städte Reims und Trier im 3. Jh. n. Chr.
1. u. 2. Bezeugte und überbaute Straßen;
3. Stadtmauer;
4. Nekropolen;
5. Mosaike der frühen Kaiserzeit; 6. Graben des oppidum.

26 A Reims:
a. Forum; b. Heiligtum der Belin; c. Thermen; d. Theater; e. Amphitheater; f. Monumentale Tore (f. Porte de Mars).

des 3. Jhs. n. Chr. errichteten Bögen kennzeichneten weder das Ende der städtischen Verkehrsachsen noch lagen sie an den Grenzen des alten *oppidum*, und doch müssen sie einen markanten Punkt am Ausgang der Stadt dargestellt haben. In der Spätantike wurden sie in die Stadt eingegliedert. Die Porte de Mars misst in der Länge 32 m und ist von drei Durchgängen durchbrochen (Abb. 22). Die Pfeiler schmücken korinthische Säulen und wie die Innenseiten der Bögen sind auch sie mit reichem Reliefschmuck versehen. Die Besiedlung der Städte erfolgte nicht, wie oft angenommen wurde, konzentrisch um das *forum* herum, sondern geht eher von einem dicht besiedelten Zentrum aus, von dem entlang der Hauptachsen bebaute Zonen wie «Tentakel» herauswachsen.

Das *forum* musste als Zentrum des öffentlichen und religiösen Lebens von Anfang an im Stadtgebiet eingeplant werden. Wie in der Narbonensis könnte der Jupiter- und der Kaiserkult den ursprünglichen Kern des öffentlichen Lebens gebildet haben, den Ort, an dem sich die Elite mit den neuen religiösen und politischen Sitten vertraut

*26 B Trier:
a. Forum; b. Thermen;
c. Asklepiostempel;
d. Tempelbezirk im
Altbachtal; e. Tempelbezirk; f. Amphitheater; g. monumentale Tore.*

machte. Die beiden den *principes iuventutis* und Enkeln des Augustus, Gaius (20 v. Chr.–4 n. Chr.) und Lucius Caesar (17 v. Chr.–2 n. Chr.), geweihten Altäre in Reims und in Trier sowie der Jupiteraltar in Bavay veranschaulichen den frühen Bauschmuck dieser sakralen Bezirke. Standardisierte *fora* als Bereiche für religiöse, politische, juristische, administrative und ökonomische Belange wurden erst später errichtet: zwischen 40 und 90 n. Chr. in Bavay, zwischen 60 und 80 n. Chr. in Amiens und um 70 bis 80 n. Chr. in Trier. Das *forum* von Bavay wurde auf drei Viertel seiner Fläche freigelegt und kann trotz seiner ungewöhnlichen Größe als beispielhaft angesehen werden (Abb. 23. 24). Wie die meisten *fora* besteht es aus einem großen Platz, der von Säulenhallen umgeben ist, hinter denen sich die Ladenlokale und Verwaltungsräume befanden. Im Westen des Platzes liegt ein heiliger, von einer Galerie über einer Kryptoportikus umgebener Bereich, im Osten eine Basilika (Abb. 25). Bei neueren Ausgrabungen wurden dem Bau vorausgegangene Erdarbeiten sowie zwei Hauptbauphasen nachgewiesen. Der in beiden Phasen

DIE HAUPTORTE | 35

identische Grundriss und die Beibehaltung eines Teils der Strukturen der ersten Bauphase vermitteln einen Eindruck von Kontinuität, obwohl der Bereich in der zweiten Phase tatsächlich vollständig neu errichtet wurde. Im sakralen Bezirk wurde der Tempel geschleift und vermutlich auf die im Westen vorhandenen Substruktionen gesetzt. Die Kryptoportiken wurden mit Pilastern und neuen Säulen ausgestattet, auf denen Kreuzgewölbe ruhen; die Portiken wurden ebenfalls überwölbt und die einzelnen Räume vergrößert, die Basilika verbreitert und die äußeren Läden in sie eingegliedert. Das neue Gebäude scheint sich zum *forum* hin geöffnet zu haben. Diese zweite Bauphase wird in die zweite Hälfte des 2. Jhs. n. Chr. datiert; sie entspricht weder einer Zerstörung noch einem besonderem Wohlstand der Stadt, sondern zeugt eher von einem künstlichen Akt der Aufrechterhaltung oder der Bestätigung des städtischen Status: Bavay blieb in der Tat bescheiden und verlor in der späten Kaiserzeit seinen Status als *caput civitatis*.

Abb. 27
Der 4,70 m x 6,30 m große Raum in einem Haus in Reims (Rue des Moissons) diente vermutlich als Empfangsraum. Er war mit großformatigen Fresken geschmückt, gekehlte Steinverkleidungen schützten die Türrahmen. Der Boden bestand aus einfachem rosa Estrich, doch im Zentrum betonte ein Mosaik das Raumdekor. In einem Quadrat (1,90 m Seitenlänge) umrahmt ein Kranz mit geometrischen Motiven in einem schweren Zopfmotiv zwei bunte Vögel.

Abb. 28
In den Speisezimmern vornehmer Bürger lagen die Gäste auf Klinen gemäß römischer guter Sitte.

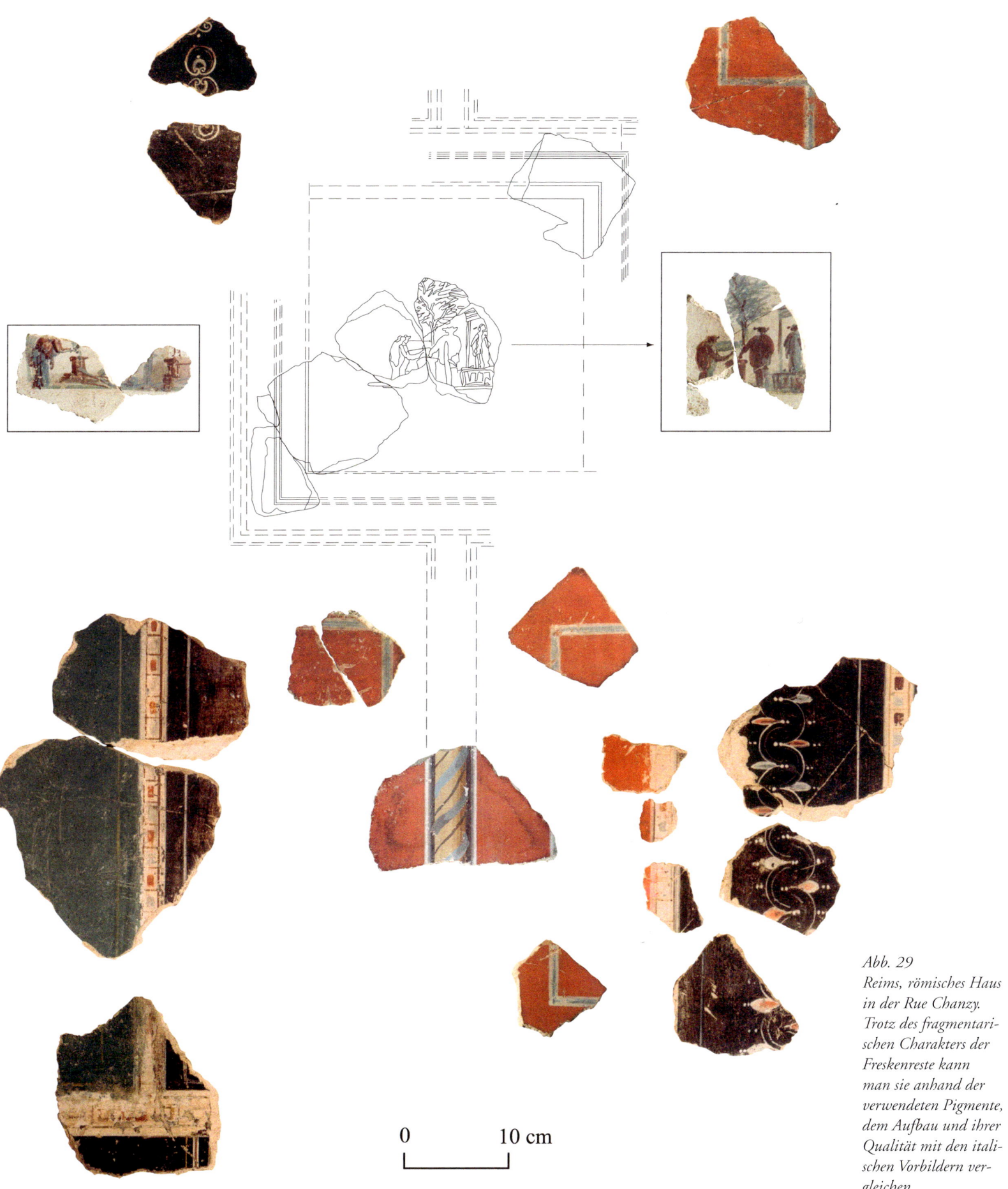

Abb. 29
Reims, römisches Haus in der Rue Chanzy. Trotz des fragmentarischen Charakters der Freskenreste kann man sie anhand der verwendeten Pigmente, dem Aufbau und ihrer Qualität mit den italischen Vorbildern vergleichen.

Die Hauptorte | 37

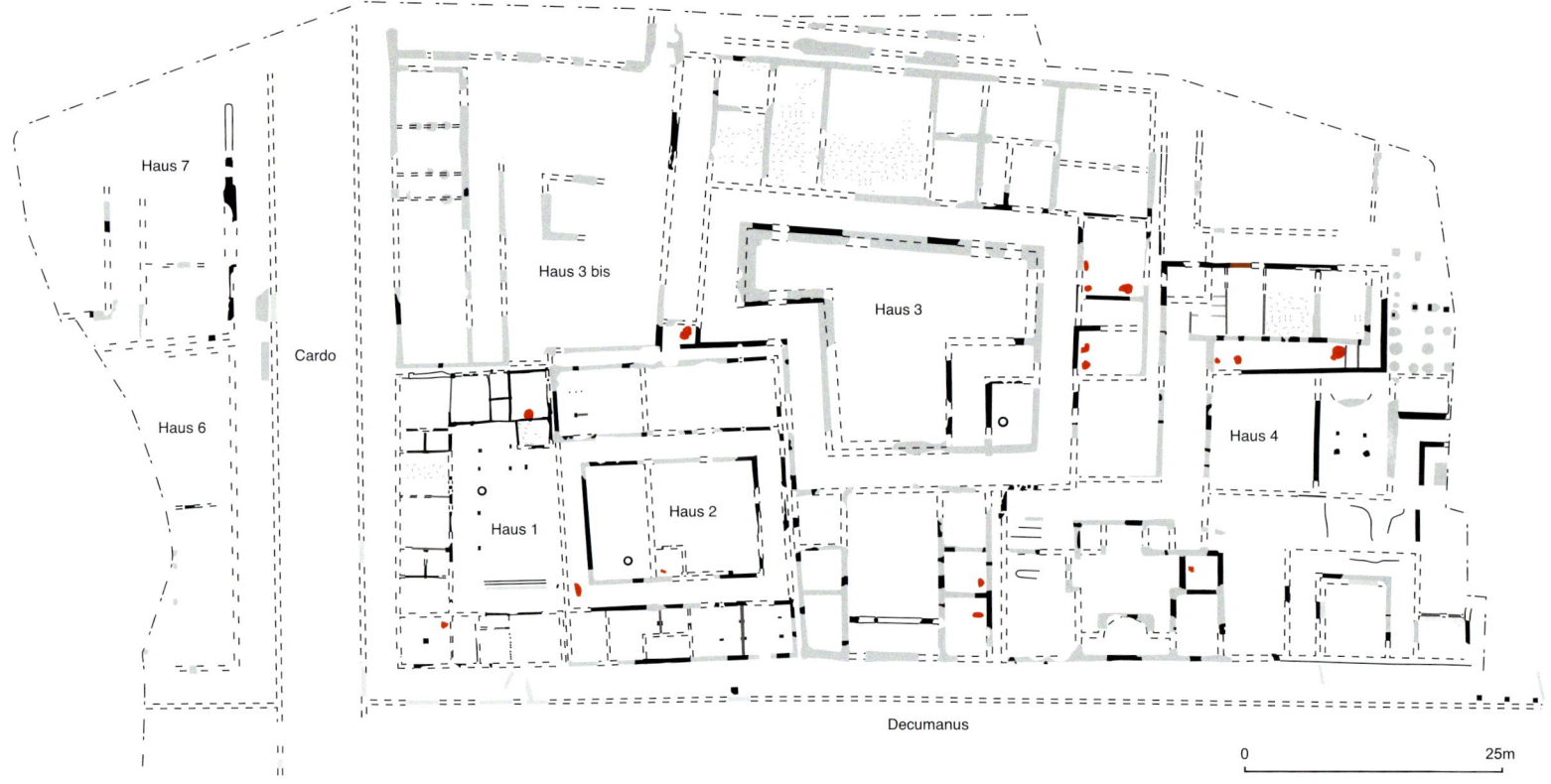

*Abb. 30
Amiens, «Palais des Sports». In diesem Wohnviertel befanden sich mehrere Häuser mit Peristylen.*

Der Tempel des sakralen Bezirks stellte die stärkste Verbindung zwischen der städtischen Gemeinschaft und Rom dar. Er hatte den Konventionen der griechisch-römischen Architektur zu entsprechen: ein Podiumtempel mit korinthischer Ordnung und einem von freistehenden Säulen gekennzeichneten Pronaos. In der Gallia Belgica sind innerhalb der Städte keine anderen Heiligtümer bekannt, weder römische noch einheimische Tempel, wodurch sich die Städte dieser Provinz von denen des restlichen Reiches unterscheiden. Die Heiligtümer lagen stattdessen grundsätzlich am Rande der Wohnviertel oder am Stadtrand (Beauvais, Reims, Trier; Abb. 26).

Theatergebäude und Thermen ergänzten die Annehmlichkeiten des städtischen Lebens. Thermen findet man in allen Ortschaften und in zahlreichen *villae* (s. u.), Theater und Amphitheater blieben dagegen ein Privileg der Hauptorte: Auf dem Land waren die Ortschaften und Heiligtümer mit Theatern gallo-römischen Typs ausgestattet, d. h. einer Mischung aus Theater und Amphitheater mit einer eingezogenen *cavea* (Zuschauerraum), einer elliptischen *orchestra* (Spielfläche) und einer kleinen *scaenae frons* (Bühnenwand). In der Stadt entsprachen Theater und Amphitheater hingegen dem klassischen römischen Typus. Durch die Auswahl eines geeigneten Geländes, dessen natürliches Gefälle zum Teil als Auflager dienen konnte (Trier, Metz, Senlis, Soissons), wurde das Problem der massiven, zum Tragen der Zuschauerränge nötigen Substruktionen teilweise gelöst. Dort, wo sich das Gelände nicht eignete, musste der ganze Komplex samt Substruktionen gemauert werden (Reims, Amiens). Aufgrund der Topographie und der zur Verfügung stehenden Fläche wurden die Gebäude zwischen dem Ende des 1. Jhs. n. Chr. und der ersten Hälfte des 2. Jhs. n. Chr. oft außerhalb der Wohnviertel errichtet. Das Amphitheater von Amiens stellt eine bemerkenswerte Ausnahme dar, denn es befindet sich in der Verlängerung des *forum*, obwohl dieses Areal bereits seit dem Ende des 1. Jhs. n. Chr. vollständig bebaut gewesen war (vgl. Abb. 21).

Die vornehmen Wohnhäuser

In der Stadt lebte eine Elite, die ihre Zeit zwischen Muße (*otium*), einer politischen Tätigkeit (*negotium*) und der Verwaltung ihrer im Allgemeinen auf dem Land verstreuten Güter aufteilte. In den Städten der Gallia Belgica ist es schwierig, die Häuser der vornehmen Gesellschaft zu identifizieren. In Reims und Trier zeugen die Mosaiken des 3. Jhs. n. Chr. von einer Verteilung der reich ausgestatteten Häuser auf das gesamte Stadtgebiet, wobei sie im Zentrum und dessen näherem Umfeld überwogen und in den Vierteln mit vornehmlich handwerklicher und kaufmännischer Tätigkeit fast vollständig fehlten (Abb. 26. 27).

Wie im Mittelmeerraum dehnten sich die Wohnsitze der Elite schrittweise über die angrenzenden Parzellen und

Abb. 31
Amiens, «Palais des Sports». Modell der Peristylhäuser. Die Säulenhallen und die Fassadengiebel zeugen von einer Übertragung der öffentlichen Architektur in den Wohnbereich.

Häuser aus. In diesen weitläufigen Anwesen umgaben Säulenhallen Höfe und Gärten; sie boten bemerkenswerte Durchblicke und verbanden Privat- und Empfangsräume miteinander. Die Speisezimmer verfügten häufig über eine erlesene Ausstattung: Mosaiken, Wandverkleidungen aus poliertem Stein und Wandmalereien (Abb. 28). Die vornehmen Häuser wurden im Laufe der Zeit immer weiträumiger, komfortabler und prunkvoller. Einige zeugen von einem offensichtlich importierten Geschmack. In der Grabung der *domus* in der Rue Chanzy in Reims wurden Reste augusteischer, mit Pigmenten hervorragender Qualität (zinnoberrot, blassgrün und schwarz) ausgeführte Wandmalereien entdeckt, die an die Fresken der Villa Farnesina in Rom erinnern (Abb. 29). Die augusteische Keramik dieser *domus* weist neben Tellern und Schalen italischer Terra Sigillata seltenere Importware aus Italien (italische Amphoren, pompejanisch-rote Platten, Töpfe und Reibschalen) auf. Diese Keramikformen lassen darauf schließen, dass es sich bei den Bewohnern nicht um Einheimische handelte. Die späteren Wandmalereien der Gallia Belgica sind provinzielle Varianten des sog. dritten pompejanischen Stils, bei dem breite Bildfelder mit schmalen Bändern abwechseln.

Bei den Ausgrabungen im «Palais des Sports» in Amiens konnte nachgewiesen werden, dass sich hier zwischen der ersten Hälfte des 1. Jhs. n. Chr. und dem 3. Jh. n. Chr. ein vornehmes Viertel herausgebildet hatte (Abb. 30. 31). Dieser Teil einer *insula* liegt einen Häuserblock von den Thermen und zwei Häuserblocks vom *forum* entfernt. Nach einer ersten Siedlungsphase, die noch ländlich geprägt war (mehr oder weniger weit auseinanderliegende Pfostenbauten), wurden in flavischer Zeit (69–96 n. Chr.) vier Steinhäuser errichtet; im 2. Jh. n. Chr. nahm schließlich ein fünftes Haus den gesamten Raum ein. Um 125 n. Chr. fielen diese Gebäude einem Brand zum Opfer. Bei ihrem Wiederaufbau erfuhr die Planimetrie jedoch keine grundlegenden Veränderungen. Ein erneuter Brand führte gegen 260 n. Chr. schließlich zur Aufgabe des Viertels. Wegen des schlechten Erhaltungszustandes der Baureste weiß man nur wenig über Ausstattung und Dekor der Innenräume, doch die Grundrisse vermitteln eine Vorstellung von der Größe und räumlichen Organisation. Die Häuser 1 und 2 erstreckten sich über 450 m² und 660 m²; die Häuser 3 und 4 erreichten 2000 bis 2800 m².

Öffentliche Gebäude und vornehme Wohnsitze nahmen große Flächen ein und lagen vorwiegend in den Stadtzentren. Neuere Grabungen, deren Ort in der Regel von aktuellen Bauprojekten abhängt, entsprechen zufälligen, aber dennoch repräsentativen Stichproben, die u. a. zeigen, dass auch bescheidene Wohneinheiten existierten, in denen häusliche und wirtschaftliche Tätigkeiten nebeneinander ausgeführt wurden. In den reichen Haushalten war auch einfaches Personal untergebracht; dasselbe gilt für die «Läden», die diese Wohnhäuser und die öffentlichen Gebäude säumten.

Die Häuser der kleinen Leute

In mehreren Grabungskampagnen wurde ein antikes Stadtrandviertel im «Pontifroy» in Metz erforscht. Die Häuser in diesem Viertel waren auf Schwellbalken auf einem Untergrund von Steinen und Keramikscherben errichtet. Erst im 2. Jh. n. Chr. wurden die Fundamente gemauert. Die Wände bestanden aus mit Schrägstreben versteiften Pfosten; die Zwischenräume wurden mit wiederverwendeten Materialien aufgefüllt, die durch Erde gebunden wurden, oder mit Flechtwerk ausgefacht. Die Böden bestanden aus Stampflehm oder Holz. Den Häusern waren Säulengänge vorgelagert, im Hausinneren zeugen Spuren von handwerklicher Tätigkeit. Dieser einfache Haustyp konnte zuweilen durch Lagerräume im

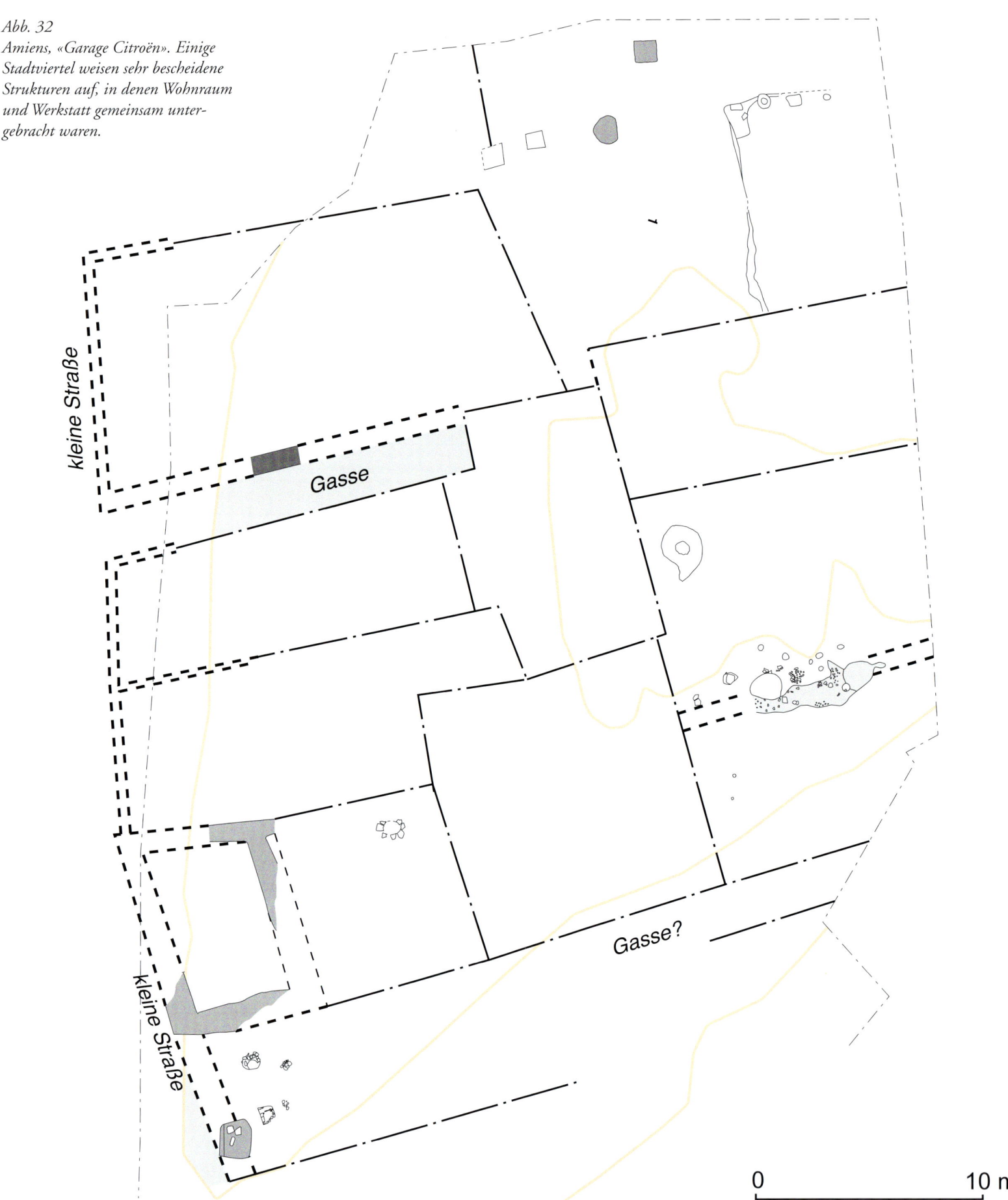

Abb. 32
Amiens, «Garage Citroën». Einige Stadtviertel weisen sehr bescheidene Strukturen auf, in denen Wohnraum und Werkstatt gemeinsam untergebracht waren.

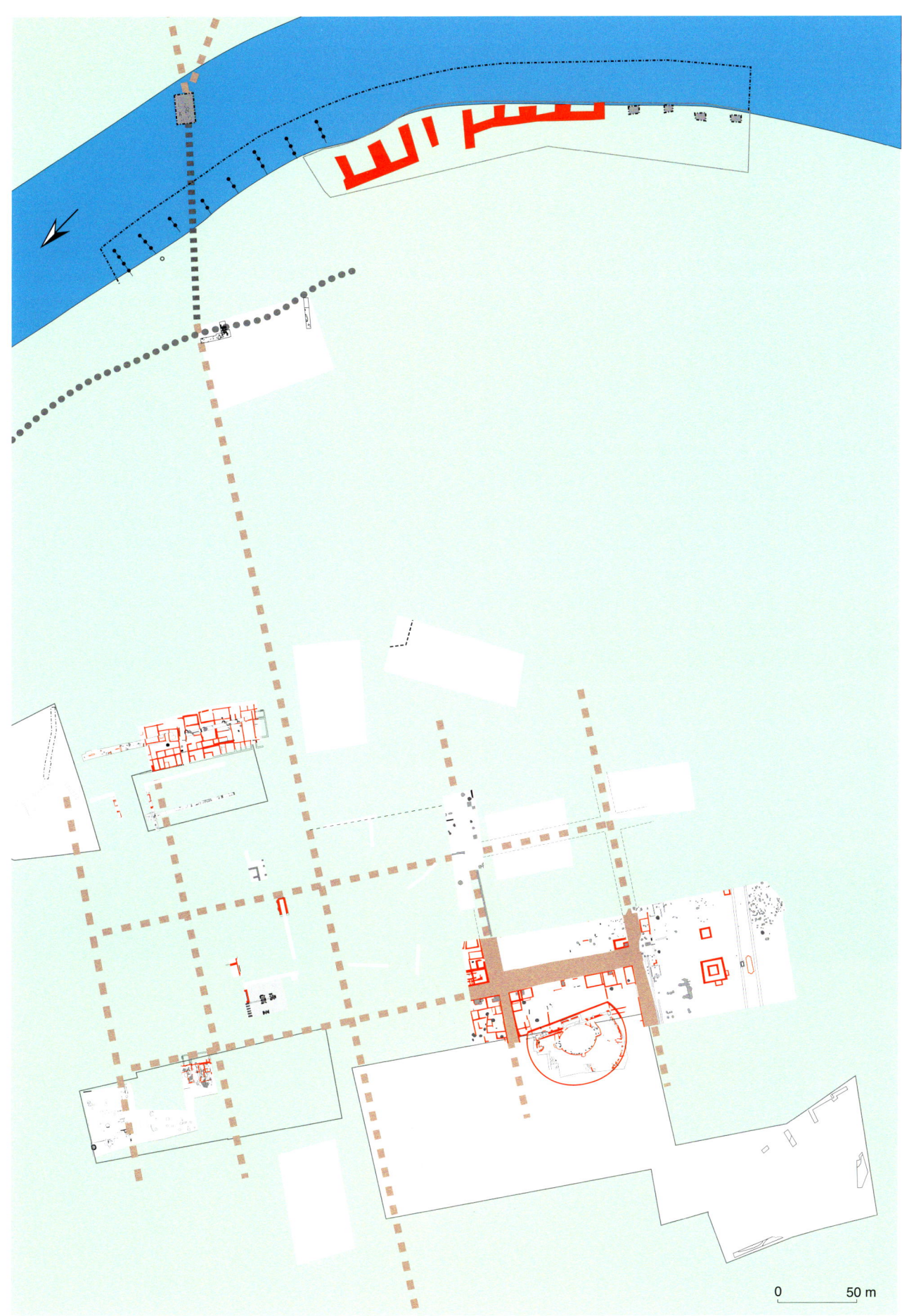

*Abb. 33
Beaumont-sur-Oise, antike Siedlung. Der Plan dieser großen Ortschaft zeichnet sich durch seine Regelmäßigkeit aus. Die Bauwerke (u. a. Heiligtum, Amphitheater) haben monumentale Ausmaße.*

Abb. 34
Bliesbruck, antike Siedlung. Die Wohnhäuser und Werkstätten reihen sich entlang einer Straße; hinter einem großen Platz erheben sich die Thermen.

Abb. 35
Bliesbruck, östliches Viertel, Siedlung des 3. Jhs. n. Chr. Die Streifenhäuser besitzen Räume mit Öfen und Feuerstellen, Keller und Hypokausten, die zum Komfort beitrugen, sowie Latrinen im hinteren Bereich.

Keller und kleine, durch ein Hypokaustsystem beheizte Räume aufgewertet werden.

Wie im Viertel des «Pontifroy» hat man auch in Amiens in den Vierteln «ZAC Cathédrale» und «Garage Citroën» die Existenz einfacher Wohnhäuser nachgewiesen. Am Ufer der Avre, einem Nebenfluss der Somme, und an der Via Agrippa wurden im Laufe des 1. Jhs. n. Chr. kleine Holzhäuser errichtet, in denen Schmieden untergebracht waren; später kamen neue Holzhäuser und ein Speicher hinzu. Erst im 3. Jh. n. Chr. findet man in diesem Viertel in der Nähe des *forum* Häuser mit Steinfundamenten. Die Grabung «Garage Citroën» wurde im Herzen einer *insula*, drei oder vier Blöcke westlich vom *forum*, durchgeführt (Abb. 32). Hier wichen die Bauten der frühen Siedlungsphase einer Lehmgrube. Ab der Mitte des 1. Jhs. n. Chr. wurde das Areal in kleine Parzellen aufgeteilt; sie blieben bis zum 3. Jh. n. Chr. von Holzbauten belegt, in denen Metallhandwerker tätig waren.

Die ländlichen Siedlungen

Das Siedlungsnetz

Nach einer kurzen Präsentation der *civitas*-Hauptorte, deren städtisches Prestige sich aus ihrem juristischen Status ableitete, sollen nun die kleineren Ortschaften näher betrachtet werden (vgl. Abb. 20). In Belgien und Deutschland nennen die Archäologen diese Orte *vici*; in Frankreich werden sie als «agglomérations secondaires» (sekundäre Ortschaften bzw. nichtstädtische Siedlungen) bezeichnet. Obwohl die Bezeichnung *vicus* in Belgien öfter bezeugt ist als andernorts, sowohl in der Epigraphik als auch auf der Tabula Peutingeriana, weiß man dennoch nicht, ob der *vicus* einem besonderen juristischen Status entsprach und ob die heute bekannten Erwähnungen eine antike Realität widerspiegeln. Folglich kann, wenn der Status ausgeklammert werden muss, die Ortschaft nur durch ihre topographische Einheit definiert werden: als demographisches, politisches sowie administratives, ökonomisches, kommerzielles und handwerkliches Zentrum. Davon zeugen Ausdehnung, Wohnbebauung und Nekropolen, öffentliche Gebäude, Läden und Werkstätten sowie das Straßennetz.

Die ländlichen Siedlungen sind nur selten Gegenstand extensiver Grabungen gewesen; ihre Fläche kann nur schwer geschätzt werden, man findet nur hier und da ein öffentliches Gebäude und kann in der Regel nur einige Häuser und Werkstätten identifizieren. Dennoch kennt man heute über 300 ländliche Ortschaften. Die Hälfte davon kann entweder nicht näher eingeordnet werden oder entspricht Straßensiedlungen. Diese erstreckten sich auf weniger als 20 ha, ihre Häuser reihten sich entlang einer Straße. Sie besaßen in der Regel kleine Thermen und ein Heiligtum. Die Fundplätze Revelles und Rue (AMB), Pont-sur-Sambre und Sains-du-Nord (NRV), Karden und Wederath (TRV) veranschaulichen diesen Typ der ländlichen Siedlung.

Andere Ortschaften erstreckten sich über größere Flächen, zwischen 30 und 50 ha. Sie verfügten über mehrere Straßen, die ein regelmäßiges, selten rasterförmiges Netz bildeten. Thermen, Heiligtümer und bisweilen auch Theater bilden die monumentale Ausstattung dieser Ortschaften und spiegeln den Wohlstand der Gemeinschaft wider. In der Gallia Belgica sind etwa 100 Ortschaften dieser Größenordnung bekannt, von denen mehrere Gegenstand von Ausgrabungen waren: u. a. Dalheim, Bliesbruck, Beaumont-sur-Oise und Naix-aux-Forges.

Abb. 36 Amiens, «Saint-Germain», stuckverkleidete Wand.

Abb. 37
Bliesbruck, Schnitt durch die Thermen der Mitte des 3. Jhs. n. Chr. Von links nach rechts: die Umkleideräume, von denen zwei beheizt waren, das frigidarium, das tepidarium und das caldarium mit Becken, dessen Wasser im angrenzenden praefurnium erhitzt wurde.

Die bedeutendsten dieser Ortschaften waren Zentren, deren Bevölkerung und wirtschaftliche Aktivitäten sich mit denen der Hauptorte messen konnten. Einige erlangten sogar den Status einer *civitas* und wurden in der Spätantike durch eine Stadtmauer geschützt. Zu nennen sind Noyen, Tournai, Chalons-en-Champagne, Cambrai und Verdun. Boulogne-sur-Mer nimmt eine Sonderstellung ein, da es aus der Verschmelzung einer zivilen Siedlung und dem Militärlager der *Classis Britannica* entstanden ist.

In dieser recht pauschalen Hierarchie der Niederlassungen, die unter dem lückenhaften Forschungsstand leidet, zeichnen sich dennoch bestimmte Charakteristika ab. Die Straßen spielten z. B. eine Schlüsselrolle bei der Ansiedlung der Ortschaften. Obwohl Straßenstationen nur selten als solche identifiziert werden können, ist doch sicher, dass sie eine bedeutende Funktion innehatten, unabhängig davon, ob diese administrativ bedingt war oder nicht. Die Reihung der Städtchen entlang der Straßen veranschaulicht dies deutlich und könnte helfen, die Forschungslücken zu schließen, die bezüglich der Straßen bestehen, für die keine Straßenstationen nachgewiesen werden konnten. Häufig begünstigte die Nähe eines schiffbaren Flusses die Entwicklung der Siedlungen. Beispiele hierfür sind u. a. Cambrai, Famars und Tournai an der Schelde, Naix sur l'Ornain, Verdun, Charleville, Namur und Maastricht an der Maas, Chalons, Châtillon, Château-Thierry an der Marne. Die Dichte der Ortschaften scheint zudem von der Beschaffenheit der Böden abhängig gewesen zu sein. In Regionen mit lehmigen Böden gab es zahlreiche Niederlassungen, die Einwohner arbeiteten hier auf den Landgütern, in handwerklichen Betrieben und kleinen Läden.

Die antiken Siedlungen von Dalheim, Bliesbruck und Beaumont-sur-Oise veranschaulichen zum einen die allgemeinen Siedlungsbedingungen, zum anderen das, was man unter einer mittleren Ortschaft versteht (Abb. 33. 34). Dalheim bildete sich an der Rheintalstraße heraus und erscheint auf der Tabula Peutingeriana unter dem Namen Ricciaco. Bliesbruck liegt an der Blies und der Straße nach Saarbrücken, während Beaumont an der Straße Beauvais–Paris die Brücke über die Oise kontrollierte: Diese Straßen bildeten die Verkehrsadern der Ortschaften. In Dalheim und Bliesbruck konnten darüber hinaus Straßenstationen identifiziert werden. Die Straßen in Bliesbruck und Dalheim bildeten kein Raster, doch in Beaumont teilten die Verkehrswege den Ort in zwölf identische *insulae* ein. In diesen Siedlungen konnte kein Gebäude gefunden werden, das eindeutig von einer öffentlichen Funktion zeugt, doch die Heiligtümer dienten häufig auch als Versammlungsorte und waren für die Gemeinschaft repräsentativ. In Beaumont und in Dalheim lagen die Heiligtümer zwar in der Nähe der Wohnbereiche, aber dennoch etwas abseits; unweit davon befanden sich Theaterbauten. Die Häuser grenzten an die Straßen und dehnten sich zuweilen auf den öffentlichen Raum aus. Die gewerblichen Tätigkeiten spielten sich innerhalb der Wohnbereiche ab. Es scheint, dass das Metallhandwerk und Töpfereien in den ersten Siedlungsphasen bedeutender waren und in der Folgezeit entweder reduziert oder in die Außenbereiche verlegt wurden. Diese kleineren Ortschaften blieben auch in der Spätantike noch unbefestigt und wurden größtenteils aufgegeben.

Die Häuser der ländlichen Siedlungen

Außerhalb der Hauptorte wurden nur in sehr wenigen Siedlungen Reste von herrschaftlichen Häusern mit Peristylen, beheizten Räumen und Mosaiken gefunden. Beaumont-sur-Oise, Famars, Naix-aux-Forges stellen demnach bezeichnende Ausnahmen dar: Diese Orte, in denen eine Elite residierte, übten wohl eine besondere Funktion aus und verfügten über einen Rechtsstatus, der noch nicht eindeutig umrissen werden kann.

Im Allgemeinen waren die Häuser jedoch relativ klein und vereinten gewerbliche und häusliche Funktionen in

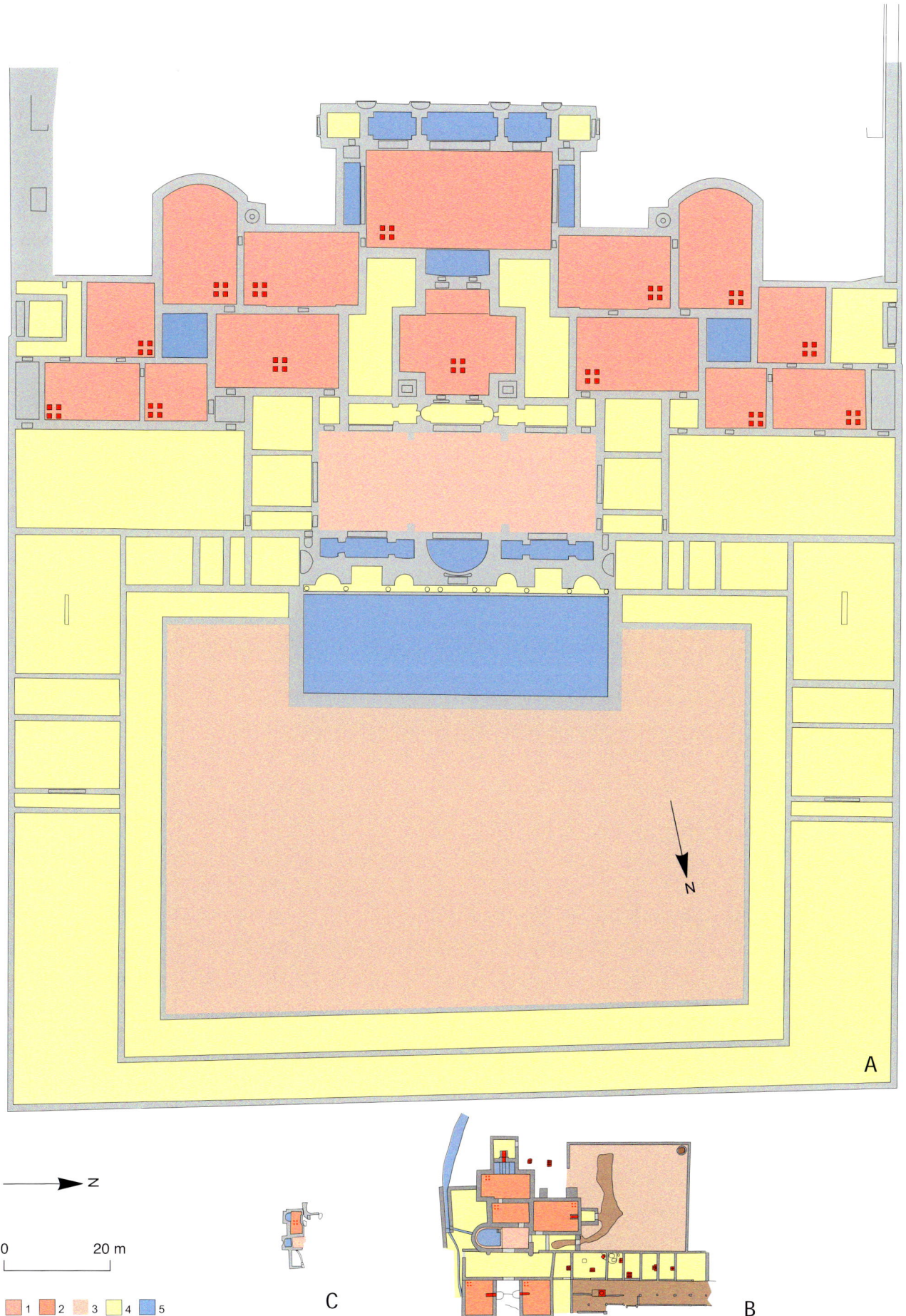

*Abb. 38
Thermen: A. Trier,
B. Bliesbruck,
C. Coucy-les-Eppes.
1. frigidarium; 2. beheizte Räume (caldarium, tepidarium, sudatorium); 3. Palästra;
4. apodyterium und unbestimmte Räume;
5. Becken und Schwimmbecken.*

sich. Die gängigste Form stellte das Streifenhaus dar, dessen Schmalseite zur Straße ausgerichtet war (Abb. 35). Wie in den Hauptorten legen die Pfosten- oder Pfeilerfundamente nahe, dass ein vorgelagertes Obergeschoss einen überdachten Vorplatz bildete. In den zur Straße gelegenen Räumen befanden sich u. a. Werkstätten von Metallhandwerkern, Bäckereien sowie Läden. Die Räume im hinteren Bereich oder im Obergeschoss dienten hingegen als Wohnraum; unter oder hinter dem Haus befand sich ein Keller. In einigen Häusern zeugt ein kleiner, durch ein Hypokaustum beheizter Raum von bescheidenem Komfort. Die Bauten der frühen Phasen wurden auf Pfosten in Pfostengruben oder auf Schwellbalken oder Steinfundamenten errichtet. In flavischer Zeit (69–96 n. Chr.) tauchen in der gesamten Gallia Belgica Keller und gemauerte Fundamente auf, doch nur selten waren die Wände bis zum Obergeschoss gemauert. So zeugen die Bautechniken auf dem Land also erst im 2. Jh. n. Chr. von sozialen Unterschieden: Ein Teil der Bevölkerung lebte in Häusern in Holz-Lehmbauweise, der andere Teil in Steinhäusern.

Die Thermen – Inbegriff des römischen Lebensstils

Die Badeanlagen sind der Inbegriff römischen Lebensstils und bezeichnend für den Reichtum eines Ortes. Noch heute kann man in Trier drei große Komplexe besichtigen. Doch nur von den Barbarathermen der frühen Kaiserzeit, hat sich der komplette Grundriss erhalten (vgl. Abb. 38). Die Bäder umfassen eine Fläche von 20640 m², was annähernd der Größe der Caracallathermen in Rom (25080 m²) entspricht; zählt man die Palästra hinzu, erstreckten sie sich über 41280 m² (die Caracallathermen über 110530 m²). Diese Thermen des sog. Kaisertyps besitzen einen symmetrischen Grundriss, bei dem die beheizten Räume (*caldarium, tepidarium, sudatorium*) die südlichen zwei Drittel einnehmen, während die Hallen im Norden und das *frigidarium* mit seinem Schwimmbecken den Übergang zu der von Säulenhallen umgebenen Palästra bilden. In Amiens, Beauvais, Bavay, Reims und Metz scheinen ähnliche Anlagen existiert zu haben, deren Reste jedoch nicht vollständig ausgegraben sind, jedoch von einem hohen Niveau der Ausstattung gewesen sein müssen (Abb. 36). Neben den Prunkbädern verfügten die Städte auch über kleinere Badeanlagen.

Für diese jeweils der Größe der Ortschaft entsprechenden kleineren Thermen liefert Bliesbruck ein erst kürzlich erforschtes Ensemble (Abb. 37. 38). Die Anlage befand sich im Zentrum der antiken Ortschaft und öffnete sich zum Platz hin. Die Anordnung der Säulengänge, Gebäude und einmündenden Wege verlieh dem Bau eine gewisse Monumentalität. In der Phase 1 aus flavischer Zeit umfassten die Baderäume 107 m² und in der Phase 3 wurden sie auf 158 m² vergrößert. Die Palästra, die in der Phase 1 mit einem Schwimmbecken ausgestattet war, maß 520 m² und wurde schon bald aufgegeben. Die Baderäume vom *apodyterium* bis zum *caldarium* reihten sich in West-Ostrichtung aneinander. Das *apodyterium*, der Auskleideraum, hatte zunächst bescheidene Ausmaße, später erhielt er eine basilikale Form und schließlich wurden ihm beheizte Räume angefügt. Das *frigidarium* und das *tepidarium* erfuhren nur unwesentliche Veränderungen; lediglich das Kaltwasserbecken wurde vergrößert. Das *caldarium* wurde hingegen vollständig neugebaut: Es wurde zu einem monumentalen Raum, in dem der Badende die wohltuende Wärme genießen konnte. Wie bereits erwähnt, war die Palästra zunächst mit einem Schwimmbecken ausgestattet, doch das strenge Klima führte dazu, dass der Bereich in einen Garten umfunktioniert wurde, den möglicherweise ein Nymphäum zierte. Schließlich wurde an seiner Stelle ein beheizter Raum errichtet, während das restliche Areal den Diensträumen vorbehalten blieb. Die architektonische Entwicklung dieses kleinen Gebäudes zeugt von der Empfänglichkeit der Gemeinschaft für die Annehmlichkeiten des römischen Lebensstils und dem bis zum Beginn des 3. Jhs. n. Chr. zunehmenden Wunsch, diesem prunkvoll Ausdruck zu verleihen.

Thermen findet man in allen Ortschaften. Einige entsprachen in der Anlage denen von Bliesbruck, andere waren wesentlich kleiner, so in Coucy-les-Eppes (REM; vgl. Abb. 38) und Saint-Etrenne-Roilaye (SVE). Es gab jedoch auch wesentlich größere Badeanlagen, z. B. in Champlieu (SUE), Famars (NRV) oder Naix-aux-Forges (LEU).

Abschließend: Die römische Stadt stellte ein Erfolgsmodell dar, dem die kleinen Ortschaften nachzueifern versuchten. Dennoch war das Städtenetz locker geknüpft, und Gallien – und insbesondere die Gallia Belgica – ist nie eine urbane Landschaft geworden. Von Rom gingen nach der augusteischen Periode keine neuen Stadtgründungen aus, es wurden nicht einmal besonders viele Städte in den Status einer Kolonie erhoben. Die geringe Dichte der Städte, die mit der des mittelalterlichen Frankreich vergleichbar ist, erklärt sich u. a. durch die wirtschaftliche Unabhängigkeit der ländlichen Gebiete. Etwa 90 % der Bevölkerung lebte auf dem Land und von dessen Boden, während die gleichen Berechnungen für Italien nur 70 % Landbevölkerung ergeben.

DAS LEBEN AUF DEM LAND

Während Caesar uns wilde Gallier schildert, die in den Wäldern, in der Nähe von Flüssen lebten, beschreiben die paläobotanischen und archäologischen Studien eine offene Landschaft, deren langsame und diskontinuierliche Urbarmachung fünf Jahrtausende zuvor begonnen hatte. Die Bodenuntersuchungen zeigen, dass der landwirtschaftliche Druck auf die Landschaft in römischer Zeit jedoch stärker spürbar war als zuvor. Die Entwaldung nahm zu und die Erosion wurde beschleunigt. Zudem störten die neuen städtischen Zentren und die Verkehrswege, die sie verbanden, sowie die Ortschaften, die sich an den Straßen herausbildeten, das bestehende Gleichgewicht. Die ländliche Bevölkerung der Belgica hatte nicht nur lernen müssen, sich an neuen Landschaftsmerkmalen zu orientieren, sie hat auch erfahren müssen, wie sich ihr Verhältnis zur Herrschaft, dem Besitztum und den Machtstrukturen veränderte.

Die ländliche Besiedlung

Es ist sehr schwirig, die ländliche Besiedlung quantitativ zu erfassen; es scheint jedoch, als sei die Bevölkerungsdichte in römischer Zeit nicht mit der vorangegangenen Periode vergleichbar. Die Präventivarchäologie, deren Eingriffe *a priori* zufallsbedingt sind, da sie ausschließlich

*Abb. 39
Warfusée-Abancourt, die villa von «Noires Terres» und «Masures». Der Wohnbereich versperrte den Blick auf die pars rustica. Der Wirtschaftsteil erstreckte sich über 300 m zu beiden Seiten eines Hofes.*

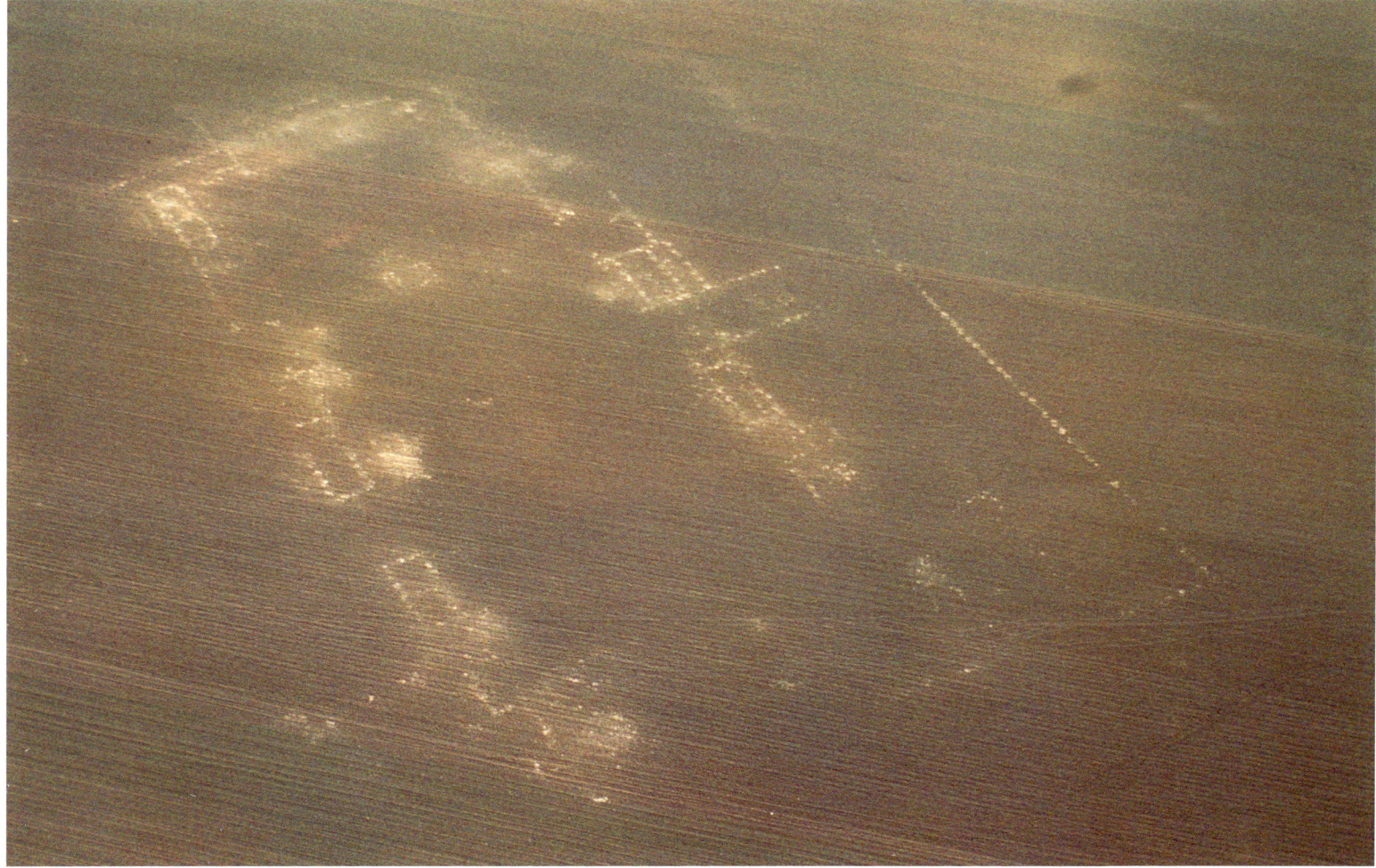

Die ländliche Besiedlung | 47

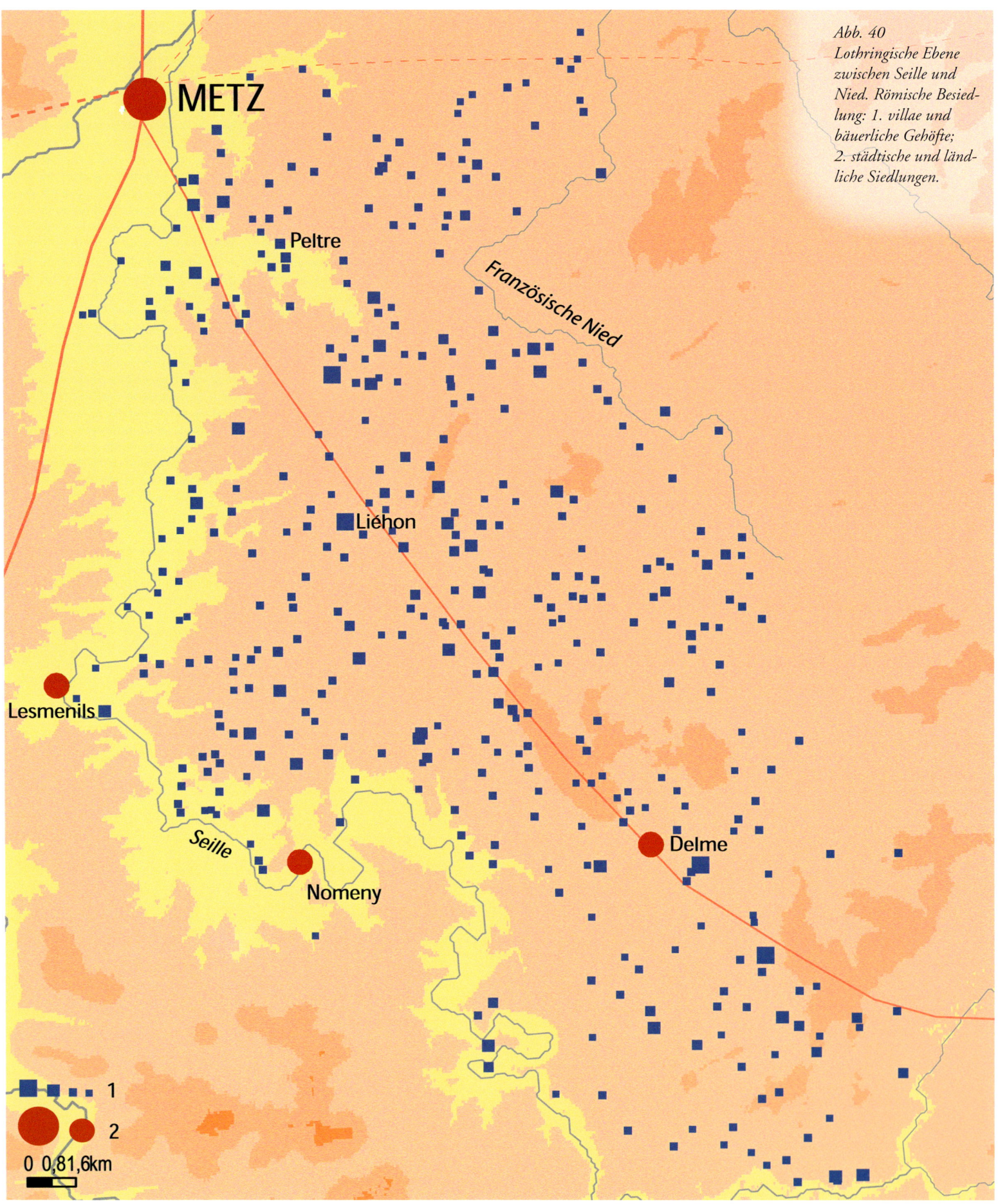

Abb. 40
Lothringische Ebene zwischen Seille und Nied. Römische Besiedlung: 1. villae und bäuerliche Gehöfte; 2. städtische und ländliche Siedlungen.

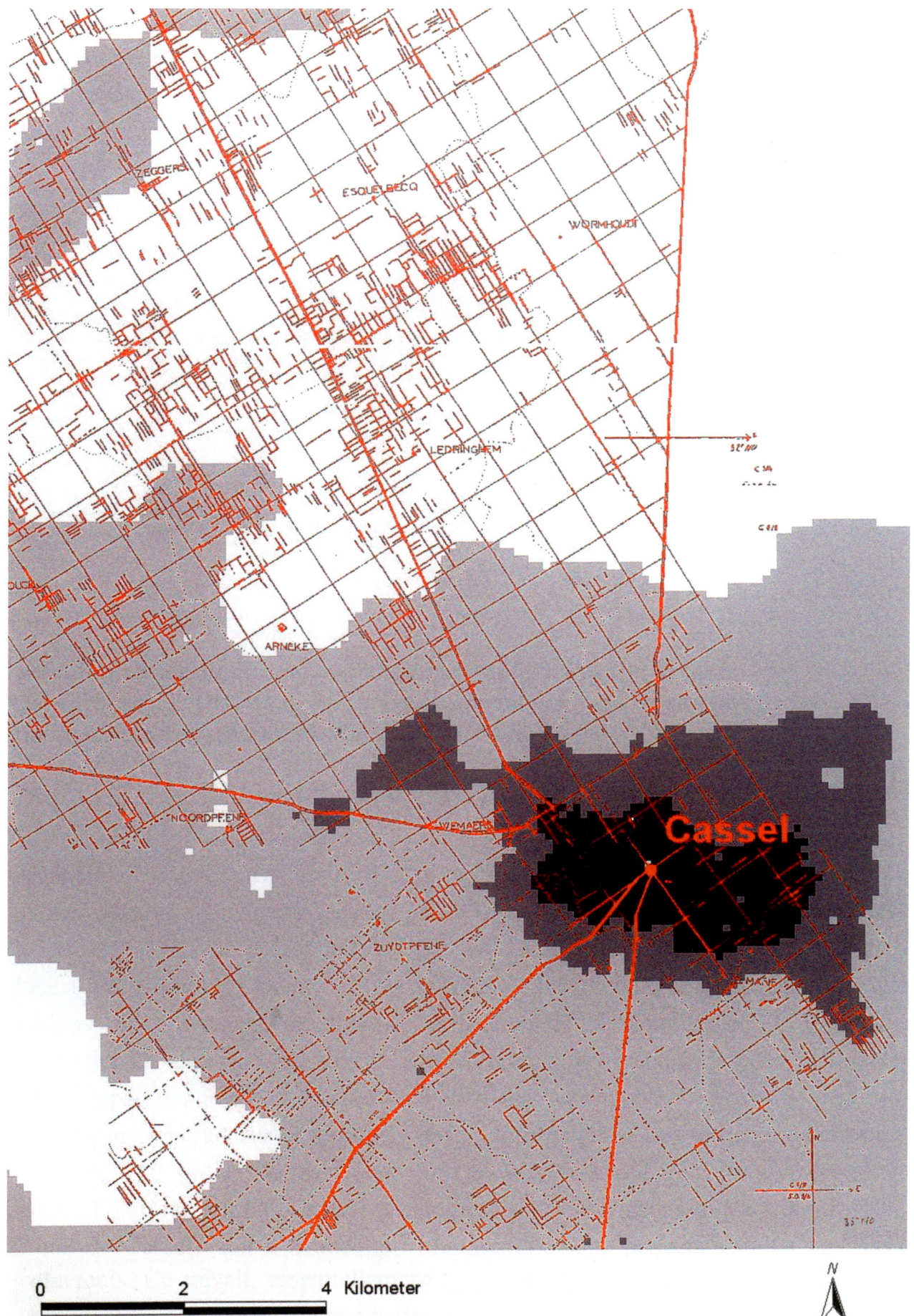

*Abb. 41
Die centuriatio von Cassel. Rom sorgte für eine normierte Einteilung der Landschaft, die zugleich die Flächen vereinheitlichte und die Ernten verbesserte.*

Die ländliche Besiedlung | 49

Abb. 42
Archäologiepark Römische Villa Borg. Die pars urbana zeugt davon, dass der Besitzer die Philosophie der humanitas und die römische Lebensweise übernahm. Die architektonischen Formen, die Ausmaße, Farben und Säulenhallen sind den öffentlichen Gebäuden der Stadt entlehnt.

von den Zielen der Bauherren abhängen, liefert interessante Hinweise. Anhand von systematischen Diagnosen erfassen die Archäologen nun die Siedlungsstrukturen *grosso modo* vom Neolithikum bis zum Mittelalter. In den Statistiken des *Institut national de la recherche archéologique préventive* (Inrap) aus den Jahren 2004, 2005 und 2007 betreffen in Frankreich 30 bis 35 % der Notgrabungen Fundplätze der römischen Periode, obwohl diese sich nur über 400 der 7000 erfassten Jahre erstreckt (5,7 %).

In der Gallia Belgica sind nur wenige Regionen untersucht worden. Die Picardie ist hierfür gewiss eine geeignete Region, denn die Luftaufnahmen von R. Agache haben eine mit *villæ* übersäte Landschaft aufgezeigt (Abb. 39). Surveys und Grabungen aufgrund von Großbaustellen (TGV-Strecken, Autobahnen und Industriezonen) bereichern das Bild wesentlich. Durch die Erfassung zahlreicher kleiner ländlicher Betriebe hat sich die Besiedlung als noch dichter erwiesen. Die Ergebnisse der laufenden Arbeiten sind vielversprechend; schon jetzt liefern Studien in Lothringen interessante Informationen, die in langwierigen Untersuchungen zusammengestellt wurden.

Die untersuchte Mikro-Region erstreckt sich auf der lothringischen Ebene zwischen zwei Flüssen, der Seille, einem Nebenfluss der Mosel, und der französischen Nied, die, nachdem sie sich mit der deutschen Nied vereint hat, in die Saar mündet (Abb. 40). Das Relief ist wenig ausgeprägt, und die Kalkböden eignen sich für den Getreideanbau. Das maritime Klima mit kontinentalen Einflüssen ermöglichte hier Wein- und Obstanbau. Von dem Hauptort der Mediomatriker führte eine Straße in das Rheintal (Brumath und Straßburg). Delme war eine Straßenstation auf dieser Strecke.

In der Region konnten dank der Entsprechung der Katastergrenzen mit der römischen Landvermessung und der Ausrichtung der antiken Fundstätten Spuren von Parzellierungen erkannt werden. Im Unterschied zu dem durch ein strenges Raster bestimmten Flurplan, der nur in der Region von Cassel (MEN) nachgewiesen wurde, weist die Parzellierung eine regelmäßige Einteilung mit rechtwinkligen Segmenten auf (Abb. 41). Ihre Abstände entsprechen Vielfachen des *actus* (35,40 m). Da sich die Parzellen aber den Gegebenheiten der Landschaft anpassen, bilden sie kein regelmäßiges Raster.

	1		2		3
	4		5		6

Die Hierarchie der ländlichen Siedlungen entspricht architektonischen Kriterien (bebaute Fläche, Baumaterialien: Dach- und Hypokaustziegel, Mosaikböden), die von dem Reichtum des Besitzers zeugen – von dessen Einnahmequellen und mit einiger Wahrscheinlichkeit von der Größe sowie der Produktivität seines Gutes. Diese Argumentation ist stark vereinfacht, denn ein Gutsbesitzer konnte Inhaber mehrerer Güter sein. Er konnte seinen Gewinn aus einem bestimmten Landgut beziehen, jedoch ein anderes verschönern, weil es in einer attraktiveren Umgebung oder verkehrsgünstiger gelegen war. Zudem konnte er jederzeit seinen Gewinn steigern, indem er ein Gut aufteilte oder ein weiteres hinzuerwarb. Auch unter Berücksichtigung der modernen Besiedlung des Territoriums, welche die Untersuchungsergebnisse beeinträchtigt, kann eine regelmäßige Verteilung der antiken Fundstätten vermerkt werden. Die Mehrzahl der Siedlungen lag über 500 m voneinander entfernt und könnte Landgütern mit einer Fläche von 75 ha entsprochen haben; die größten Güter befanden sich in Straßennähe, die kleineren lagen eher verstreut.

Abb. 43
Peltre, villa von «les Rouaux», 1. Phase 1; 2. Phase 2; 3. Phase 3; 4. Phase 4; 5. Hypokaust; 6. Becken. Dieses Ensemble mit einem vom Wirtschaftsbereich (pars rustica) getrennten Wohnbereich (pars urbana) kann wie die villa von Mayen in Rheinland-Pfalz als Modell der römischen villa angesehen werden.

Die ländliche Besiedlung | 51

*Abb. 44
Trier, Darstellung einer villa oder eines landwirtschaftlichen Gebäudes. Die Mauern sind geweißt und die Ecken mit rotem Verputz betont; die zweistöckigen Gebäude sind von Öffnungen durchbrochen.*

Die Siedlungsstrukturen

In der frühen Kaiserzeit scheint der durch die *villa* repräsentierte Einzelhof das Referenzmodell gewesen zu sein. Daneben existierte jedoch eine ganze Palette weiterer Siedlungsformen. Wenn von einer typischen *villa* der Lothringischen Ebene ausgegangen wird, so können Fälle aufgezeigt werden, die zwar repräsentativ sind, aber auch einige Unterschiede aufweisen.

Beschreibung der villa

Die *villa* ist ein charakteristisches Element der römischen Kultur in den ländlichen Gebieten Galliens. Die Architektur des herrschaftlichen Teils, der *pars urbana*, ist kennzeichnend und war lange Zeit der einzig erforschte Bereich. Entlehnungen aus der monumentalen und öffentlichen Architektur, wie Säulenhallen, Symmetrie, Inszenierung (u. a. Einsatz der Perspektive, Wasserbecken), Bäder und ihre Ausstattung zeugen von der Übernahme römischen Luxus mit der Akzeptanz der Annehmlichkeiten des römischen Lebensstils (Abb. 42). Die Anordnung der Gebäude weist auf die soziale Hierarchisierung hin. Die *pars urbana* ist oft vom Wirtschaftsbereich, der *pars rustica*, in der Aufseher und Arbeiter wohnten, getrennt. Diese *pars rustica* kann so konzipiert sein, dass sie den Prunk und den Lebensstandard der *pars urbana* noch betont. Der gesamte Komplex war von der Außenwelt abgeschlossen, so wie die Stadt von der ländlichen und unkultivierten Umgebung getrennt sein konnte oder der sakrale Bereich des Heiligtums von der Öffentlichkeit. Die Trennung von wirtschaftlichem und herrschaftlichem Wohnbereich, die Investition in die Infrastruktur und die Anzahl des Personals zeugen ebenso von den Einkünften des Besitzers, wie die Größe des Landgutes und die Technik seiner Bewirtschaftung. Selbst der Inhaber einer bescheidenen *villa* war um Prestige bemüht, was jedoch seine Finanzen belastete und die ländliche Wirtschaft geschwächt haben dürfte. Die *villa* stellt zwar ein geläufiges

Modell dar, doch faktisch weist die Archäologie hiermit auf eine heterogene Realität hin.

Die *villa* «Rouaux» in Peltre (MED) entspricht einem Bautyp, der in der archäologischen Forschung durch den Modellfall der *villa* von Mayen (G. S.) repräsentiert wird (Abb. 43). Sie liegt am Westhang eines Tales auf einem schweren siltigen Tonboden. Darunter lagern Kalkbänke, die als Steinbruch gedient und das Baumaterial geliefert haben. Die Spuren einer ersten Bauphase mit Pfostengruben, Gräben und Herdstellen wurden unter dem Wohnbereich A erkannt. Sie datieren aus der augusteischen Periode. Direkt hierauf folgte eine zweite, in die Mitte des 1. Jhs. n. Chr. datierte Phase mit einem rechteckigen Gebäude (12,80 m x 27,70 m) auf einem gemauerten Steinfundament; der Südfront war eine Portikus vorgelagert, das Zentrum bildete ein großer Raum (168 m^2), an den sich fast symmetrisch beidseitig jeweils drei Räume, zwei breite (18–26 m^2) und ein schmaler Raum (12 m^2), anschlossen. Dieser Baukörper wurde schon bald, um 70 bis 80 n. Chr., umgebaut. Eine neue Säulenhalle wurde errichtet, die länger und breiter als der Vorgängerbau war und das Gebäude im Osten verbreitete. Sie besitzt zwei Risalite mit anschließenden Gebäuden (7,60 m x 12,40 m). Die Fragmente von Kapitellen, Säulenbasen und -schäften tuskischer Ordnung könnten einer Höhe von 3 bis 4 m unter dem Architrav entsprechen. Die Räume im Osten hinter der Portikus wurden abgerissen, um in einer neuen Anordnung wieder aufgebaut zu werden. Die westlichen Räume wurden in den Neubau eingegliedert. Der große Saal erstreckte sich nun über eine Fläche von 230 m^2; in der Mitte seiner Südmauer zeugt eine kleine rechteckige Struktur von der monumentalen Gestaltung des Eingangsbereichs. An der Nordseite scheint eine weitere Portikus entlang der Fassade verlaufen zu sein; sie wird durch einen schmaleren Gang und zwei kleine pavillonartige Gebäude ersetzt. Das westliche Gebäude war unterkellert.

Im Westen bildeten die Bäder einen unabhängigen Gebäudetrakt (618 m^2) der durch Gänge die einen kleinen Innenhof umschlossen, mit einem Wohnbereich verbunden war. Der schlechte Erhaltungszustand der Baureste erschwert ihre Datierung und funktionale Zuweisung. Es scheint jedoch, als habe sich der Auskleideraum im Osten befunden und als sei er in einer späteren Bauphase um einem beheizten Raum erweitert worden. Die Kaltbäder befanden sich an der Nordseite, während die Warmbäder (*tepidarium* und *caldarium*) an der Südseite lagen.

Abb. 45
Titelberg, Steinmodell einer villa.

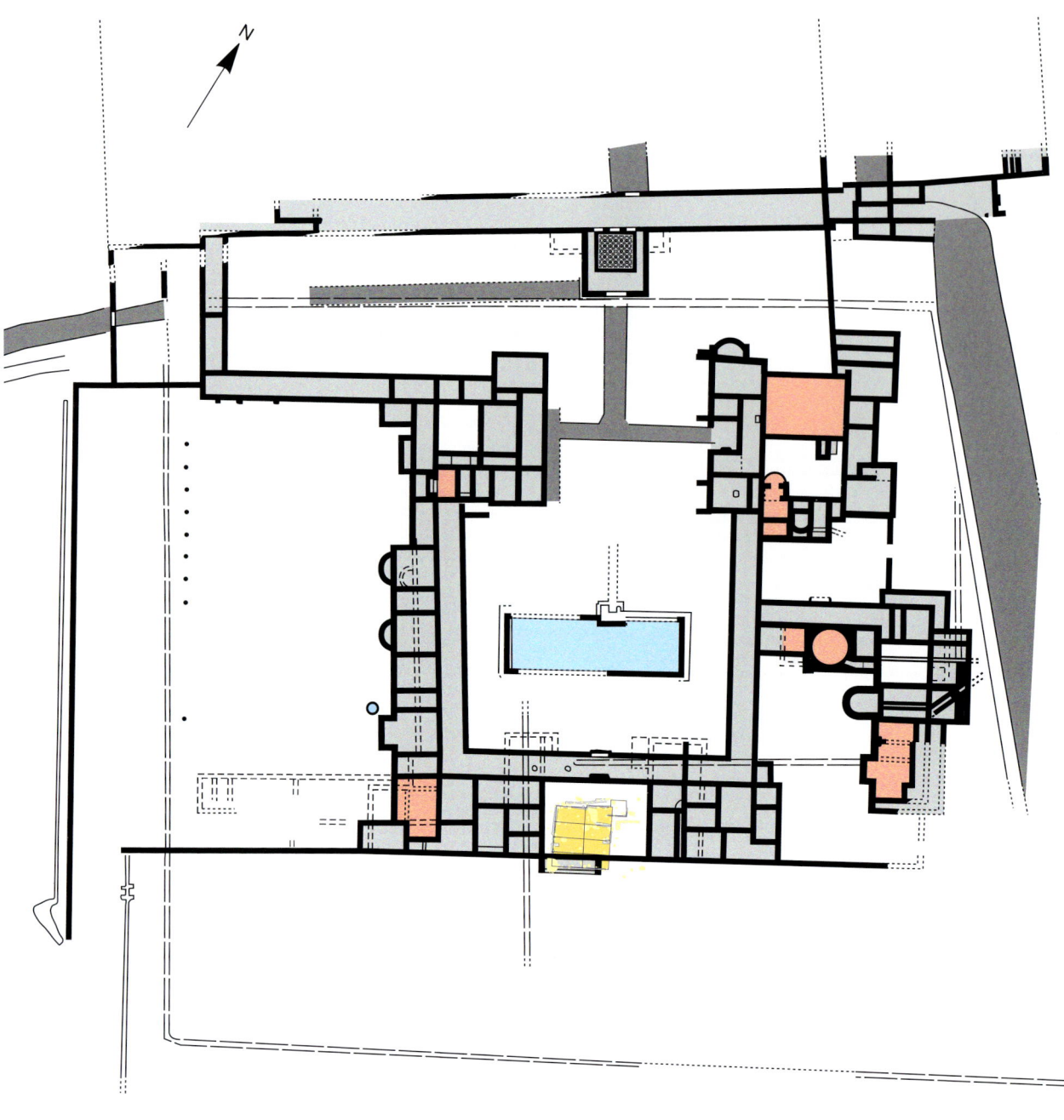

Abb. 46
Liéhon, villa von «Larry». 1. Phase 1; 2. Phase 2; 3. überdachte Räume; 4. Hypokausten. Diese villa ist ein Beispiel für die monumentale Entwicklung, die ein landwirtschaftliches Gehöft nehmen konnte.

Der Bereich vor der Fassade war von einem Zaun umgeben und ein pavillonartiges Gebäude leitete zum Wirtschaftsbereich über, in dem sich ein großes Wasserbecken (6 m x 25,60 m) befand, dessen Wände sich nach oben hin trichterförmig öffneten. Die Überreste geben eine recht grobe Ausführung zu erkennen; eingelassene Amphoren könnten als Fischbecken gedient haben. Das Becken lag möglicherweise in einem Park, von dessen Skulpturenschmuck Fragmente zeugen.

Der südliche Bereich wirkt symmetrisch, obwohl er im Verhältnis zur *pars urbana* versetzt ist. Von dem gesamten Areal wurden vier Gebäude an den Ecken und ein sechseckiges Bauwerk im Zentrum freigelegt. Eine kleine Mauer scheint den zentralen Bereich von der *pars rustica* abgetrennt zu haben. Dies würde eine Besonderheit dieses Fundplatzes darstellen und die Deutung des sechseckigen Monumentes als Grabstätte oder Heiligtum rechtfertigen. Die vier Gebäude an den Ecken sind schwer zu interpretieren, es könnte sich gleichermaßen um Speicher, Wohnungen oder Werkstätten gehandelt haben. In der ersten Phase wies das Gebäude B einen rechteckigen Grundriss (12,70 m x 19,60 m) auf. Pi-förmige Pfeiler-

54 | Das Leben auf dem Land

sockel haben möglicherweise einen Fussboden getragen. In der zweiten Phase wurde das Gebäude vergrößert (18,90 m x 28,60 m), dem großen zentralen Raum werden im Norden und im Süden längliche Räume angefügt sowie vielleicht eine Säulenhalle, an die sich im Westen zwei kleine pavillonartige Gebäude anschließen. In Gebäude C sind ebenfalls zwei Phasen zu unterscheiden. In den Gebäuden D und E ist nur eine Bauphase zu erkennen: D besteht aus einem Hauptraum mit an den Ecken angebauten kleineren Räumen E aus einem dreigeteilten Rechteck von 9 m x 24 m.

Am Ende des 3. Jhs. n. Chr. wurde die *villa* abgerissen. Die Baumaterialien wurden weitgehend wiederverwendet, doch auch die Ruinen wurden weiterhin genutzt: Im Ostteil der *pars urbana* wurden Gerätschaften und kleine Unterkünfte identifiziert sowie zahlreiche Feuerstellen im Hauptraum, ein Pfostenbau im Nebengebäude C und Feuerstellen im Nebengebäude B.

Der Aufriss der Wohngebäude konnte anhand der Maße einzelner Bauteile rekonstruiert werden, zudem vermitteln eine Malerei aus Trier sowie die Steinmodelle aus Fontoy (MED) und vom Titelberg (TRV) eine lebendige Vorstellung davon, wie sie ausgesehen haben mag (Abb. 44. 45).

Weitere Siedlungsformen

Die *villa* von Peltre und ihr Grundriss, der sich an Beispielen in ganz Gallien wiederfindet, dürfen nicht dazu verleiten, eine konstante und gleichmäßige Besiedlung des Territoriums anzunehmen. Die ländlichen Gehöfte weisen innerhalb desselben Territoriums eine große Vielfalt auf und zeugen auf diese Weise davon, dass selbst in der Gruppe der Grundbesitzer soziale Unterschiede bestanden.

Der Fundplatz «Larry» in Liéhon, 10 km von Peltre entfernt, entspricht der maximalen Ausdehnung, die eine *villa* im 2. Jh. n. Chr. erreichen konnte: Bei Prospektionen wurde eine *pars rustica* von annähernd 10 ha und eine *pars urbana* von ca. 2 ha (1500 m² bebaute Fläche) erkannt (Abb. 46). Die beiden Bereiche wurden im Norden von einer Portikus getrennt, zu der eine mit Mosaiken geschmückte, monumentale Eingangshalle führte. Die Wohnräume gruppierten sich hinter Säulengängen um einen großen Hof (38 m x 40 m) mit einem Bassin in seinem Zentrum. Im Norden, an den äußersten Enden der Seitenflügel, befanden sich beheizte und mit Mosaiken dekorierte Räume. Die Räume im südwestlichen Flügel reihten sich regelmäßig aneinander; Apsiden und eine Nische kennzeichneten drei Empfangs- und Speisesäle. Hinter dem Süd-Ostflügel schloss sich die ca. 560 m² große Badeanlage an. Beheizte und kalte Bäder sowie warme Räume und Schwitzbäder waren mit Steinplatten verkleidet und die Wände mit Meerestieren bemalt. Die Wohnräume der Familie scheinen sich im äußersten und am höchsten gelegenen Flügel um einen Garten konzentriert zu haben, unter dem die ältesten Reste der *villa* aus der augusteischen Periode freigelegt wurden. Der quadratische Hof, die offene Eingangshalle, der große Garten im Südwesten und kleinere Höfe schufen Perspektiven, die einen Eindruck von Weite vermitteln sollten und für eine durch Pflanzen aufgelockerte Atmosphäre und gute Belüftung sorgten.

In dieser von Villen geprägten Landschaft trifft man auch bescheidenere Höfe ohne monumentalen Bauschmuck an, die zuweilen einer bestimmten Funktion dienten (Abb. 47. 48). Gesetzmäßigkeiten können bis-

*Abb. 47
In derselben Landschaft nehmen die römische villa (hier zu sehen) und das gallische Gehöft (vgl. Abb. 48) eine unterschiedliche Stellung ein. Die Aufteilung des Landbesitzes unterschied sich, die Wege und die Straßen verbanden nun Siedlungen verschiedenen Charakters und selbst das Meer stellte kein Hindernis mehr dar.*

*Abb. 48
Gallisches Gehöft.*

lang kaum erkannt werden, und die vorhandenen Informationen sind dürftig. Deshalb sind diese Einrichtungen immer noch schwer einzuordnen. Bohain gehört zu diesen bescheidenen Fundplätzen (Abb. 49). Der Fundplatz liegt im Vermandois (VIR) auf einem von einer dünnen Lössschicht bedeckten Plateau. In den beiden Siedlungsphasen zwischen der Mitte des 1. Jhs. n. Chr. und der Mitte des 2. Jhs. n. Chr. umgab den Bauernhof eine mit Gräben verstärkte Einfriedung (55,5–66,4 m x 74 m). Weitere Gräben teilten den Innenbereich auf, wohl um die unterschiedlichen Funktionsbereiche voneinander abzugrenzen: u. a. Wohnbereich, Speicher, Ställe. Die Gebäude waren auf Pfosten errichtet; Dachziegel tauchen erst in der zweiten Phase auf. Das erste Wohnhaus (12,4 m x 7 m) besaß abgestumpfte Mauerecken; Längsbalken stützten den Dachfirst. Diese Gebäudestruktur trifft man am Ende der Eisenzeit und in der Frühzeit der römischen Besiedlung an. Das zweite, Anfang des 2. Jhs. n. Chr. errichtete Wohnhaus wurde ungefähr in der Mitte der westlichen Hofseite erbaut. Auch hier handelte es sich um einen Pfostenbau, doch die Stützen wurden an die Traufseiten verlegt, um in der Mitte Raum zu gewinnen. Der Dachstuhl wurde nun von den beiden an den äußeren Enden platzierten Pfosten, den Spannbalken, die auf diesen Seitenpfosten aufliegen, und Firstpfosten getragen. Die Aufbewahrung der Lebensmittel in einem grob gemauerten Keller stellte eine weitere Verbesserung der Lebensbedingungen dar. Nach hinten konnte eine offene Halle rekonstruiert werden; bei dieser handelt es sich offensichtlich um eine Referenz auf monumentalere Architektur. In beiden Phasen bestand ein zweites, kleineres Gebäude, das als Gesindehaus, Stall oder als Werkstatt diente. Das Getreide wurde in kleinen auf vier bis sechs Pfosten ruhenden Speicherbauten gelagert.

An der Küste der Belgica, auf den sandigen Böden des Territoriums der Menapier und im nördlichen Niedergermanien unterscheidet sich die Besiedlung deutlich vom Landesinneren. Hier herrschten keine *villae* vor, sondern bäuerliche Gehöfte mit Pfostenbauten, die sowohl Wohn- als auch Wirtschaftsgebäude waren (Abb. 50). Diese Beobachtung könnte zu der Annahme Anlaß geben, dass diese unauffällige Region ihre einheimischen Züge in römischer Zeit bewahrt hat. Das Fundmaterial scheint diesen Eindruck noch zu verstärken, da die handaufgebaute Keramik überwiegt. Tatsächlich aber zeichnen sich diese Fundplätze im Vergleich zur vorausgegangenen Periode durch eine bedeutende räumliche Ausdehnung aus. Es wurden neue Gebiete urbar gemacht, und sowohl die Fläche als auch die Anzahl der Gebäude wuchs. Die Wohnbauten und Speicher verteilten sich am Rand großer Einfriedungen, die von Gräben umgeben waren. Die Häuser verfügten über einen Wohnbereich, vielleicht mit einem Obergeschoss, und einen leicht eingetieften Bereich für das Vieh (maximal vier bis fünf Tiere). Die ersten Stall-Wohnhäuser waren zweischiffig (Nr. 1), wobei die beiden Schiffe durch eine den First tragende Pfostenreihe getrennt wurden. Später wurde, wie wir in Bohain gesehen haben, durch die Verlagerung der Pfosten an die Seiten und einen Dachstuhl mit Stützstreben ein Teil oder der gesamte Raum in der Mitte frei (Nr. 2–3).

Die Herausbildung der villa

Die soeben beschriebenen Wohnplätze weisen in der frühen Kaiserzeit eine gewisse Kontinuität auf. Daher ist es sinnvoll sich nun dem Prozess der Entstehung der Villen zuzuwenden.

In augusteischer Zeit scheinen die bäuerlichen Gehöfte nicht länger von Einheimischen bewirtschaftet worden zu sein. Eine relative topographische Kontinuität der Besiedlung scheint jedoch festzustellen zu sein. Wenn anstelle des einheimischen Bauernhofes eine *villa* trat, so hing deren Lage nicht mehr von dem Wasserlauf, dem Wald, dem Heiligtum oder dem entfernten *oppidum* ab, sondern von der Straße oder dem Wasserweg, von einer dicht besiedelten und bedeutenden Siedlung, von Ortschaften, die durch ihre gute Infrastruktur und ihren Status gekennzeichnet waren: Die Umgebung war nicht mehr die gleiche (vgl. Abb. 47. 48).

In der frühen Periode verfügten die Siedlungen noch über Merkmale, die als einheimisch bezeichnet werden

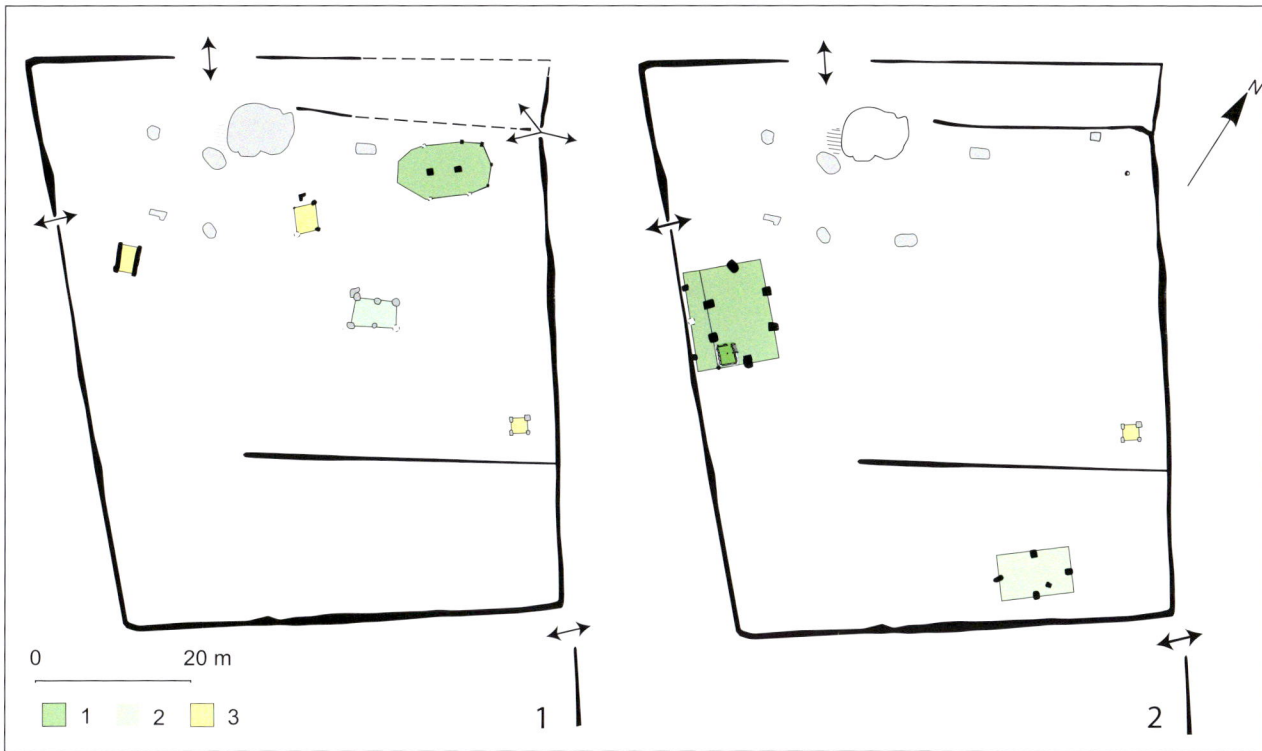

Abb. 49
Bohain, bäuerliches Gehöft. Phasen 1 und 2:
1. Hauptgebäude;
2. Nebengebäude;
3. Speicher.
An diesem gallischen Bauernhof ist eine Entwicklung zu beobachten, die dem Vorbild der villa folgt.

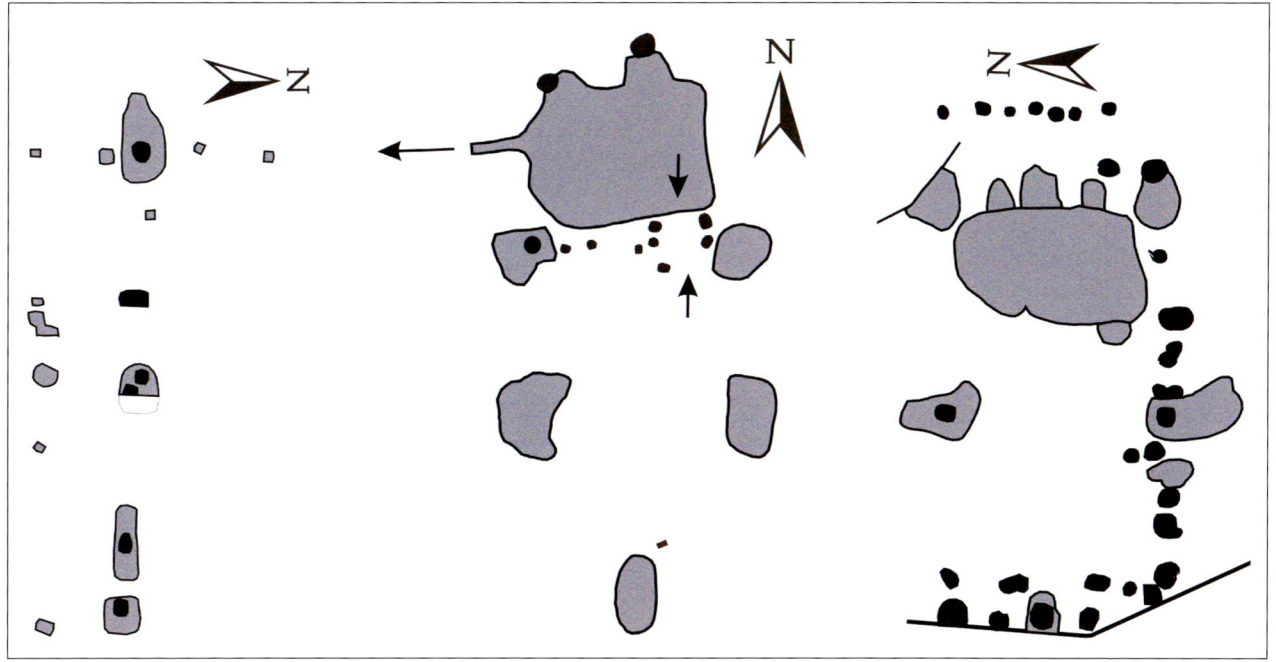

Abb. 50
Stallhäuser an der Küste Flanderns.
1. Aalter, 2. Merelbeke, 3. Berlare. Die Holz-Erdebauweise besteht zwar weiter, doch die Architektur wandelt sich: Die Mittelpfosten der Räume werden an die Seiten verlagert.

Die Siedlungsstrukturen | 57

Abb. 51
Verneuil-en-Halatte,
villa von «la Bufosse».
Phasen a, b und c.
1. Hauptgebäude;
2. Nebengebäude;
3. Speicher.

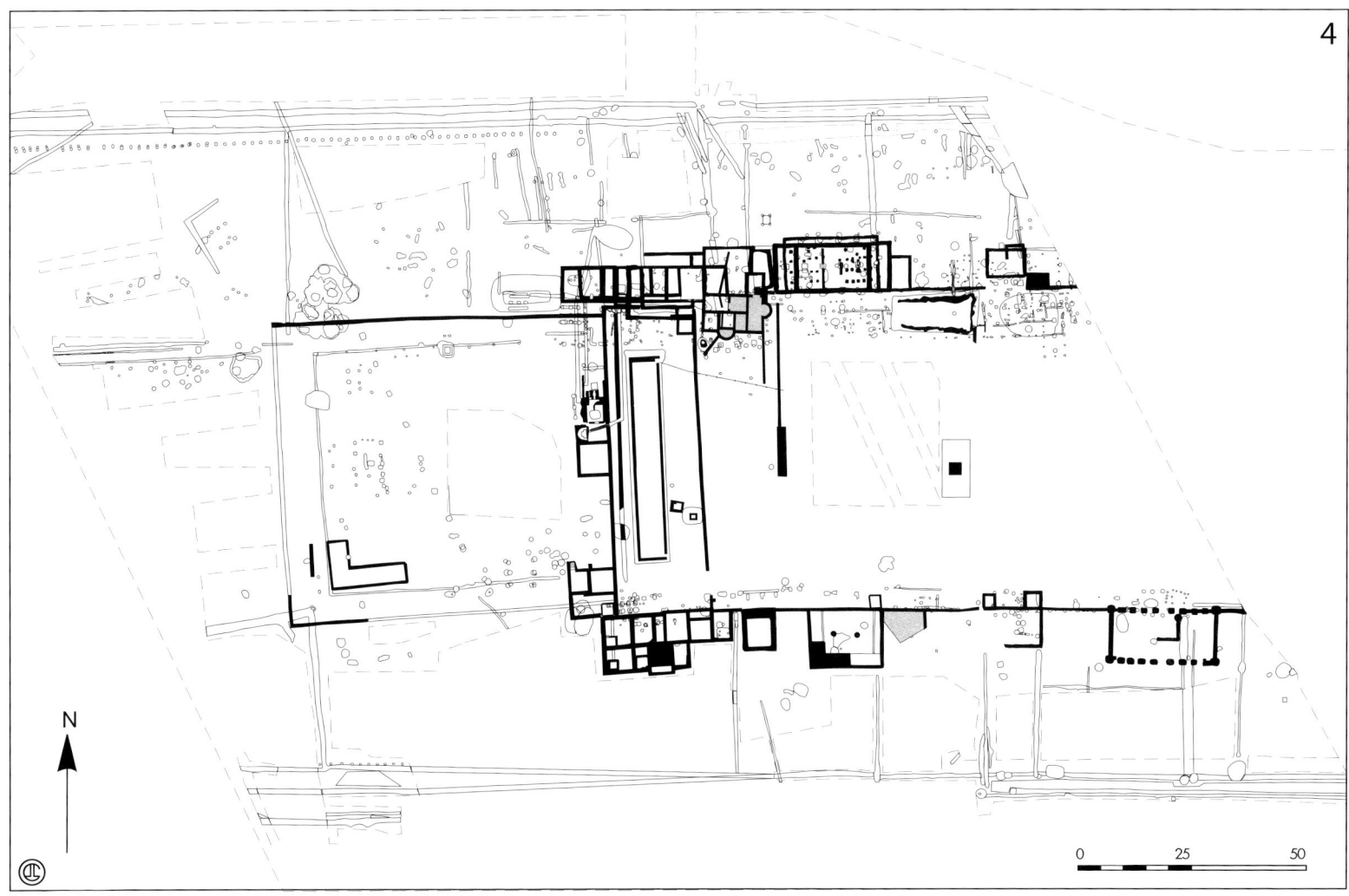

können: Gräben, Holz-Lehmbauten auf Pfosten, kleine Speicher und Silos. Der Ursprung des landwirtschaftlichen Komplexes, mit der Begrenzung und der verstreuten Aufteilung der Gebäude. ist in den Strukturen der Eisenzeit zu suchen und nicht in den geschlossenen blockartigen Villen des Mittelmeerraumes (s. «Einführung», vgl. Abb. 5).

Die Gräben verlaufen zumeist regelmäßig, sind tief und zuweilen als Doppelgräben angelegt worden. An einigen Stellen sind Übergänge eingerichtet worden. Die Gräben weisen Importware auf, weshalb man an die Niederlassung neuer Besitzer und sogar an die Ankunft oder die Rückkehr von Veteranen der Auxiliartruppen denken könnte.

Der Fundplatz Verneuil-en-Halatte (SUL) kann als beispielhaft gelten (Abb. 51). In der zweiten Hälfte des 1. Jhs. n. Chr. wurde eine große *villa* auf Kalksteinfundamenten errichtet. Sie folgt auf drei frühere Bauphasen. Bereits im letzten Drittel des 1. Jhs. v. Chr. wurde die *pars urbana* von der *pars rustica* getrennt, die in dieser Phase nur aus wenigen Gebäuden an der Nordmauer des Hofes bestand. Im zweiten Viertel des 1. Jhs. n. Chr. wurden die Bereiche erweitert und neue Gebäude errichtet, einige davon an der Südmauer. In der Mitte des 1. Jhs. n. Chr. wurde der Wohnteil in Stein erbaut und unterkellert. Der Hof wurde auf zwei Seiten umbaut. Bereits in der ersten Phase richteten sich die Gräben nach römischen Maßen (1,5 bis 2 *actus* in der Phase 2). Mehrere kleine Gebäude wurden nach diesen Gräben ausgerichtet (1, 2, 6, 7, 28, 29): Sie waren rechteckig und einschiffig und bedeckten eine Fläche von 20 bis 50 m². Der Verteilung der Pfosten nach zu urteilen, müssen sie ein Sattel- oder Walmdach getragen haben. Dieser einheimische Haustyp weist andernorts Spuren von Feuerstellen und Lagerung auf; in römischem Kontext entspricht er dann einem einfachen Haustyp oder einem Gesindehaus. Im Wirtschaftshof wurde das Getreide in kleinen erhöhten Speichern auf vier bis neun Pfosten (4 bis 16 m²; Abb. 51 Nr. 3–5, 9, 11–13, 17) gelagert; in der dritten Phase wurden diese Strukturen durch einen großen Speicher ersetzt (ca. 240 m²; Abb. 51 Nr. 24), der später auf einem Steinfundament neu errichtet wurde (Abb. 52).

Abb. 52
Verneuil-en-Halatte, villa von «la Bufosse», Strukturen der frühen Kaiserzeit.

Die landwirtschaftliche Produktion

Getreide bildete die Grundlage der Ernährung, Hülsenfrüchte und Obst ergänzten die pflanzliche Nahrung. Flachs wurde, wie Plinius der Ältere bezüglich der Moriner berichtet (*Naturalis Historia* 19,7–8), zu Garn für schöne Stoffe verarbeitet. Fleisch lieferte die für das Wachstum nötigen Proteine, doch die Tiere wurden nicht nur als Schlachtvieh, sondern auch als Nutz- und Arbeitstiere gehalten. Sie lieferten Milch, Textilfasern, Knochen, Horn und Leder.

Das Getreide

Das auf den Fundstätten erhaltene, entweder karbonisierte oder mineralisierte Saatgut zeigt, dass die Pflanzenarten sich in römischer Zeit mehr als verdoppelt haben. Die neuen Arten wurden bereits geerntet importiert, wie z. B. Reis, Oliven oder Granatäpfel, oder wurden eingebürgert, wie der Kirsch- oder der Wallnussbaum. Je nach Fundkontext oder Assoziation mit anderen Funden zeugen die Samen von Anbautechniken und Ernährungsweisen. Zusammen mit den pedologischen und klimatischen Daten ermöglichen sie es, die antiken Böden zu rekonstruieren. Es scheint, dass Nacktweizen, aus dem lockeres Brot gebacken wurde, sich auf den fruchtbaren Böden des Pariser Beckens durchgesetzt hat, während die im Osten und Norden der Belgica angebauten Weichweizenarten (Dinkel, Gerste und Emmer) in Form von Grütze oder Fladen verzehrt wurden (Abb. 53).

Ein Bauer konnte, um eine Mindesternte zu garantieren, verschiedene Getreidearten gemischt anbauen, von denen manche robuster waren, jedoch weniger ertragreich oder weniger wohlschmeckend. Am Ende der Eisenzeit wurde überwiegend nur eine Getreidesorte angebaut. Dies brachte ein gewisses Risiko mit sich, aber im Erfolgsfall auch eine bessere Ernte, die durch verschiedene Techniken, wie Bodenverbesserung und Fruchtfolge gesichert wurde. In römischer Zeit wurden zudem neue Arbeitsgeräte aus Eisen verwendet, und große dem Joch vorgespannte Rinder wurden nun als Zugtiere eingesetzt. Die Produktivität wächst etwas an und wird sich in den betrachteten Regionen erst im 13.–14. Jh. erneut verbessern, als Zugpferde zum Einsatz kamen und verbesserte Öfen die Produktion von Eisenwerkzeugen in großen Mengen ermöglichten.

Bei der Getreideernte sind eine technische Verbesserung und eine regionale Eigenart zu erkennen. In der Eisenzeit wurde, wie man z. B. auf der Trajanssäule sehen kann, die Ernte allgemein per Hand eingebracht. Der Halm wurde mit der Sichel unterhalb der Ähre abgeschnitten; die Halme wurden anschließend mit der Sense abgemäht. In der römischen Belgica kann man feststellen, dass die Ähre weiter unten mit dem Halm und dem Unkraut geerntet wurde. Im Osten der Belgica wurde ein Gerät eingesetzt, das einen höheren und schnelleren Schnitt ermöglichte. Es handelt sich um den von Plinius dem Älteren (*Naturalis Historia* 18,296) und Palladius (7,2,2–4) beschriebenen *vallus*, von dem wir sieben Darstellungen besitzen: seltene antike Zeugnisse von der Nutzung einer Maschine (Abb. 54).

Auf den Gütern wurde das Getreide bis zur ersten Hälfte des 1. Jhs. n. Chr. in Silos und kleinen Pfostenspeicherbauten gelagert; später wurden diese durch große Kornspeicher ersetzt, wie sie aus dem Mittelmeerraum bekannt sind. Diese Art Speicher gab es sowohl in den Siedlungen (Amiens, Metz, Soissons, Reims) als auch in den Militärlagern. Für die nördlicheren Regionen scheinen sie ungeeignet gewesen zu sein, da sie die Lagerbestände nicht vor Keimung und Ungeziefer schützen konnten. Im 4. Jh. n. Chr. wurden die althergebrachten Techniken der Einlagerung in Silos wieder eingeführt.

In der Belgica scheinen Müller- und Bäckerhandwerk nicht unterschieden worden zu sein. In der kleinen Ortschaft Bliesbruck (MED), wo die archäologischen Überreste besser erhalten sind als andernorts, bildete die Bäckerei hingegen eindeutig eine eigene handwerkliche Einheit; es ist also möglich, dass das Bäckergewerbe, zumindest in den städtischen Siedlungen, aus dem häuslichen Bereich ausgelagert wurde. Während Rotationsmahlsteine sehr verbreitet waren, wurden die Eselmühlen (*molae asinariae*) nur in Städten (u. a. Amiens, Metz, Reims) eingesetzt. Es muss zudem bemerkt werden, dass die großen, flachen Mahlsteine, die man sowohl auf städtischen als auch auf ländlichen Fundplätzen antrifft, mehr als menschliche Kraft erforderten: Es wurde die Kraft eines Tieres oder die Wasserkraft benötigt, wie es der Dichter Ausonius für eine Mühle oberhalb von Trier beschreibt, wo «der Erubrus [der Ruwer] das Steinrad schnell auf dem Weizen, den es mahlt, dreht» (*Mosella* 133).

Die Obstbäume

Die Einbürgerung und die Anpflanzung von Obstbäumen, die Getreide und Gemüse ergänzen, verlagerte das Sammeln von Früchten aus ihrer natürlichen Umgebung in das kultivierte Milieu des Obstgartens. Ein Grabpfeiler von Arlon zeigt einen erfolgreichen Grundeigentümer und seinen Stolz auf die Früchte seines Gutes (Abb. 55). Er hält auf dem Bild persönlich die Hippe, und es war ihm wichtig, dass die Arbeit im Obstgarten (Umgraben, Ernte, Transport und Verkauf) auf den Seiten seiner

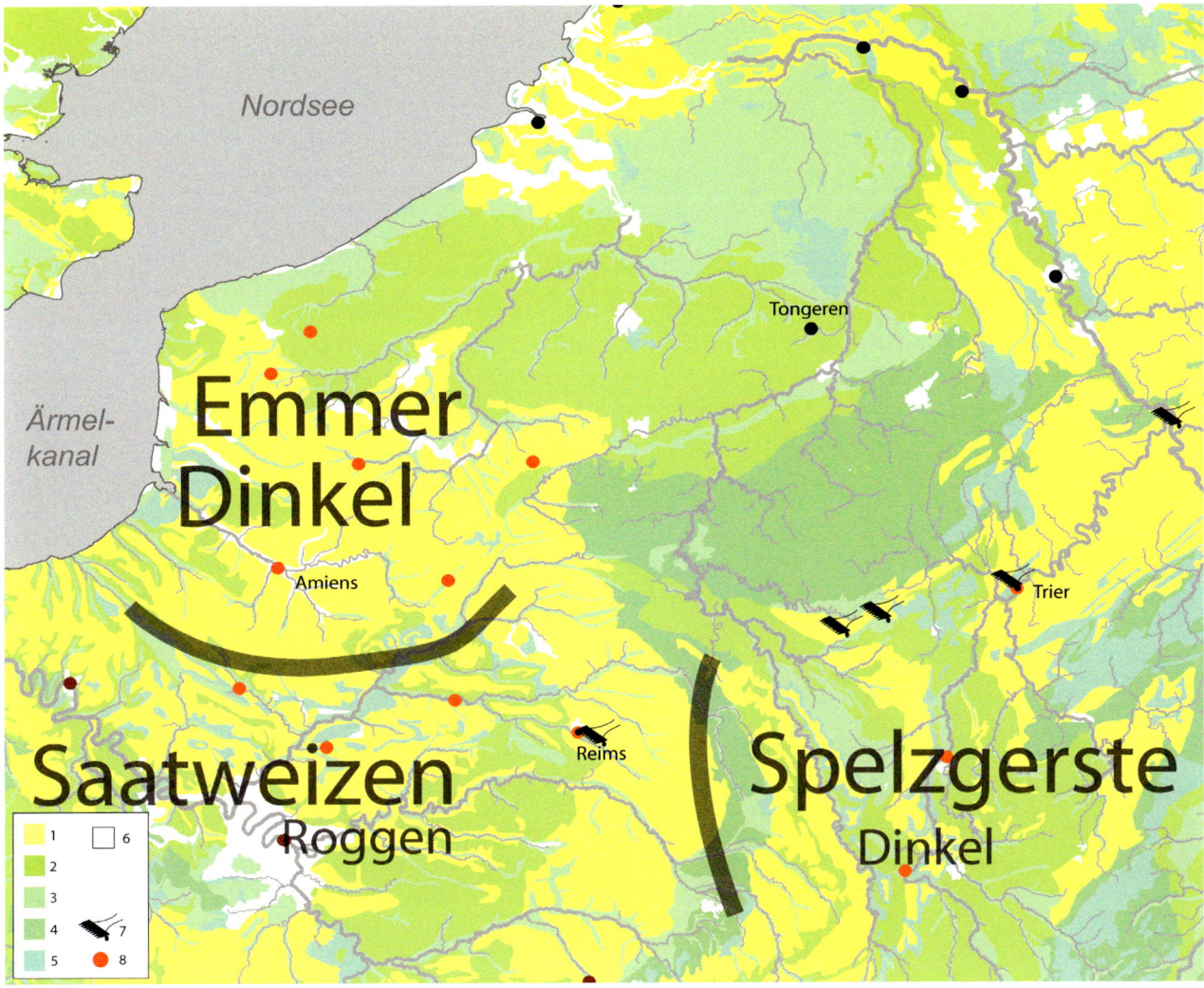

Abb. 53
Die Gallia Belgica und das angrenzende Gebiet. Eingezeichnet sind die Bodenbeschaffenheit, die wichtigsten Böden und die Fundorte der vallus-Darstellungen.
1. Getreide;
2. Getreide>Weiden;
3. Weiden>Getreide;
4. Weiden>Wald;
5. Holz und Wald;
6. Keine Daten;
7. Fundort einer vallus-Darstellung;
8. Hauptort der Belgica.

Grabstele dargestellt wurde. In Reims und Umgebung wurden mehrere antike Obstgärten ausgegraben. In Caurel begrenzte ein Graben eine Parzelle von ca. 40 m x 44 m, in der quadratische Gruben mit etwa 1 m Seitenlänge nach einem regelmäßigen Raster von neun Linien angeordnet waren (Abb. 56). Datierung und Identifizierung dieser Strukturen scheinen gesichert zu sein, zwei Punkte bleiben jedoch noch offen: Welches Obst wurde hier angebaut und warum werden Strukturen dieser Art nicht regelmäßiger auf dem Territorium der Belgica entdeckt?

Weinanbau und Weinkonsum gehören zu den grundlegenden Eigenschaften der römischen Zivilisation. Bereits am Ende der Eisenzeit wurde Wein aus Italien bei den Gastmählern der Gallier getrunken; ausgenommen blieben nur die nördlichsten Völker (MOR, MEN und NRV, s. «Einführung»). In der frühen Kaiserzeit ließ der Weinliebhaber, wenn sein Gaumen danach verlangte und seine Börse es erlaubte, seinen Wein vorwiegend aus der Narbonensis oder noch ferneren Regionen kommen. Doch bereits im 1. Jh. n. Chr. wurde trotz des kälteren Klimas Wein in der Nähe der Konsumzentren angebaut. An der Oise ist in einer Talsohle Weinanbau nachgewiesen. An die 5400 Gruben stammen von Rebflächen, die bis zum 4. Jh. n. Chr. bewirtschaftet wurden (Abb. 57). Die Anbautechniken zeigen, dass die Pflege der Reben (Absenkung und Vermehrung durch Setzlinge) bekannt war, und zeugen von der Weinbereitung. Der Wein wurde in Fässern oder in Amphoren verkauft. Die Amphorentypen folgen den Formen der Transportgefäße der berühmten Weine des Mittelmeerraumes, und es konnten mehrere Töpfereien archäologisch nachgewiesen werden, die Imitationen der Gefäßformen der Narbonensis (z. B. Noyon, VIR und Sens, GL) produzierten.

Die Mosel ist das am besten bekannte Weinbaugebiet, das jüngste und das einzig besungene: «… dass Bacchus' Gaben unsere Blicke auf die lange Kette dieser schroffen Kämme, auf diese Felsen anziehen, diese sonnenbeschienenen Hänge, mit ihren Windungen und Tälern, ein natürliches Amphitheater, in dem der Wein angebaut wird», schreibt Ausonius (*Mosella* 115). Zahlreich sind die Pressen und Keller, die in der Gegend ausgegraben wurden.

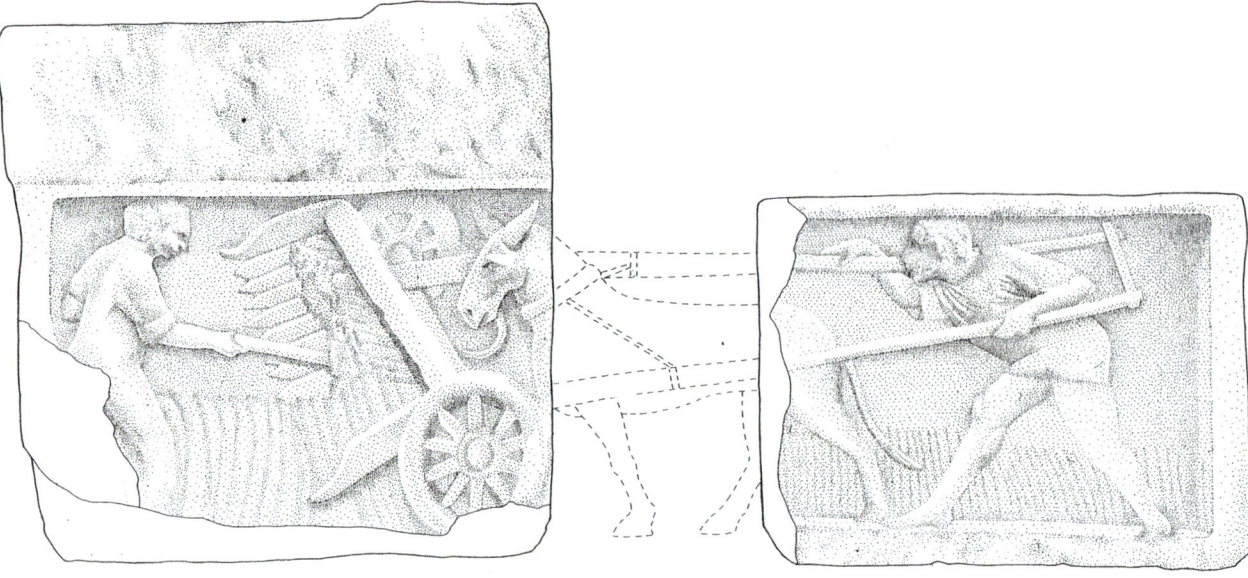

Abb. 54
Darstellung eines vallus, rekonstruiert nach zwei Reliefs in Stein aus Buzenol (links) und Arlon (rechts). Diese Erntemaschine ist ein seltenes Gerät, das nur aus antiken Texten und von bildlichen Darstellungen bekannt ist.

Alle stammen vom Ende des 3. und aus dem 4. Jh. n. Chr. und zeugen von dem Impuls, der vor der Etablierung des kaiserlichen Hofes in Trier ausging. «Im Briesch» (Piesport) sind zwei symmetrische Kelterhäuser und die Reste eines Weinkellers zu sehen (Räume 1–11; Abb. 58). Die Areale B1 und B2 dienten sowohl als Maische- als auch als Pressbecken, über denen die Körbe während des Pressens hingen; die Hebel der Presse waren in die Nordmauer eingelassen, die Spindeln und das Gegengewicht in die Südmauer. In den Mostbecken B4 bis B7 und dem Becken B1 wurden jeweils der Saft und der Most gesammelt. Zu dieser Infrastruktur kamen häufig ein Dampfkessel, in dem der Zucker von einem Teil des Mosts konzentriert wurde, um damit den restlichen Wein zu verbessern, Bottiche für Kalk, mit dem der Säuregehalt korrigiert wurde, und ein Hypokaustum hinzu, um die Weinfässer zu erwärmen und die Reifung zu beschleunigen.

Die Viehzucht

Wenn man die Fundmenge der Tierknochen untersucht, so stellt man fest, dass folgende Tierarten vorherrschen: Rinder, Ziegen, Schafe, Schweine und Geflügel. Daneben lebten auch Hund, Katze und Pferd mit den Menschen. Da diese jedoch kaum als Nahrung dienten, findet man ihre Überreste selten in den Abfallgruben der Häuser. Auch Wild ist kaum bezeugt und weist auf ein privilegiertes Milieu. Fische wurden zu Soße verarbeitet; erst mit der Christianisierung wurden sie zu einem festen Bestandteil der Ernährung. Muscheln wurden im Wattenmeer gesammelt und weit in das Landesinnere transpor-

Abb. 55
Arlon, Stele eines Bauern. Dieser reiche Bauer ließ die Bearbeitung seines Bodens und die Ernte seiner Früchte durch bildliche Darstellungen verherrlichen.

tiert; sie sind zwar auf den archäologischen Fundstellen vorhanden, doch ihr Konsum blieb relativ eingeschränkt.

Das Rind war in römischer Zeit in den nördlichen Regionen das am meisten verbreitete Tier. Die Domestizierung des Auerochsen hat bis zur römischen Eroberung die Verminderung seiner Größe nach sich gezogen. Die Einführung neuer Rassen oder die Zucht und der Austausch der Zuchttiere erlaubten es, ein Rind mit starker Statur zu züchten, das nach dem Menschen die wichtigste mechanische Antriebskraft darstellte und daneben auch noch Fleisch und Milch lieferte. Die Tiere wurden in der Regel im Alter von 4 bis 7 Jahren geschlachtet; eine frühe Schlachtung zwischen 2 und 4 Jahren betrifft die Tiere, die nur als Schlachtvieh gehalten wurden und demzufolge für privilegierte Konsumenten, oft Städter, bestimmt waren. Im Unterschied zu anderem Schlachtvieh war die Schlachtung und das Zerlegen des Rindes Gegenstand eines spezialisierten Handwerks. Schlachtereien findet man in den Ortschaften; sie sind im Allgemeinen an großen Knochenmengen, die nicht mit dem Fleisch verkauft werden, insbesondere Schulterblatt, Rippen und Wirbelknochen, erkennbar. Die Spuren an den Knochen zeigen, dass der gallo-römische Fleischer – im Unterschied zu dem der Eisenzeit – schnell arbeitete, ohne seine eisernen Messer und Hackbeile zu schonen.

Ziegen und Schafe kommen häufiger im südlichen als im nördlichen Gallien vor, obwohl sie überall verbreitet waren. Die Ambianer, Nervier und Atrebaten sowie die Treverer waren für ihre Wollproduktion berühmt. Ziegen und Schafe wurden entweder als Jungtiere in ihren ersten zwei Lebensjahren geschlachtet oder, wenn sie wegen ihrer Wolle gehalten wurden, in einem Alter von 8 bis 10 Jahren.

Die Schweinezucht war ausschließlich auf die Fleischproduktion ausgerichtet. Einige nördliche Völker exportieren ihre Wurstwaren, z. B. die Menapier ihren Schinken, der von Martial (13,53) und im Höchstpreisedikt Diokletians (4,8) von 301 n. Chr. erwähnt wird. Auf lange Sicht betrachtet, nahm die Schweinezucht je nach Ausdehnung der Waldflächen zu. Schweine konnten überall gehalten werden, sowohl im Umland der Städte als auch in den Höfen der städtischen Wohnhäuser zudem waren sie als Allesfresser leicht zu ernähren.

Der Wald

Durch palynologische Studien konnte das von Caesar geschilderte Bild einer von Wäldern bedeckten Landschaft, in der die Barbaren ein paar Lichtungen bewohnten, korrigiert werden. Die Landschaft scheint am Ende der Eisenzeit in der Tat sehr offen gewesen zu sein, obwohl riesige Wälder wie die der Ardennen einen Gelehrten aus Latium sehr beeindruckt haben mögen.

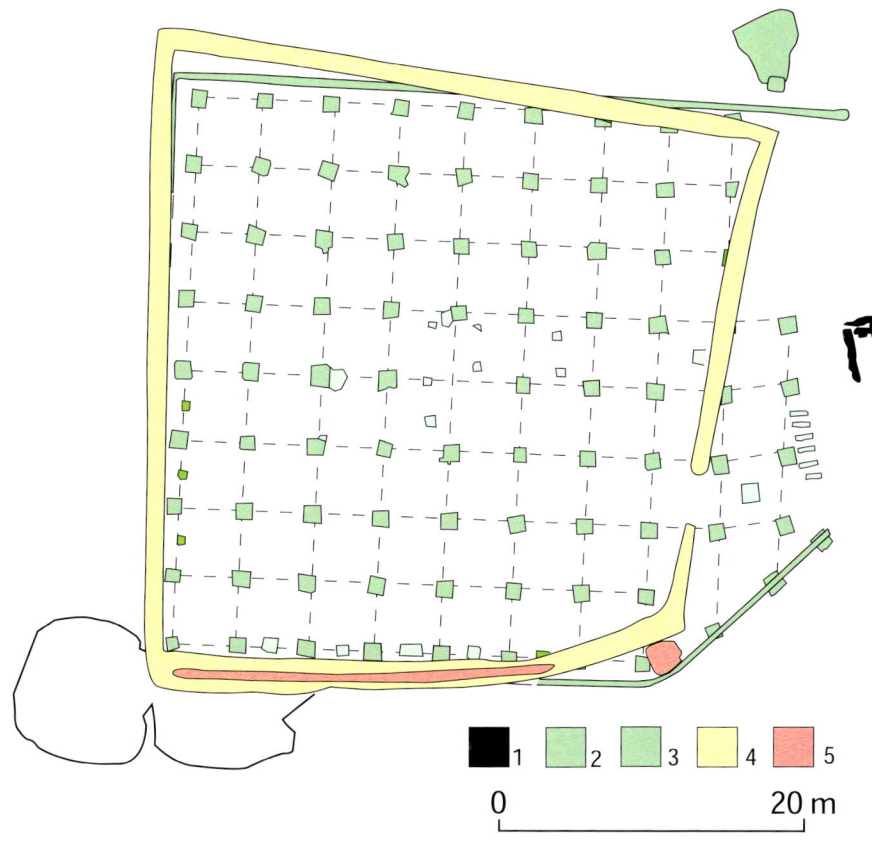

Abb. 56
Caurel, Obstgarten.
1. Gebäude;
2. u. 3. 1. Jh. n. Chr.;
4. 2. Jh. n. Chr.;
5. 3.–4. Jh. n. Chr.

Die Bodennutzung wurde in römischer Zeit auf Kosten der natürlichen Umwelt intensiviert. Obwohl Holzreste selten sind, da ihre Konservierung besondere Bedingungen erfordert, insbesondere ein in den letzten 2000 Jahren ständig feuchtes Milieu, gibt die Untersuchung des Bauholzes zuverlässige Hinweise auf die Nutzung dieser natürlichen Ressource. Der Fundplatz «ZAC Cathédrale» in Amiens zeugt zunächst vom Preis des Holzes: Die Balken tragen z. T. Spuren von mehreren aufeinanderfolgenden Nutzungen; beispielsweise zunächst als Gebälk und dann als Schwellbalken. Außerdem verringerte sich der Durchmesser der Eichenstämme zwischen dem 1. und dem 3. Jh. n. Chr. deutlich und entspricht kürzeren Wachstumszyklen, die von einem Jahrhundert und mehr auf ungefähr dreißig Jahre sanken. Um Bretter in der erforderlichen Größe zu erhalten, wurden neue Techniken erfunden. Zunächst wurden die Stämme in den Strahlen gespalten, später wurden sie auf der Tangente längs zersägt. Während die erste Technik mit einfachen Keilen auszuführen ist, erfordert die zweite große Sägen, mehr Personal und weitere Ausrüstung (Abb. 59). Die übermäßige Ausbeutung des Eichenholzes brachte es ebenfalls mit sich, dass im Bauhandwerk zunehmend auch andere Holzarten wie Buche und Tanne verwendet wurden.

Letztlich diente das gesamte Holz, das nicht in die archäologischen Schichten eingeschlossen wurde, als Brenn-

Abb. 57
Bruyères-sur-Oise, die Weinberge von «la Tourniole». Zusammen mit den Töpfereien, in denen Weinamphoren hergestellt wurden, zeugen diese Pflanzgruben von der Akklimatisierung der Reben in Nordgallien.

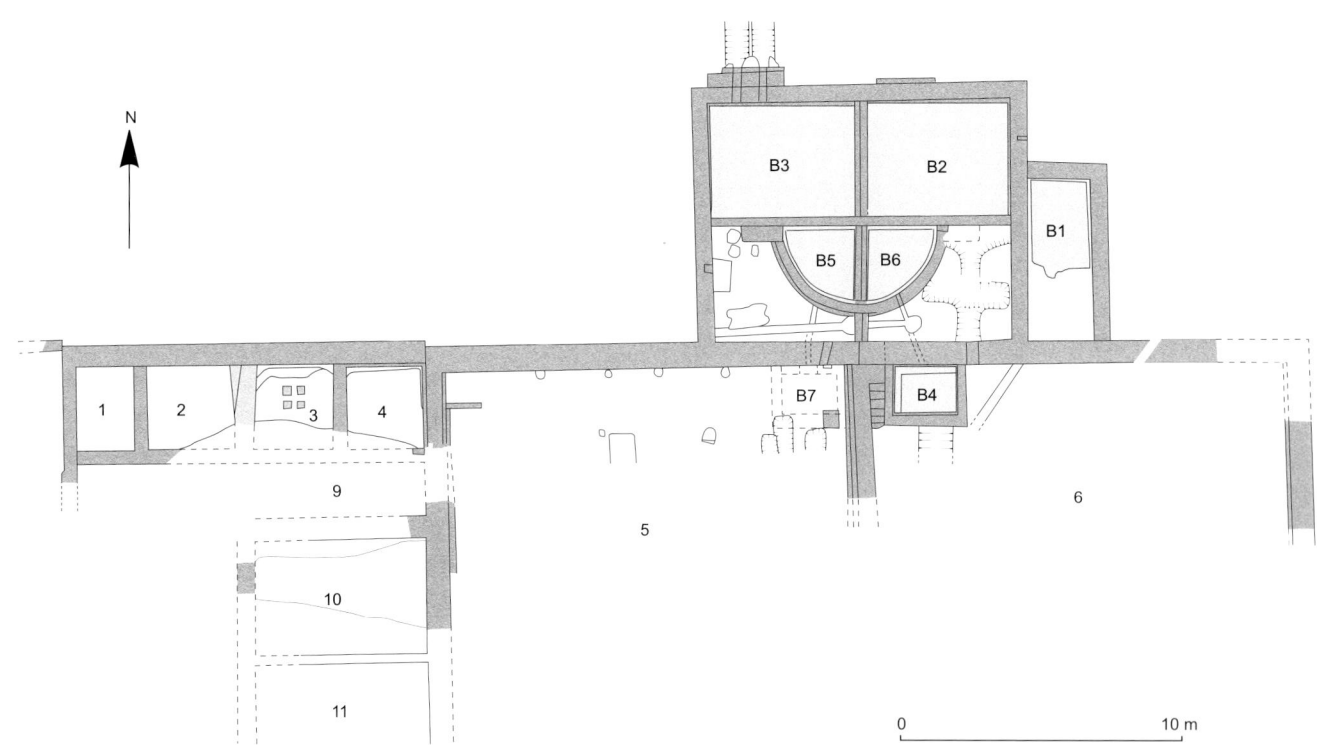

Abb. 58
Piesport, die Presse und der Keller «Im Briesch». B1 und B2 Maische- und Pressbecken, B1, B4 bis B7 Becken. Die anderen Räumlichkeiten dienten der Weinkelterung und der Lagerung (1–11).

holz. Alle Laubbäume besitzen den gleichen Heizwert, doch durch die Umwandlung in Holzkohle kann dieser noch erhöht werden. Auch wenn für die Belgica diesbezüglich Informationen fehlen, scheint zumindest die Ausbeutung des Niederwaldes und des Kleinholzes allgemein verbreitet gewesen zu sein.

Abschließend: Wenn man die Landwirtschaft auf ihren wirtschaftlichen Aspekt beschränkt, so scheint sie recht schwer einzuordnen zu sein. Eine Langzeitstudie zeigt, dass das Wachstum vor dem industriellen Zeitalter allgemein schwach blieb. Doch sollten die griechische, römische, keltische und die mittelalterliche Kultur differenziert gesehen werden.

Die zunehmende Zahl von Silos auf den späteisenzeitlichen Fundplätzen spricht für eine Steigerung des Bedarfs an Lagerstrukturen und demzufolge größeren Erträgen. Möglicherweise spiegelt sie in der Konsequenz auch nur eine Zentralisierung der Ernten und eine neue Art der Verteilung wider. Die gestiegene Zahl der Arbeitskräfte in der römischen Periode, die neuen Techniken und Werkzeuge weisen jedoch ebenfalls auf eine Steigerung der Produktivität hin. Die nicht auf die Ertragsfähigkeit ausgerichteten Investitionen sowie die Entrichtung von Steuern wären in diesem Fall ein Indiz für die Freisetzung von Überschuss und Kapital. Doch dieser Überschuss ist mengenmäßig schwer einzuschätzen. Er ermöglichte dem Besitzer gewiss, seinen Arbeitseinsatz zu reduzieren und seine Lebensqualität zu verbessern. Das einfache Volk dürfte weiterhin, wenn auch etwas weniger als in den vorangegangenen Perioden, den Risiken der Jahreszeiten, schlechten Ernten und ungenügenden Vorräten ausgesetzt gewesen sein. Der allgemeine gesundheitliche Zustand, den uns die Anthropologen beschreiben, ist in der Tat durchschnittlich für eine antike Gesellschaft, und mit heutigen Zuständen nicht zu vergleichen.

Der Status der Arbeiter ist ebenfalls schwer fassbar. Die kleinen Gehöfte, wie das von Bohain, wurden von der Familie mit ein paar Knechten und Mägden betrieben. Zwei Weihinschriften erwähnen *coloni*, Bauern, der Güter Aperianus und Crutisonus (*CIL* XIII, 4228; *AÉ* 1919, 85; MED). Viele Arbeitskräfte sind in Wirtschaftsbereichen der *villae* einquartiert gewesen. Sklaverei war sicher verbreitet – Gallien dürfte da keine Ausnahme gewesen sein – doch ihr Anteil kann nicht ermittelt werden.

Das Landleben, das im 2. Jh. n. Chr. blühend und homogen erscheint, wird im Laufe des 3. Jhs. n. Chr. seine Schwächen und eine gewisse Heterogenität offenbaren.

*Abb. 59
Deneuvre, Relief mit Zimmerleuten. Klobsägen sind eine römische Erfindung, die erforderlich war, weil durch die übermäßige Ausbeutung der Wälder die Durchmesser der Bäume immer kleiner wurden.*

DAS HANDWERK

Das Handwerk scheint in der antiken Wirtschaft eine relativ untergeordnete Rolle gespielt zu haben, sowohl was die Anzahl der Tätigen als auch den erarbeiteten Wert angeht. Doch im gesamten Gebiet der Gallia Belgica ist die Gewinnung und Verarbeitung von Rohstoffen nachgewiesen und betrifft alle Tätigkeitsbereiche, sowohl auf dem Land als auch in den Städten. Für dieselbe Tätigkeit reicht die Größe der Produktionsstätten von der wenige Quadratmeter großen Werkstatt in einem Wohnhaus oder einem Laden bis zu Betrieben, die sich über mehrere Hektar erstreckten. Die Betätigungsfelder waren außerordentlich vielfältig. Das Fundmaterial ermöglicht dem Archäologen die Unterscheidung zwischen Baugewerbe (Maurer, Maler usw.), Versorgung (Bäcker, Fleischer usw.) und Produktionsstätten, die entweder organische Rohstoffe (Holz, Knochen, Textilfasern usw.) oder mineralische Rohstoffe (Töpfer, Metallhandwerker usw.) verarbeiteten.

Wie in Italien und allen Provinzen erwarben auch die Bewohner der Belgica ihren Bedürfnissen und ihren Mitteln entsprechend lokale oder importierte Produkte. Um die Besonderheiten der Provinz herauszustellen, werden wir einerseits die öffentlich, d. h. von Kaiser, Armee, Stadt etc. kontrollierten Bereiche (Salz, Stein, Metall) untersuchen und andererseits die Tätigkeiten, die sich in privater Hand befanden. Hierbei muss jedoch berücksichtigt werden, dass der Staat die Kontrolle über das private Gewerbe übernehmen konnte, z. B. im Textil- und Töpfergewerbe. Das Töpfergewerbe wird es uns ebenfalls ermöglichen, das Konsumverhalten der Bewohner der Gallia Belgica zu untersuchen.

Das Salz

In der Eisenzeit gab es an der Atlantik- und Nordseeküste und im Inland zahlreiche Salinen; es scheint jedoch, als seien diese Betriebe überall zwischen der zweiten Hälfte des 1. Jhs. v. Chr. und der Mitte des 1. Jhs. n. Chr. geschlossen worden (Abb. 60). Der Fundplatz von Conchil-le-Temple (AMB) entspricht also einem der letzten einheimischen Salzwerke, auch wenn es bereits bis in die römische Periode datiert (Abb. 61). Die Strukturen befinden sich auf Parzellen, die von Gräben umgeben sind und denen der frühen Gehöfte entsprechen (vgl. Abb. 5 und 48). Zwei Strukturen in der *pars rustica* müssen zusammen betrachtet werden. Bei der ersten handelt es sich um eine 11 m lange überdachte Struktur für die Salzlake. Sie bestand aus einer in den Lehmboden eingetieften und mit einer dicken Kreideschicht verputzten Mulde, in die eine Holzwanne eingelassen war. Bei der zweiten Struktur handelt es sich um den dazugehörigen Ofen. Er bestand aus einer länglichen Grube (3,10 m x 7 m, Tiefe. 2 m), an deren beiden Seiten je eine Feuerstelle mit einem irdenen Rost versehen war. Auf dieser Sole standen Töpfe, in denen die Salzlake eingekocht wurde, um das Salz zu kristallisieren. Dieser Ofentyp taucht an der Küste im 3. Jh. v. Chr. auf. Der vor Mitte des 1. Jhs. n. Chr. datierte Ofen von Conchil-le-Temple ist eines der letzten Beispiele dieses Typs.

Inschriften zeigen, dass eine Region, die den *civitates* der Moriner und der Menapier entspricht, die Salzgewinnung unter staatlicher Kontrolle weiterführte, so wie es andernorts seit Beginn der Republik der Fall war. Eine doppelte Inschrift aus Rimini ehrt den Centurio L. Lepidius Proculus, der in flavischer Zeit in Niedergermanien stationiert war. Eine Inschrift hatte ihm die *civitas* der Menapier gewidmet, die andere die *civitas* der Moriner (*CIL* XI, 390/391). Die eine weitere Inschrift aus der zweiten Hälfte des 3. Jhs. n. Chr. kommt aus Tongeren: Es handelt sich um die Weihung eines Salzhändlers oder Salzbereiters, *sal(inator)* der Menapier (*AÉ* 1994, 1279; 1995, 1100), an Jupiter und den Genius des Munizipiums. In diesem Zusammenhang müssen zudem die Inschriften erwähnt werden, die *salinatores*, darunter ein Treverer, der Göttin Nehalenia (GI) geweiht haben. Diese Inschriften bezeugen den Status der *salinatores*, die weder Vertreter des Staates noch Handwerker, sondern zweifellos Staatspächter (*publicani*) gewesen sind. An der Küste der Belgica sind ungefähr ein halbes Dutzend Salzsiedereien bekannt: Ardres, Balinghem, Les Attaques (MOR) und Capelle-Branck, Steene-Pitgam, Looberghe, Leffinge (MEN). An diesen Fundstätten wurden bei Prospektionen keine Öfen mit Rost gefunden, sondern Pfeileröfen. Diese «Briquetage»

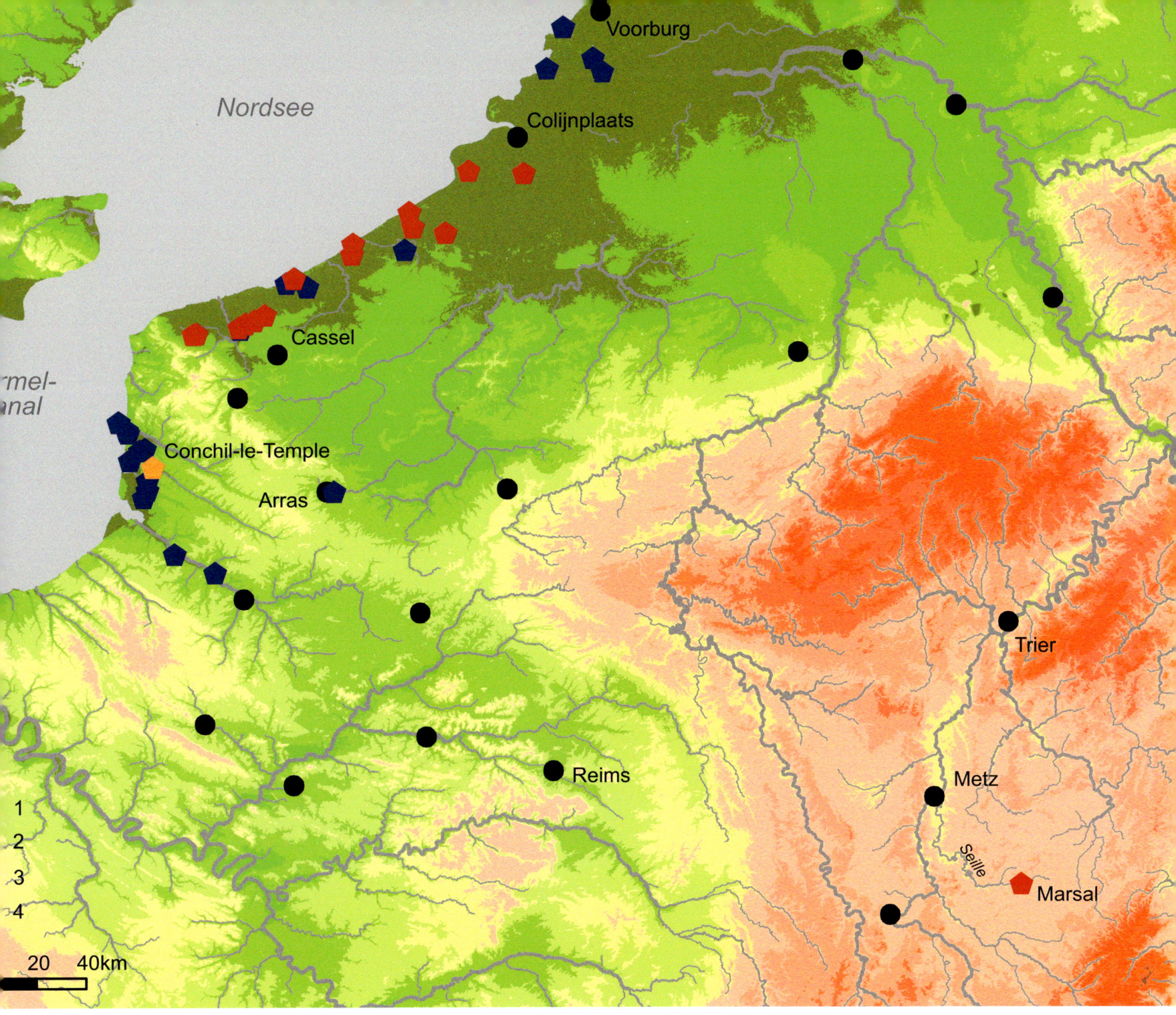

genannten, quadratischen kleinen Pfeiler mit einer Seitenlänge von 4–5 cm und napfförmig eingetieftem oberem Rand trugen die Tontiegel. Um die Salzkuchen herauszulösen, wurden die Tiegel zerbrochen. Scherben solcher Tiegel findet man auch dort, wo das Salz verbraucht wurde, hauptsächlich auf den Fundplätzen Niedergermaniens. Es ist wahrscheinlich, dass diese Öfen an der Küste mit Torf befeuert wurden.

In Lothringen erinnern die Ortsnamen Château-Salin, Salival und Marsal im Tal der Seille an die Salzgewinnung im Mittelalter und der Neuzeit. Tatsächlich erlebte die Salzsiederei ihre Blüte jedoch wesentlich früher, zwischen dem 8. und dem 5. Jh. v. Chr., und führte zu einer Brennholzknappheit in der Region. Von der Tätigkeit zeugen Abfallberge von mehreren Millionen Kubikmetern zerbrochener Tiegel und Pfeiler. In römischer Zeit ist die Tätigkeit von Salzsiedern in Lothringen schwieriger zu fassen. Tatsächlich scheinen nur im Jahr 1680 ergrabene Strukturen von ihr zu zeugen (Abb. 62). Es handelt sich um mindestens sechs aus Tonziegeln gemauerte Öfen in einer einzigen Struktur. Die Heizkanäle sind abwechselnd beidseitig der Struktur platziert. Diese Öfen zeugen von dem Sieden der Salzlake in Pfannen, einer Technik, die sich erst im Frühmittelalter durchsetzte. Indirekt beweist eine Inschrift (*CIL* XIII, 4565) aus Marsal die Bedeutung des Ortes, die nur auf diese Tätigkeit zurückgeführt werden kann. Es

Abb. 60
Verbreitung von Salzsiedereien. 1. Römische Zeit; 2. augusteische Zeit; 3. Latène-Zeit; 4. Hauptort. An der ganzen Küste des Atlantik und der Nordsee befanden sich in der späten Eisenzeit Salzsiedereien. In der römischen Zeit beschränken sie sich auf die Küsten der Moriner und der Menapier. In Marsal, in Lothringen, wurde ebenfalls eine große Siederei gefunden.

handelt sich um eine Weihung der *vicani marosallenses* an den Kaiser Claudius. Sie ist durch das Konsulardatum genau auf den 23. September 44 n. Chr. datiert.

Der Stein

Die Verwendung von Stein ist kennzeichnend für die römische Architektur, selbst wenn Holz und Lehm für Wohnbauten, landwirtschaftliche Gebäude und Werkstätten gängige Baumaterialien blieben. Bruchsteinmauern wurden im Kleinquaderverband aus Bruchsteinen mit einer Länge von 10 bis 20 cm errichtet. Mauern im Großverband und Skulpturen erfordern Steinbänke, die dutzende Zentimeter mächtig sind. Die Verwendung des Steins, die Auswahl des Materials und die Anpassung an technische Zwänge oder Beschaffungsprobleme wurden für Nordgallien noch wenig untersucht. Den geologischen Quellen nach zu urteilen wurden die Steine der Randbereiche des Pariser Beckens und Lothringens bevorzugt verwendet.

Für Lothringen verfügt die Forschung über etwas mehr Informationen; das Gestein ist von hervorragender Qualität und eignet sich sowohl als Baumaterial als auch für die Bildhauerei. Um Metz wurde der Blaue Stein (Kalkstein des Sinemurium) für den Kleinquaderverband abgebaut, der Jaumont-Stein (Ooid-Kalkstein) und Sandstein für den Großverband; der harte und weiße Kalkstein aus Noroy eignet sich für anspruchsvolle Bildhauerarbeiten.

Die hervorragende Qualität des Kalksteins aus Noroy kommt auch in Inschriften zum Ausdruck, die vom Interesse des Staates an seinem Abbau zeugen. Die erste Inschrift wurde an der Ortsbrust (Stelle eines Stollens, an der bergmännischer Vortrieb stattfindet, vgl. Abb. 64) eines der Steinbrüche eingeritzt, bei den vier anderen handelt es sich um Weihungen; es sind Weihungen von in Germanien stationierten Zenturionen oder Truppen an Hercules Sax(s)anus (*CIL* XIII, 4623–5; *AÉ* 1920, 118; 2004, 954). Wie im Koepfeld (MED) oder im Brohlbachtal (GS) war die Armee berechtigt, auch fern von ihrem Standort den erforderlichen Stein direkt abzubauen.

Andernorts und zu anderen Zeitpunkten wurden die Steinbrüche von Privatpersonen ausgebeutet, wie dem Verstorbenen, der sich auf seinem Grabstein in Metz mit dem Spitzer in der Hand darstellen ließ (Abb. 63). In La Croix-Guillaume (MED) in den Vogesen wurde ein Dutzend Steinbrüche erkannt, die vom 1. bis 3. Jh. n. Chr. betrieben wurden (Abb. 64. 65). Hier wurde Sandstein abgebaut und vor Ort zugerichtet: Rohformen von Stelen und Rundplastiken (u. a. Reiter mit schlangenfüßigen Giganten oder Eponadarstellungen) wurden in der Nähe von bescheidenen Häusern und einer Nekropole gefunden. Die Steinbrecher

*Abb. 61
Conchil-le-Temple. Zu sehen sind die Wanne für die Salzlake und der Ofen mit Rost. Der in die römische Zeit datierte Fundplatz Conchil-le-Temple war eine Siederei, in der das Salz nach einheimischer Tradition gewonnen wurde.*

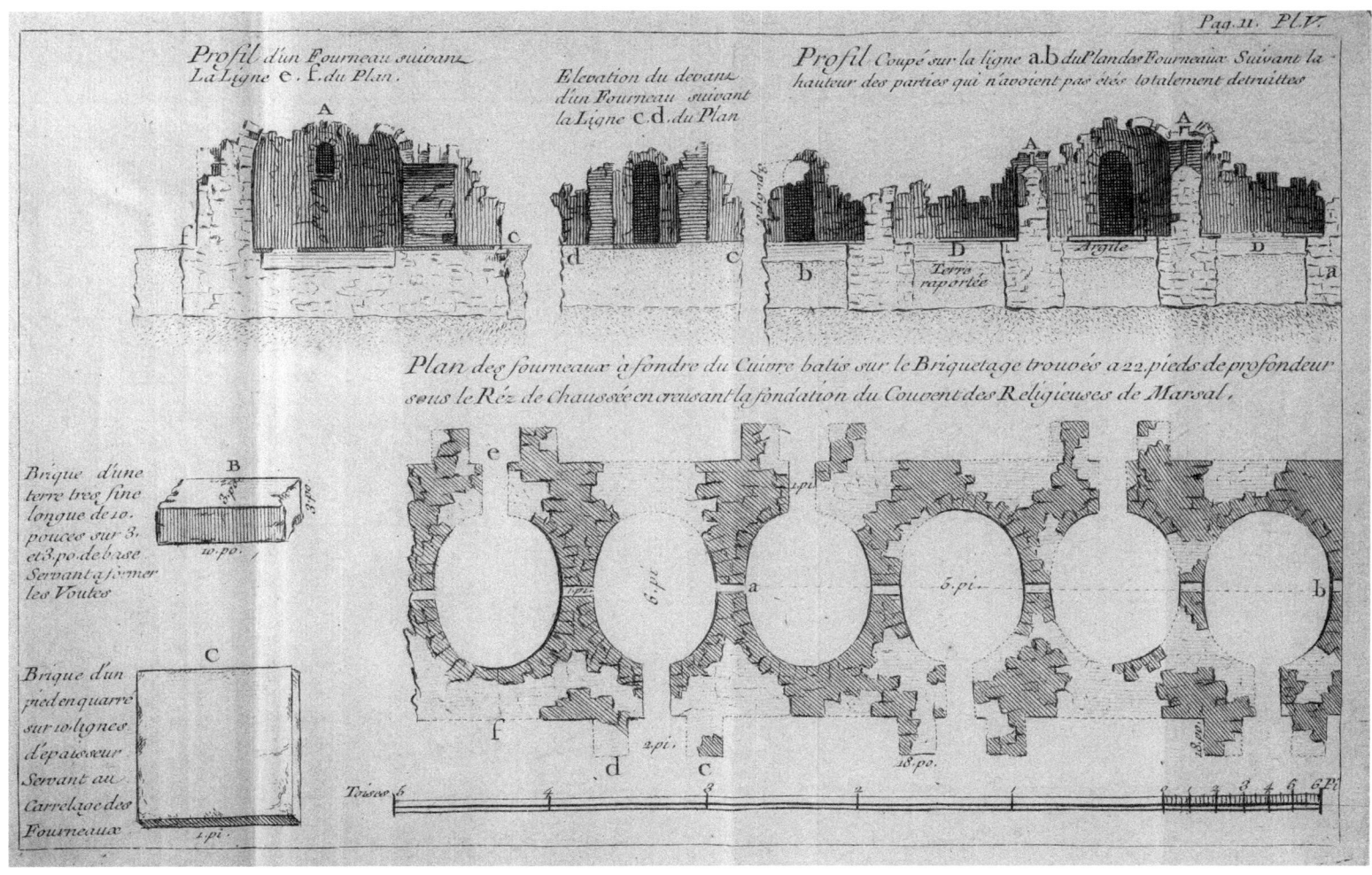

Abb. 62
Marsal, Aufriss und Grundriss der Öfen von «Le Couvent des Augustins». Diese Strukturen zeugen von einer Massenproduktion und neuen Techniken. Zeichnung von F. F. Royer d'Artézé de la Sauvagère aus dem Jahr 1740.

kannten das Gelände, sie folgten seinen natürlichen Brüchen und Spalten und ersparten sich so langwierige Vorarbeiten. Terrassenfelder zeigen, dass eine kleine Landwirtschaft die zwei oder drei vor Ort lebenden Familien ernährte. Dieser Fundplatz, über dessen Besitzverhältnisse und Verwaltung wir nichts wissen, zeugt ohne jeden Zweifel von einem Steinbruch, der als Familienbetrieb funktionierte.

Wie wir gesehen haben, stellte Getreide das Grundnahrungsmittel der Menschen dar, und das Mahlen erforderte entsprechende Mahlsteine. Die Steinbrüche und die Fundgegenstände werden zurzeit systematisch untersucht. Zu den ausgebeuteten Gesteinen zählen Rhyolith (Vogesen, GS), Basalt (Eifel, GS), Arkose (Macquenoise, GI) und Sandstein (Bellefontaine, GL), der am Rande der Provinz abgebaut wurde.

Das Eisen

Heutzutage sind die Täler der Mosel, der Sambre und der Maas von der Metallurgie geprägt, doch vor der Erfindung des Hochofens scheinen in diesen Regionen keine nennenswerten metallverarbeitenden Industrien ansässig gewesen zu sein; nur im Hochland (TRV) scheint eine bedeutendere Gruben- und Reduktionstätigkeit existiert zu haben. Die seit der Eisenzeit genutzten Bodenschätze erklären die Herausbildung des *oppidum* auf dem Titelberg. Schmiedeeisen wurde aus anderen Regionen eingeführt: aus Germanien (Eifel und vielleicht Entre-Sambre-et-Meuse), aus der Lugdunensis (nördliches Burgund, Berry, Becken der Rance oder dem Pays de Châteaubriand).

Die Schmieden, die anhand der Feuerstellen und vor allem anhand des Abfalls (Kalottenschlacken und Hammerschläge) identifiziert werden können, finden sich sowohl in den Städten (u. a. Reims, Metz) als auch in den kleinen Ortschaften (u. a. Florange, Bliesbruck, Ville-sur-Lumes). Innerhalb ihrer *pars rustica* besaßen die Villen fast immer Schmieden, wogegen auf dem Land außerhalb der *villae* Konzentrationen von Werkstätten selten waren. Dies führt zu der Annahme, dass die Schmieden Teil der Wohn- oder Arbeitsstätte waren (*villae*, Steinbruch usw.), um einen Abnehmer für das Werkzeug zu finden, es zu warten und zu reparieren. Das Fehlen von auf die Metallurgie spezialisierten Ortschaften und die

*Abb. 63
Metz, Stele eines
Steinbrechers. Der
Handwerkermeister
hält einen Spitzer in
der Hand.*

kleinen Mengen von Schlacke zeugen von einem Handwerk, das zwar omnipräsent war, dessen Ausmaße jedoch bescheiden blieben.

In den *civitates* der Leuker, der Mediomatriker und der Treverer kennen wir zwölf Darstellungen von Schmieden auf Grabstelen (vgl. Abb. 103). Im Übrigen scheint Vulkanus, eine uralte Gottheit des römischen Staatskults, bei den für ihre Eisenerzeugnisse berühmten Namneten (zwischen Angers und der Loiremündung) und Senonen (um Sens) verehrt worden zu sein. In der Belgica wurde Vulkanus in der *civitas* der Viromanduer öffentlich verehrt, ohne dass Metallhandwerk bezeugt wäre. Die Stele von Florange könnte einen Bezug zu diesem Handwerk aufweisen (Abb. 66).

Schließlich erwähnt die *Notitia Dignitatum*, ein spätantikes Verwaltungshandbuch, Waffenschmieden in Soissons, Reims, Amiens, Trier (*Occidentis* 9) und Goldschmieden in Reims und Trier (*Occidentis* 11). Archäologische Spuren für solche Betriebe fehlen jedoch, und es ist schwierig herauszufinden, ob die Werkstätten in diesen Städten bereits in der frühen Kaiserzeit existierten oder ob es sich um späte Gründungen unter staatlicher Autorität handelte.

Das Textilgewerbe

Die *Notitia Digniatum* nennt Textilwerkstätten in Reims, Tournai und Metz (*Occidentis* 11–12); Plinius der Ältere (*Naturalis Historia* 19,7–8), die *Historia Augusta* (*Gallien* 6,6; *Carus* 20,6), das Höchstpreisedikt (19,38,44; 66,73; 22,21; 25,13) und der heilige Hieronymus (*Gegen Iovinius*) erwähnen das Textilhandwerk in Nordgallien. Die Leinenweberei wurde allerorts ausgeübt und besonders bei den Morinern; die Wollweberei bei den Ambianern, den Atrebaten, den Nerviern und den Treverern. Die Verteilung der Grabreliefs, auf denen die Handhabung der Stoffe, deren Transport und die Abrechnungen dargestellt werden, verleitet dazu, die Bedeutung der östlichen Regionen überzubewerten: Gefunden wurden drei Reliefs bei den Remern, drei bei den Treverern, eins bei den Leukern und ein letztes bei den Mediomatrikern (Abb. 67; vgl. Abb. 104). Die Tuchhändler waren reich, und so wie in der flämischen Malerei des 15. und 16. Jhs. betonten sie auf ihren Grabmonumenten die Vornehmheit ihrer Familie und ihren Wohlstand.

Erst kürzlich wurde im *vicus* von Arlon (TRV) an der Sesbach eine Walkerei und Färberwerkstätte freigelegt (Abb. 68). Es handelt sich um ein großes, Mitte des 2. Jhs. n. Chr. errichtetes und in der ersten Hälfte des 3. Jhs. n. Chr. erweitertes Gebäude. Es war in unterschiedliche Bereiche unterteilt, darunter ein mit Hypokaustsystem beheizter Raum. Das Woll- und Leinengarn wurde in Holz- und Steinwannen entweder mit Metallsalzen zum Beizen oder mit pflanzlichen Farbstoffen zum Färben eingeweicht.

Reste von Textilien können nur selten identifiziert werden; Webgewichte aus Keramik zum Spannen der Fäden auf dem Webstuhl zeugen hingegen von seltenen und verstreuten Weberwerkstätten; diese können nur einer handwerklichen Tätigkeit im kleinen Maßstab oder gar einer häuslichen Aktivität zugeordnet werden. Es ist anzunehmen, dass der Flachwebstuhl in Gallien verwendet wurde. Es gibt zwar keine konkreten Beweise für seine Existenz, weder in der Literatur oder der Ikonographie noch in Form von materiellen Resten, doch er hätte eine bedeutende technische Neuerung dargestellt.

Der Ton

Die Töpferei liefert den Archäologen vielfältige Informationen. Die in den Boden gelangte Keramik überdauerte die Zeit, und die Produktionsstrukturen, Öfen, Gruben und Drehscheiben sind eindeutig zu identifizieren. Folglich konnten auf dem Territorium der Belgica an die zweihundert Werkstätten erfasst oder ergraben werden. Obwohl die Zahl hoch erscheint, repräsentiert sie zweifellos gerade einmal ein Tausendstel der Anzahl der ländlichen Gehöfte. Da die Gehöfte im Allgemeinen einer Jahrhunderte langen Besiedlung entsprechen, während zahlreiche Töpferwerkstätten nicht länger als 15 Jahre in Betrieb blieben, relativiert die Zahl der Töpferwerkstätten den Anteil des Handwerks an der antiken Wirtschaft.

Die Niederlassung der Werkstätten hing von den sehr verschiedenartigen Tonlagerstätten ab, die auf dem gesamten Territorium verteilt waren. Nicht alle Tone eignen sich gleichermaßen für die unterschiedlichen Produktionen: Kalkhaltige Tonerden können nicht für die Herstellung von Kochtöpfen verwendet werden, kaolinhaltige Tone sind hierfür geeigneter. Die Töpfer verfügten über eine genaue Kenntnis der Tone und verstanden es, sie zu verarbeiten. Infolgedessen kommen für die Ortswahl auch andere Faktoren zum Tragen: der Besitz des Bodens, die Lokalisierung und der Umfang des Marktes, die Kommunikationswege. Es gibt jedoch keine allgemeingültige Regel. Außerordentlich große Werkstätten konnten in der Nähe der Städte liegen (Trier, 6 ha; Reims, 10 ha), doch die größten Töpfereien sind auf dem Land zu finden (Trépail [REM], 22 ha; Bruay-La Buissière [ATR], 15 ha). Sehr kleine, auf einen oder zwei Öfen beschränkte und nur ca. 100 m² große Werkstätten befanden sich in den Städten, den ländlichen Siedlungen oder isoliert auf dem Land.

Auf zwei Aspekte soll hier näher eingegangen werden; der erste betrifft die regionale Konzentration von Werkstätten, der zweite deren Spezialisierung. In der Champagne, auf der Montagne de Reims und in den Tälern der Vesle und der Marne tauchen bereits 30 v. Chr. Werkstätten auf, in denen Tafelgeschirr hergestellt wurde, u. a. auch Formen der italischen Terra Sigillata (Abb. 69. 70). Die Töpfer kennzeichneten ihre Produkte mit ihrem Stempel. Dank dieser Töpferstempel und der technischen Analyse des Tons kann ein die Grenzen der Provinz überschreitendes Vertriebsgebiet rekonstruiert werden, das die angrenzenden Gebiete von Germanien, der Gallia Lugdunensis und der Bretagne umfasste. Im 2. Jh. n. Chr. und bis zum 4. Jh. n. Chr. sank die Zahl der Werkstätten in dieser Region, die Produktion konzentrierte sich auf Tafel- und Kochgeschirr und beschränkt sich auf die regionalen Märkte. Das friedliche Klima der *civitas* in der augusteischen Zeit, die junge Provinzhauptstadt Reims und die Erschließung der Böden dürften die Niederlassung von Handwerkern und Handelsnetzen begünstigt haben.

In den Argonnen (MED) ist die Situation anders, weil die Werkstätten weitab von jedem städtischen Zentrum lagen und in eine lockere ländliche Besiedlung integriert gewesen sind. Es ist nicht auszuschließen, dass die Kargheit des Bodens und das Vorhandensein von qualitativ hochwer-

*Abb. 64
Saint-Quirin, Steinbruch von «La Croix-Guillaume». Die Ortsbrüste weisen Werkzeugspuren auf, die geologischen Schichten, denen die Steinbrecher folgten, sind erkennbar.*

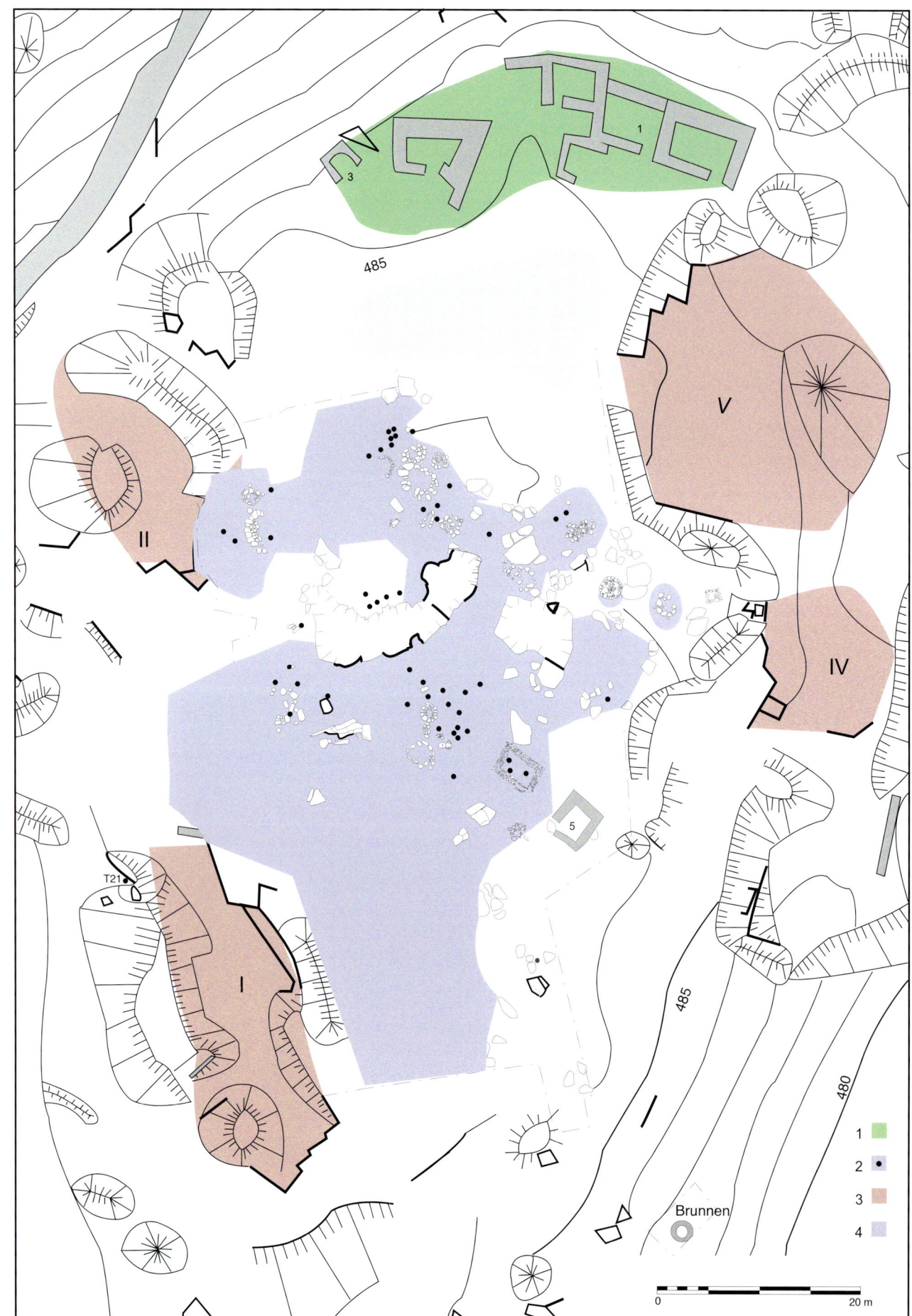

*Abb. 65
Saint-Quirin, Steinbruch von «La Croix-Guillaume». 1. Siedlung; 2. Nekropole; 3. Steinbruch mit Ortsbrust; 4. Steinschüttung.*

tigem Ton und Brennholz die Entfaltung des Töpferhandwerks begünstigt haben. In dieser Gegend ließen sich die ersten Werkstätten im 1. Jh. n. Chr. zwischen Mosel und Marne und unweit der Maas an den Verkehrswegen nieder; am Ende dieses Jahrhunderts wurden engobierte Becher mit Griesbewurf hergestellt und über weite Entfernungen vertrieben; ab 120 n. Chr. wurde auch Terra Sigillata produziert. Ohne Unterbrechung oder mit einer nur schwer zu definierenden zeitlichen Lücke entwickelte sich die Sigillata-Produktion, während gleichzeitig die ländliche Besiedlung zurückging. Zusätzliche Werkstätten wurden gegründet, die neue, sehr viel entferntere Märkte belieferten. Einige dieser Werkstätten ließen sich in Höhensiedlungen nieder, andere jenseits der Argonnen, in der *civitas* der Remer oder der Melder.

Die meisten Werkstätten stellten gleichzeitig Keramik mit unterschiedlichen Techniken und für verschiedene Zwecke her: Tafel-, Ess- und Kochgeschirr. Dennoch scheint es aus heutiger Sicht, dass bestimmte Produkte besonders begehrt waren und über große Entfernungen vertrieben wurden. So lagen im Osten der Belgica, in den Argonnen und an der Mosel Werkstätten, die hauptsächlich für ihr edles Tafelgeschirr bekannt waren: Terra Sigillata, engobierte Ware und Glanztonware. Obwohl die Trierer Werkstätten noch nicht vollständig publiziert sind, zeigt sich bereits, dass die Terra Sigillata und die engobierte Ware im 2. Jh. n. Chr. nur regional und die anderen Produkte nur lokal vertrieben wurden. Im 3. Jh. n. Chr. ergänzten die Trierer Töpfer ihr Repertoire durch eine Technik, die es ihnen ermöglichte schwarze, glänzende und wasserundurchlässige Oberflächen zu erzeugen. Diese Produkte werden in die Kategorie der Glanztonware eingeordnet. Sie sind zuweilen mit einer weißen Barbotineverzierung versehen und waren sehr beliebt: Man findet sie zwischen Seine und Rhein, in der Bretagne und selbst in der Hauptstadt der Gallia Lugdunensis.

Das beschriebene Produktionsmodell trifft man ebenfalls bei der Gebrauchskeramik an. Reibschüsseln sind große Schalen mit kurzem kragenartigem Rand, deren Innenfläche zum Reiben mit Quarzkörnern angeraut ist. In Bavay und in Pont-sur-Sambre (NRV), die an einer Wasserstraße liegen, stempelten die Töpfer z. B. ihre Reibschüsseln und führten sie nach Nordosten, nach Niedergermanien, aus, während der Export der Champagne und aus Noyon auf den Südwesten ausgerichtet war (Picardie, Normandie). Ebenso produzierte die Töpferei der «Quatre Bornes» im Dorf Les Rues-des-Vignes (NRV) sowohl Tafelgeschirr als auch auf der Innenfläche mit einer roten Engobe überzogenes Kochgeschirr, das überregional in den gesamten Westen der Belgica und der Germania inferior vertrieben wurde (Abb. 71).

*Abb. 66
Florange, Stele mit Weihung an den Gott Vulkanus. Der Gott hält Zange und Hammer in den Händen, charakteristische Werkzeuge des Schmieds.*

Die Töpferei ist ein Handwerkszweig, der weder große Investitionen erfordert noch eine komplexe Organisation. In der Tat wurden Rohstoff und Brennholz von den Töpfern selbst zusammengetragen. Auch die überaus einfache Infrastruktur konnte von den Töpfern selbst gebaut werden. Im Vergleich dazu erfordern die Kupfer- und Eisenmetallurgie, die Glasherstellung, das Schuster- oder Textilhandwerk Rohstoffe, die zuweilen von weit her transportiert werden mußten. Die jeweiligen Etappen von der Rohstoffbeschaffung bis zur Verarbeitung wurden von spezialisierten Handwerkern ausgeführt. Die Töpferei ist am besten geeignet, um die Veränderungen des Formenrepertoires, die Hierarchisierung der Produkte, deren Integration in wesentlich komplexere Handelsnetze als einen konzentrischen Vertrieb zu erfassen.

Konsum

In Anbetracht der Masse von Gegenständen, die sie uns liefern, scheinen die Fundplätze der römischen Periode von einer Konsumgesellschaft zu zeugen. Zu den frühgeschichtlichen Perioden und dem Frühmittelalter steht sie durch ihre Fundfülle in eklatantem Gegensatz. Mit unseren west-

*Abb. 67
Arlon, Grabpfeiler einer Tuchhändlerfamilie. Wie auf allen Grabmonumenten von Tuchhändlern ist die Prüfung des Tuchs mit den Abrechnungen und dem Transport dargestellt.*

lichen modernen Konsumgesellschaften ist sie jedoch nicht vergleichbar. Die erhaltenen Gegenstände – in Wirklichkeit in der Regel biologisch nicht abbaubare Abfälle – bescheren dem Archäologen, der sie in seiner Ausgrabung findet, nicht nur die Freude des Entdeckers, sie lassen auch die Vielfalt und die Unterschiede des Konsums in der Belgica erkennen und bergen vielfältige und sehr unterschiedliche Interpretationsmöglichkeiten. Obwohl sie ökonomisch betrachtet nicht wirklich ins Gewicht fällt, erlaubt die Keramik die Betrachtung des Konsumverhaltens am besten.

Es sei daran erinnert, dass das Formenrepertoire der eisenzeitlichen Keramik recht beschränkt war. Die Gefäße waren mehrheitlich handgeformt und entsprachen Kochgefäßen. Neben der aus dem Süden eingeführten scheibengedrehten Keramik gab es jedoch zweifellos auch Gefäße aus Holz.

Der Einfluss der Kultur und Wirtschaft des Mittelmeerraumes ist an den importierten Waren fassbar. Die Produktion von Terra Sigillata verursachte Kosten, die man im Gegensatz zu den Kosten anderer Keramikarten reell einschätzen kann. Ihre Herstellung erforderte dreimal mehr Brennstoff, als die anderer Gefäße. Hingegen muss sich der Bedarf an spezialisierten Arbeitern und der Zugang zu hochwertigen Tonen nicht unbedingt auf die Kosten ausgewirkt haben. Die Transportkosten der Sigillata auf dem Land-, Fluss- oder Seeweg haben ihren Preis im Vergleich zu lokaler Keramik ebenfalls erhöht. Folglich ist verständlich, dass die Sigillata aus Etrurien (Arezzo, Pisa) in augusteischer Zeit selten außerhalb von bestimmten Kontexten angetroffen wird: Der Käufer musste nicht nur Gefallen an diesem Produkt finden, sondern auch die Mittel zum Erwerb besitzen. Es handelte sich bei den Kunden in der Regel um Stadtbewohner oder aus dem Mittelmeerraum stammende Soldaten. Die Gründung von Werkstätten in Südgallien (La Graufesenque in Millau) senkte die Transportkosten zwar, doch ist diese Kostenverringerung nicht alleine die Erklärung für die Steigerung des produzierten Volumens. Die Produktion muss entsprechend der Nachfrage und dem Wohlstand der Kundschaft gewachsen sein. Die Gründung von Werkstätten in Zentral- (Lezoux) und in Ostgallien (Rheinland, Mosel und Argonnen) begünstigte die Belieferung der Märkte durch die kürzeren Transportwege. Im 2. Jh. n. Chr. teilte sich die Belgica in drei Handelsgebiete auf: Die Mosel (LEU, MED, TRV), die dank der zahlreichen lokalen Werkstätten unabhängig blieb; das Zentrum (REM), das seine Sigillata aus den Töpfereien in den Argonnen bezog; und der Westen (BEL, AMB, ATR usw.), der von den Ateliers in Lezoux beliefert wurde. In der Spätantike erlangten die Töpfereien der Argonnen praktisch eine Monopolstellung.

Dem Streben, die Nachfrage zu befriedigen, entspricht also eine Kostenminderung durch die Verkürzung der Transportwege sowie die Verlagerung und Vermehrung der Produktionszentren. Der gleiche Prozess ist bei den Werkstätten der Champagne zu beobachten. In der ersten Hälfte des 1. Jhs. n. Chr. exportierten diese Töpfereien Teller, Schalen, Näpfe und Flaschen. In der zweiten Hälfte des 1. Jhs. n. Chr. beschränkten sie ihre Exporte auf die offenen Formen, denn die geschlossenen Formen waren wahrscheinlich zu groß

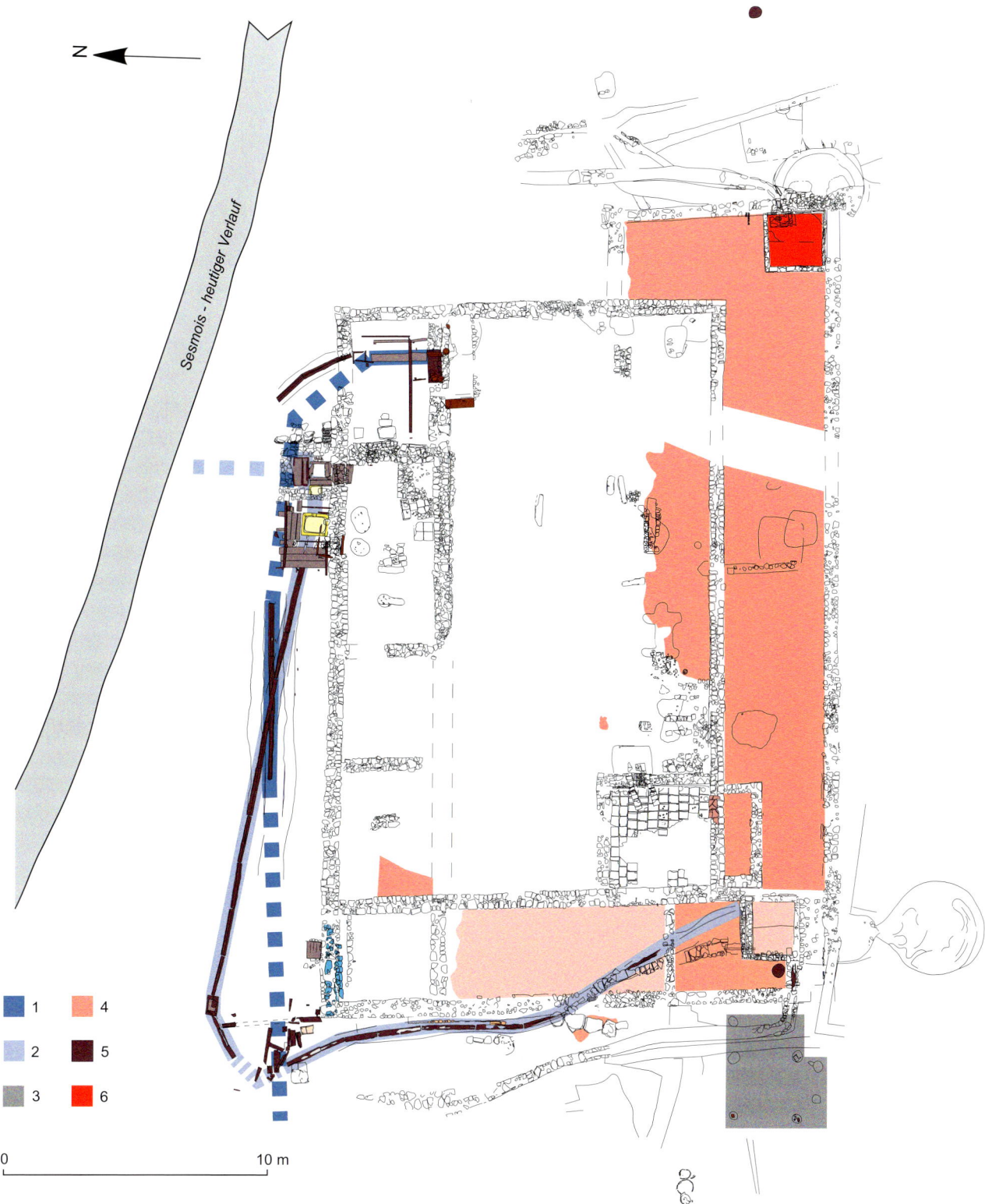

*Abb. 68
Arlon, Walkerei und
Färberwerkstatt.
1. Werkstatt 130–140
n. Chr.; 2. Werkstatt
203–250 n. Chr.;
Fläche zum Trocknen;
Ziegelputz; 5. Holz;
6. aus Ziegelstein ge-
mauertes Becken.*

und zerbrechlich für den Transport. Die lokalen, auf dem Territorium verstreuten Betriebe übernahmen nun die Produktion dieser Formen, ohne das Formenrepertoire auf Teller und Schalen auszuweiten, deren Bearbeitung auf der Drehscheibe und mit der Drehspindel komplexer ist. Dieses Phänomen der Verlagerung und Vermehrung der Werkstätten betraf auch andere Geschirrkategorien und selbst die Gebrauchskeramik. Reibschüsseln, bestimmte Kochtöpfe oder pompejanisch-rote Platten konnten dagegen von weit her importiert werden. Die Werkstätten, die solche Produkte herstellten, besaßen einen bedeutenden Marktanteil, da es schwierig war, eine solch hohe Qualität zu erreichen.

Der überregionale Handel und die gleichzeitige Verlagerung der Werkstätten dürften einer Nachfrage entsprechen, auf die man durch die Steigerung des produzierten Volumens, die Reduzierung der Kosten und die Beibehaltung der hochwertigen Qualität reagierte. Doch dieser «Markt», den die Bewohner der Belgica darstellten, sollte hier näher definiert werden. In diesem Zusammenhang ist es notwendig, die Vorlieben, die Bedürfnisse und die Mittel dieser Bevölkerung in ihrer Vielfalt und Dynamik zu umreißen.

Die Terra Sigillata entspricht objektiv betrachtet einem hochwertigen Produkt: Die Engobe ist geglättet, wasserundurchlässig und glänzend, die Füße sind hoch, die Größen und Formen standardisiert. Doch sind es nicht allein diese Kriterien, die sie begehrenswert machen. Sie stellte, weil sie teuer und fremd war, ein Statussymbol dar, das man seinen Gästen gern zeigte. Die Versorgungsprobleme der ersten Hälfte des 1. Jhs. n. Chr. begünstigten die Gründung lokaler Töpfereien, in denen die Formen der Sigillata nachgeahmt wurden, ohne indessen ihre Feinheit oder Qualität zu erreichen. Der Handel und die regionalen Produktionen zeugen von einem Wandel des Geschmacks. Ebenso wird sich für die Aufbewahrung von Flüssigkeiten, die sich in der Eisenzeit in dunkeltonigen Flaschen befanden, im Laufe des 1. Jhs. n. Chr. unter dem kulturellen Einfluss des Mittelmeerraumes nach und nach die Aufbewahrung in hellen Krügen durchsetzen. Obwohl die Flasche ebenso funktionell war wie ein Krug, und ein kräftig orangefarbener Krug nicht weniger praktisch als ein heller, war der mediterrane Krug aus kalkhaltigem und hellem Ton das modische Vorbild. Infolgedessen versuchten die Töpfer der Belgica helle Tone zu verwenden, und in Ermangelung dieser wurden dunkeltonige Krüge mit einer weißen Engobe überzogen. Weitere Beispiele zeugen von gewissen «Geschmacksrichtungen», der Wahl bestimmter Formen mit morphologischen Eigenarten, aber ohne funktionelle oder qualitative Besonderheiten. Sie bildeten ein Repertoire, das von einer Gruppe von Werkstätten hergestellt und regional vertrieben wurde. Diese Vorlieben könnten einer administrativ definierten Gemeinschaft entsprechen, einer kulturellen oder ethnischen Gruppe von Konsumenten, die nicht mit Begriffen aus dem Bereich der Wirtschaftssprache definiert werden kann.

Der Erwerb von Sigillata-Tellern oder Imitationen zeugt von der Bejahung einer bestimmten Mode. Doch die neuen Gefäße spiegeln auch neue Essgewohnheiten wider,

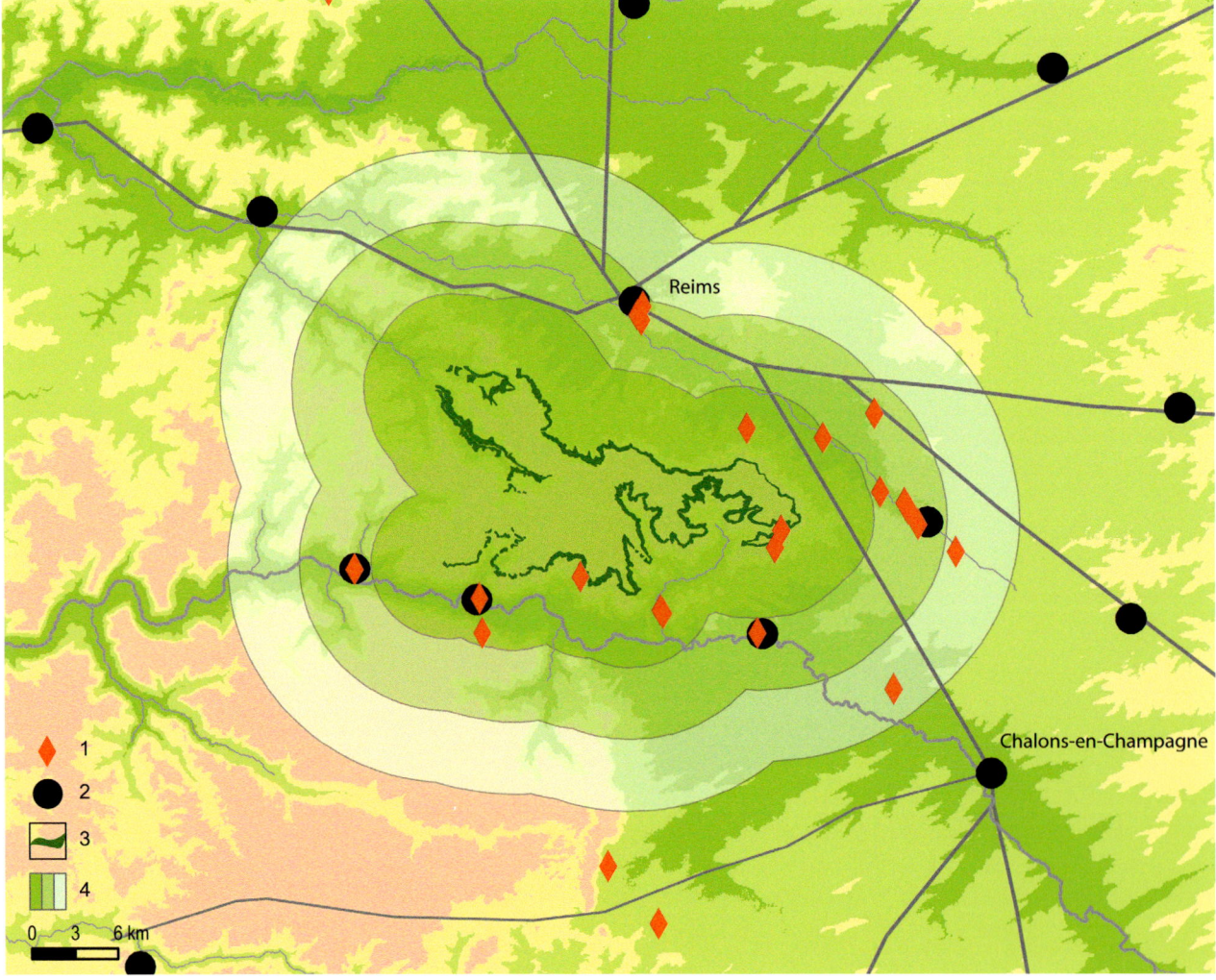

*Abb. 69
Champagne. 1. Töpferwerkstatt; 2. Siedlung; 3. Tonschicht;
4. 15 km breite Pufferzone. Die Werkstätten befinden sich immer unweit von Tonlagerstätten, doch sie suchen zudem auch die Nähe der Handelswege und der Märkte.*

Abb. 70 Rues-des-Vignes, pompejanisch-rote Keramik. 1. Platte vom Ende des 1. Jhs. n. Chr.; Platten aus dem 2. und 3. Jh. n. Chr.

sowohl was die Art angeht, wie die Speisen angerichtet werden, als auch deren Zubereitung. Die Verwendung der Terra Sigillata ist ein Schlüsselindiz für kulturellen Wandel und soziale Unterschiede. Es muss davon ausgegangen werden, dass die Menschen sich von flüssigen und festen, in der Regel gegarten Speisen ernährten. Eine komplexe, für die Elite charakteristische Küche erforderte neben hochwertigen, eher metallenen als irdenen Gefäßen eine große Formenvielfalt. Das Volk hingegen begnügte sich mit Grützen, die in Tontöpfen oder -näpfen zubereitet und verzehrt wurden.

Das Tischgeschirr zeugt von einem Geschmackswandel ab der augusteischen Zeit, vor allem aber davon, dass man nun individuelle Portionen zu sich nahm, anstatt sich aus einer gemeinsamen Schüssel zu bedienen. In der römischen Welt sah dieses Geschirr pro Person einen Teller, zwei Schälchen unterschiedlicher Größe für Saucen oder Gewürze sowie einen Becher vor. In manchen Grabstätten ist ein kompletter Geschirrsatz zu finden, zuweilen zwei oder gar vier Sätze. In Siedlungskontexten sind die Schalen systematisch unterrepräsentiert, was beweist, dass die gallo-römische Gesellschaft der Belgica die Essgewohnheiten der mediterranen Elite nur oberflächlich angenommen hat. Darüber hinaus ist die Anzahl der Teller proportional niedrig. Sie mag zwar mancherorts hoch genug sein, um von einer starken und frühen Romanisierung zu zeugen, im Allgemeinen ist sie jedoch niedrig und zeigt, dass das einfache Volk ein karges Mahl aus seinem als Essgeschirr dienenden Kochtopf zu sich nahm.

Auch die Zubereitung der Nahrung ist aussagekräftig, um die zunehmende Verfeinerung der Eßgewohnheiten zu verstehen. Bei der Zugabe von Gewürzen und in Reibschalen zubereiteten Saucen scheint es sich in der Tat um eine Neuerung der römischen Zeit und eine Bereicherung der geschmacklichen Vielfalt zu handeln. Helltonige Schüsseln, schwer und stabil, mit einer Reibfläche auf ihrer Innenseite hielten im Laufe des 1. Jhs. n. Chr. ihren Einzug in die Küche. Ab Mitte des 1. Jhs. n. Chr., aber besonders im 2. und 3. Jh. n. Chr. findet man zudem feinere Schüsseln aus Sigillata, mit oder ohne Reibfläche, die zeigen, dass die Zubereitung und das Abschmecken zum Teil bei Tisch geschah.

Was das Kochgeschirr angeht, so sind die handgefertigten Keramikgefäße zwar stoßfest und hitzebeständig, doch sie sind schwer und leiten die Wärme nicht sehr gut. Überall in der Belgica wurden sie durch scheibengedrehte Keramik aus geeignetem Ton ersetzt, wenn möglich Kaolinton, oder es wurden zumindest weniger Magerungsstoffe zugesetzt. Die Tatsache, dass die handgefertigte Keramik sich an der Küste (MEN) oder in den Ardennen (TRV, REM) auch noch in der frühen Kaiserzeit hielt, ist in doppelter Hinsicht aussagekräftig: Sie zeugt erstens davon, dass kein geeigneter Ton für scheibengedrehtes Kochgeschirr zur Verfügung stand, zweitens davon, dass die Bewohner dieser Gegenden es nicht für nötig hielten, das Kochgeschirr andernorts zu erwerben, während sie ihr Tafelgeschirr importierten. Es liegt also nahe, dass sich die Nahrungszubereitung in diesen Regionen nicht grundlegend wandelte, während bei der Art diese anzurichten eine Romanisierung festzustellen ist.

Im städtischen Umfeld, insbesondere in Reims, beobachtet man ab Ende des 1. Jhs. n. Chr. eine Diversifizierung der Kochgefäße: Die offenen Formen nahmen zu, zunächst die Näpfe und dann die Platten; Stielkasserollen und Kessel tauchten im 3. Jh. n. Chr. auf. Die Kochtöpfe dienten dazu, die Gerichte im Ofen zu erwärmen, was für die mediterrane Küche kennzeichnend ist. In der augusteischen Periode wurden in der Belgica italische pompejanisch-rote Platten importiert. Dann, in der zweiten Hälfte des 1. Jhs. n. Chr., kamen diese Platten aus Zentralgallien, doch die Nachfrage war nicht groß genug, um den Import großer Mengen zu erreichen. Als auch in der Belgica Werkstätten gegründet wurden (s. Rues-des-Vignes), erweiterte sich der Gebrauch, und in der zweiten Hälfte des

*Abb. 71
Das Tafelgeschirr (links) enthält Terra Sigillata, belgische Ware (Terra Nigra); das Kochgeschirr (rechts) beinhaltet Reibschalen (MO), rote pompejanische Ware (VRP) und rauwandige Ware (RUB).*

2. Jhs. n. Chr. wurden Teller mit anderen Techniken hergestellt, mit Glimmerengobe und aus rauem, dunklem oder hellem Ton. Hierdurch erweiterte sich die Formenpalette und das produzierte Volumen stieg.

Die Entwicklung der Nahrungsgewohnheiten darf nicht ausschließlich als ein Fortschritt angesehen werden, denn wenn man die Anzahl der Formen des Kochgeschirrs mit der des Tafelgeschirrs vergleicht, wird deutlich, dass die offenen Formen sowohl zum Erhitzen der Speisen als auch als Essgeschirr dienten. Für den überwiegenden Teil der Bevölkerung gab es demzufolge kein besonderes Geschirr und keinen besonderen Moment oder Ort, an dem die Mahlzeit eingenommen wurde: Die einfachen Leute aßen gemeinsam aus demselben Topf, auf der Erde hockend oder auf einer Ecke ihrer Werkbank. Im Übrigen nahmen im Laufe der Zeit beim Tafelgeschirr die für die römische Essgewohnheit typischen flachen Formen zugunsten von tiefen Formen ab. Insbesondere in Formschüsseln hergestellte oder mit gestempelten Motiven verzierte Schalen, in denen Gerichte mit Sauce verzehrt wurden, erfreuten sich großer Beliebtheit.

Zusammenfassend kann gesagt werden, dass sich die Essgewohnheiten in der Gallia Belgica in römischer Zeit veränderten. Es steht fest, dass insgesamt mehr gegessen wurde. Daneben zeugen der Konsum und die Verwendung bestimmten Geschirrs von einem Geschmackswandel in allen Gesellschaftsschichten und von neuen Gewohnheiten – und man schaffte neue Statussymbole.

Abschließend: Der Staat zog aus den Bereichen, die er sich im Bereich der Rohstoffgewinnung vorbehalten hatte, nur wenig Gewinn: Bergwerke und Steinbrüche waren in der Belgica selten und lieferten weder Edelmetalle noch Gestein von besonders hervorragender Qualität. Die Ausbeutung des Meersalzes bildete eine Ausnahme, die sich durch die niedrigen Einnahmen aus der Landwirtschaft an der Nordseeküste erklären könnte.

Die in den meisten anderen Regionen florierende Landwirtschaft zog eine insgesamt gleichmäßige, auf das ganze Territorium verteilte Verdichtung der Bevölkerung nach sich und sorgte auf diese Weise für einen Markt, den es zu beliefern galt. Im 1. Jh. n. Chr. konnte der Fernhandel die Unzulänglichkeiten des lokalen Handwerks ausgleichen. Ab dem Ende dieses Jahrhunderts wurde die Belgica zu einem autonomen, sich selbst genügenden Markt. Schmieden, Spinnereien und Töpfereien waren über das gesamte Territorium verteilt, selten konzentrierten sie sich an einem Ort. Aber auch regionale Besonderheiten existierten: Insbesondere der Osten profitierte zweifellos von der Rhein-Rhone-Achse und der Präsenz der an der Grenze stationierten Truppen. Es ist jedoch verfrüht, die Wirtschaft der Belgica in kleinerem Maßstab und kürzeren Zeitspannen einzuordnen.

Die römische Periode stellte zweifelsohne eine Zeit des erhöhten Konsums dar. Die große Anzahl der handwerklich hergestellten Gegenstände, die bei den Ausgrabungen zutage kommen, lässt erkennen, dass der Verbrauch an Konsumgütern einen Höhepunkt erreichte und sich in diesem Punkt von den vorangegangenen und folgenden Perioden unterscheidet. Umfassende Studien fehlen noch, doch die Untersuchung der Keramik liefert erste Erkenntnisse. Demnach erweisen sich die wirtschaftlichen Faktoren (Märkte, Monetarisierung, Kaufkraft usw.) schnell als untrennbar von den kulturellen Faktoren (Romanisierung, Ethnogenese, Repräsentation usw.).

GÖTTER UND MENSCHEN

Lange Zeit wurde die keltische Religion anhand von Relikten der gallo-römischen Religion untersucht. Seit Kurzem erst wird sie als eigenständige Religion behandelt. Sicherlich behält die Religion in der römischen Periode – wie wir sehen werden – die Charakteristika der Eisenzeit bei, doch ebenso wie die Römer die Menschen und die Landschaften befriedet haben, haben sie auch die Götter «befriedet»: indem sie die Druiden und die Menschenopfer abgeschafft haben, indem sie die Götter, Mythen, Riten und Monumente verändert haben, indem sie neue Götter, Riten und eine neue Art der Religionsausübung eingeführt haben. Kraft ihrer politischen Macht und mit der Zustimmung der führenden Bevölkerungsschichten, haben die Römer in einer Generation ein neues religiöses Verhältnis zu den Göttern geschaffen.

Das Pantheon

Das römische Pantheon bestand aus einer Vielzahl von Gottheiten, von denen jedoch den Bewohnern der Belgica die Hierarchie und Funktion der Gottheiten, die geographische Verteilung sowie der Kalender aufs engste vertraut gewesen sein müssen.

Die interpretatio romana

Neben Roma und Augustus spielten drei kriegerische Gottheiten, Jupiter, Mars und Herkules, eine Hauptrolle im öffentlichen Kult, danben auch der friedvollere Genius der Gemeinschaft (Abb. 72). Die öffentlichen Kulte zeichneten sich durch die zentrale Lage und Größe ihrer Heiligtümer aus, durch den Titel und Status ihrer Priester (*magister*, *flamen* oder *sacerdos*, Kollegium der *haruspices*) und schließlich den sozialen Status oder die Funktion der Weihenden.

Mittels der *interpretatio romana*, d. h. durch die Analogie der Hauptfunktionen der keltischen und römischen Götter, glich man seit Caesar (*De Bello Gallico* 6,7) die keltischen Gottheiten denen des römischen Pantheons an: Bellado, der «Vernichter», Cobannus, der «Töter» und Caturix, der «Kampfkönig», werden in Gestalt der Gottheit Mars romanisiert.

Abb. 72
Der Kaiser – hier dargestellt Augustus – bürgt für die Ordnung des gesamten Kosmos.

Abb. 73
Reims: Cernunos, der Gott mit dem Hirschgeweih, ist im Schneidersitz dargestellt. Aus seinem Beutel ergießen sich die Fluten des Lebens, an denen ein Stier und ein Hirsch ihren Durst stillen. Ihm zur Seite stützt Apollo sich auf seine Leier und Merkur auf seinen Hermesstab. Im Giebel ist ein Nagetier dargestellt.

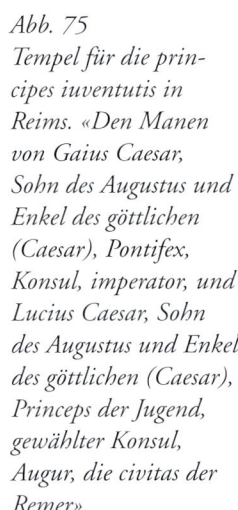

Abb. 75
Tempel für die principes iuventutis in Reims. «Den Manen von Gaius Caesar, Sohn des Augustus und Enkel des göttlichen (Caesar), Pontifex, Konsul, imperator, und Lucius Caesar, Sohn des Augustus und Enkel des göttlichen (Caesar), Princeps der Jugend, gewählter Konsul, Augur, die civitas der Remer».

80 | GÖTTER UND MENSCHEN

Caesar zufolge – und die epigraphischen und ikonographischen Quellen bestätigen seinen Bericht – waren Merkur (Handel), Apollo (Gesundheit), Mars (Krieg), der allmächtige Jupiter und Minerva (Künste) die am meisten verehrten Gottheiten.

Minerva steht an letzter Stelle. Dies ist wahrscheinlich darauf zurückzuführen, dass – wie die Inschriften erkennen lassen – viele ähnlich geartete Göttinnen, z. B. Sirona, Rosmerta oder Epona, ihren rein keltischen Namen beibehielten. Einige männliche Gottheiten trugen einen an das römische Theonym angefügten keltischen Beinamen. Er kann sich auf eine ältere Gottheit beziehen, auf einen Ort oder eine Gemeinschaft. In gleicher Weise kann die Ikonographie gleichzeitig hellenistische und einheimische Attribute aufweisen (Abb. 73).

Auch die Natur wurde angebetet: z. B. Flüsse wie die Marne oder die Wälder der Ardennen und der Vogesen (Abb. 74; vgl. Abb. 78).

Roma und der Kaiser

Jede Bürgerschaft verehrte Roma, neben dieser aber auch ihre eigenen Götter. Jede *civitas* war verpflichtet einen Vertreter zum Altar der Roma und des Augustus in Lugdunum zu entsenden (s. Kap. «Geschichte und Verwaltung»). Die Haeduer stellten den ersten der jährlich gewählten Oberpriester. Im Ganzen kennen wir 14 Priester aus der Lugdunensis, 15 aus der Aquitania und nur zwei aus der Belgica. Die Belgica befand sich demnach ganz am Rande oder gar außerhalb des direkten Einflussbereichs Galliens: entweder aufgrund der Entfernung und engeren Beziehungen mit dem germanischen Rheinland oder weil ihre Eliten über weniger Macht verfügten.

In den *civitates* sind weitere *sacerdotes* oder *flamines Romae et Augusti* bekannt, insbesondere bei den Ambianern, den Mediomatrikern, den Morinern und den Treverern. Auch der Kaiser, die Dynastie oder die kaiserliche *auctoritas* wurden regelmäßig mit den Kulten der anderen Gottheiten assoziiert. In den Weihinschriften trifft man unterschiedliche Formulierungen an. Die Abkürzung INHDD für *In honorem domus divinae* («Zu Ehren des göttlichen Kaiserhauses») kommt häufiger in den östlichen *civitates* und in Germanien vor. Weihinschriften an die vergöttlichten Augusti und an das *numen* (göttlicher Wille) des Kaisers (NVM AVG) sind dagegen über das ganze restliche Gallien verstreut.

Zwei frühe Monumente weisen einen direkten Bezug zum Kaiserkult auf, und es überrascht keineswegs, dass sie in Trier und Reims entdeckt wurden. Vom Tempel für die *principes iuventutis* («Prinzen der Jugend»), die frühverstorbenen Enkel des Augustus, Gaius und Lucius Caesar,

Abb. 74
Weihung von Successus Natalis in La Marne. In der Nähe von Langes gefundene Inschrift (CIL XIII, 5674). «Successus Natalis schenkt der Marne dieses Bauwerk in der Nähe dieses Tempel als Weihung; er hat sein Gelöbnis gern und verdientermaßen eingelöst».

wurden viele wiederverwendete Blöcke im Sockel der spätantiken Stadtmauer in Reims gefunden. Neben der Widmung an die Manen (Totengeister) von Gaius und Lucius Caesar, deren Titulatur und der Nennung der *civitas Remorum* weisen die Blöcke Blätter- und Früchtegirlanden sowie Bänder, Bukranien und Vögel als Schmuck auf, die an die *ara Romae et Augusti* (Altar der Roma und des Augustus) in Lyon und die *ara Pacis Augustae* (Altar des Friedens des Augustus) in Rom erinnern (Abb. 75).

Auch freigelassene Sklaven, die zwar reich jedoch niederen Status' waren, verliehen ihrer Verehrung für den Kaiser Ausdruck. Es handelte sich um die *seviri Augustales*, die für den Kaiserkult zuständigen Priester. Aus den *civitates* der Treverer, der Mediomatriker und der Leuker sind ein Dutzend Inschriften von ihnen bekannt. Dieses Kollegium zeugt von dem sozialen Aufstieg ehemaliger Sklaven, der sog. *liberti*, und einer starken Munizipalisierung Nordgalliens.

Die civitas Treverorum

Um zu verstehen, wie die Religion in der Belgica funktionierte, werden wir uns im Folgenden auf die *civitas Treverorum* konzentrieren, die sowohl in epigraphischer als auch archäologischer Hinsicht am besten dokumentiert ist. Dabei werden wir die Erkenntnisse aus Trier durch Ver-

Abb. 76
Trier, die Heiligtümer im Altbachtal. Dieser Tempelbezirk ermöglichte es den Honoratioren und Gläubigen ihrer Großzügigkeit und Frömmigkeit Ausdruck zu verleihen.

Abb. 77
Trier, das Heiligtum des Gottes Lenus Mars im «Irminenwingert». In diesem großen Heiligtum versammelten sich die Treverer um ihren Gott Lenus Mars und weitere mit Mars assoziierte Götter, die die pagi der civitas präsentierten.

82 | GÖTTER UND MENSCHEN

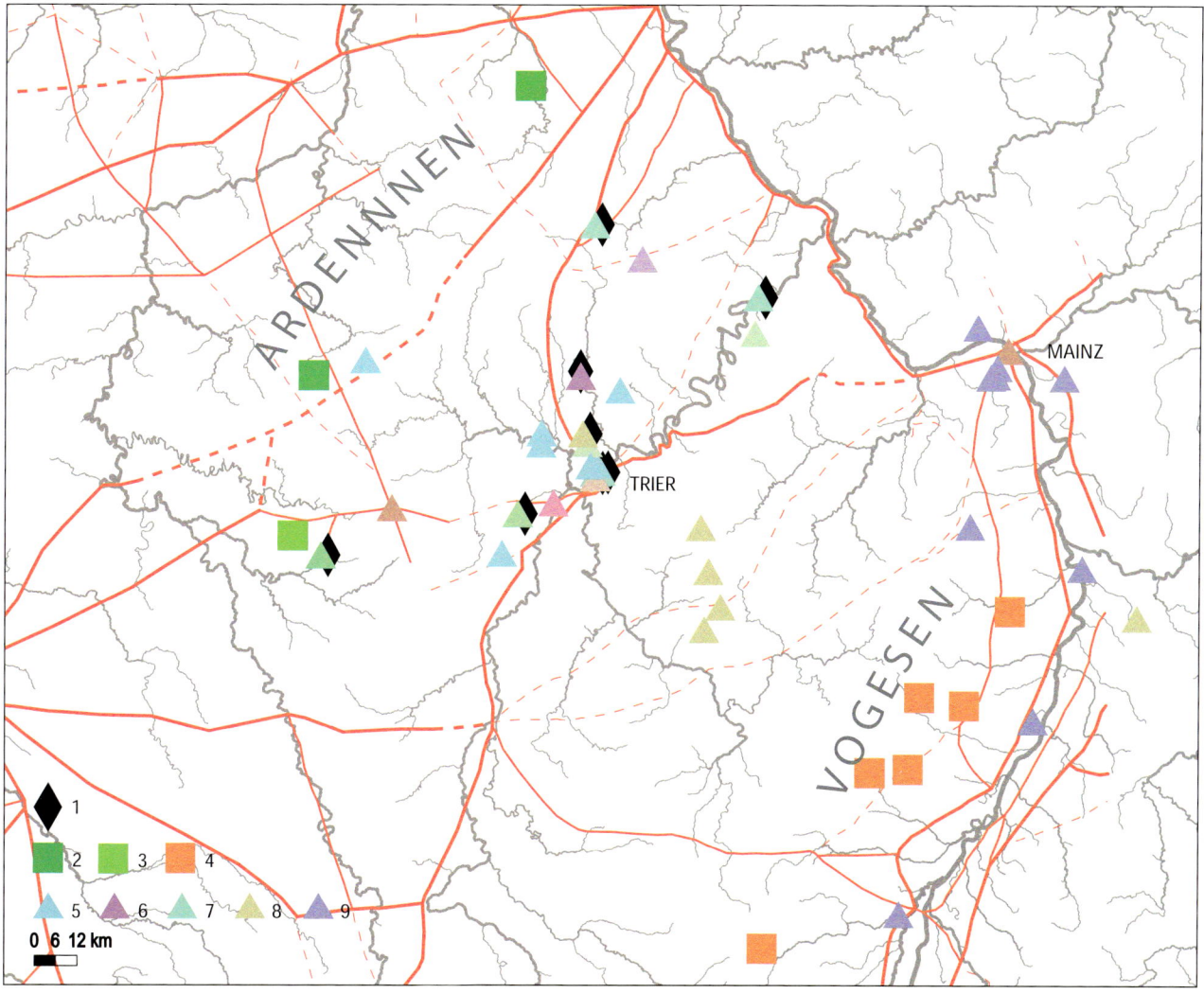

Abb. 78
Verteilung der Weihungen an die mit Mars assoziierten Götter und an die Namensgötter der Treverer und des östlichen Territoriums.
1. Lenus Mars;
2. Arduenna;
3. Sinquates; 4. Vosegus; 5. Mars Intarabus;
6. Mars Volmio;
7. Mars Veraudunus;
8. Mars Cnabetius:
9. Mars Loucetius.

gleichsbeispiele aus weiteren *civitates* ergänzen. Wir betrachten diese *civitas* als einen auf das gesamte Territorium anwendbaren Modellfall, auch wenn Trier als Kolonie einen besonderen Status genoss.

Die Urbanisierung und Koloniegründung haben auf keltischem Boden eine neue religiöse Landschaft geschaffen. Durch die auf der iberischen Halbinsel gefundenen Inschriften zu den Koloniestatuten kennen wir die enge Beziehung der hohen Beamten zum religiösen Leben: Bestimmung der Kulte, der Priester und des Kultkalenders. Auf dem *forum* von Trier wurden vermutlich sowohl Roma und Augustus als auch Jupiter verehrt.

Am inneren Stadtrand wurden große Heiligtümer errichtet, deren Architektur auf mediterrane Modelle zurückgreift (Heiligtum des Asklepios und der Tempel am Herrenbrünnchen). Am südöstlichen Stadtrand (Altbachtal) lag der provinzieller geprägte gallo-römische Tempelbezirk (vgl. Abb. 26 u. 26 B; Abb. 76). Dieser Bezirk bestand bereits in der Frühzeit der Stadt und wurde stetig erweitert. Hier verliehen die Beamten und die aus Trier gebürtigen oder fremden vornehmen Bürger ihrer Frömmigkeit Ausdruck, indem sie Bauwerke, Altäre und Weihegaben stifteten. Dieses Viertel war also keineswegs nur ein Ort, an dem die einheimische Kultur gepflegt wurde. Im 3. Jh. n. Chr. befanden sich hier 42 Tempel und kleine Kultanlagen, Nebengebäude, Säulenhallen sowie ein Theater. Neben den Heiligtümern des Jupiter und für einheimische Gottheiten wie Voris und Ritona verfügte Merkur über drei Kultstätten.

Außerhalb des Stadtgebietes am linken Moselufer erhob sich ein großer derm Lenus Mars geweihter heiliger Bezirk (Abb. 77). Die Lage des Terrassentempels ist mit der des Heiligtums von Confluence in Lyon vergleichbar: Es handelte sich um einen Umgangstempel mit monumentalem Pronaos, mehreren Altären, einem Theater sowie dem Gott von den Repräsentanten des *pagus* geweihte Speiseräume (*triclinia*). Dem Tempelbezirk stand ein *flamen* als Priester vor. Die Überreste und die Verteilung der Weihinschriften an Lenus Mars auf dem gesamten Territorium der *civitas* weisen auf den öffentlichen

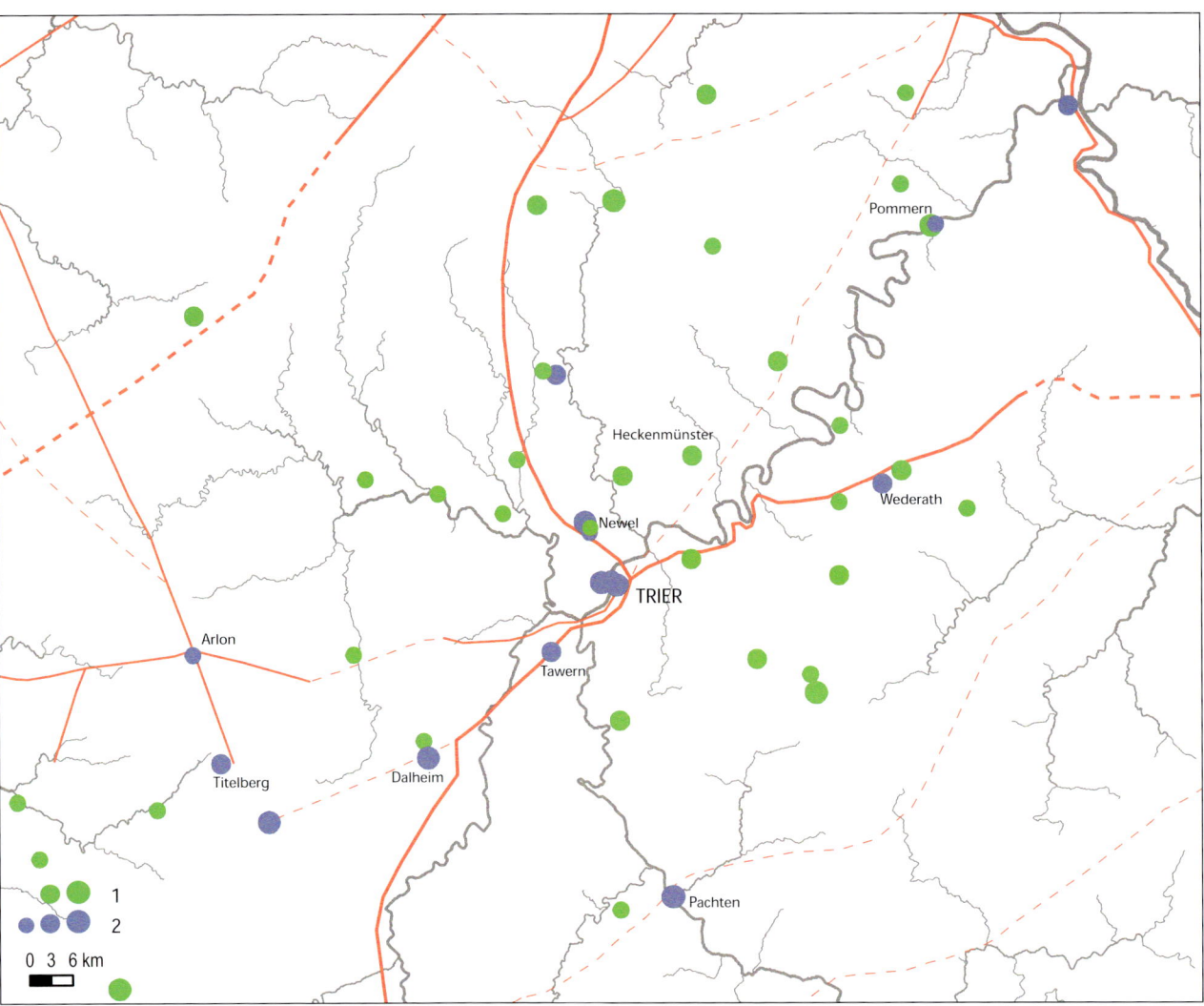

*Abb. 79
Die Heiligtümer im Gebiet der Treverer und im Osten des Territoriums. 1. Siedlungsheiligtümer; 2. ländliche Heiligtümer.*

und föderativen Charakter seines Kultes hin (Abb. 78). Einige weniger verbreitete Beinamen des Gottes, insbesondere Mars Intarabus, Loucetius oder Cnabetius, die ebenfalls m Gebiet der *pagi* vertreten sind, könnten von einer ähnlichen Organisation auf der Ebene des *pagus* zeugen. Bei den Genien handelte es sich um eine andere Form der kultischen Verehrung auf lokaler Ebene, denn diese unterstand häufig der Verantwortung der *vicani*, der Einwohner des jeweiligen *vicus* (Wederath, Pachten, Bitburg, Arlon).

Nicht nur die zahlreichen Weihinschriften sind für die Heiligtümer kennzeichnend; sie können sich auch durch ihre Monumentalität und ihre Lage auszeichnen (Abb. 79). Die antiken Ortschaften von Bitburg, Dalheim oder Wederath besaßen heilige Bezirke mit mehreren Tempeln, mindestens ebenso vielen Altären sowie einem Theater. Bei den Heiligtümern handelte es sich um prunkvolle Bauwerke, die die Frömmigkeit einzelner Personen oder der ganzen Gemeinschaft, vor allem aber deren Macht und Wohlstand ausdrückten.

Selbst in den *villae* waren kleine Heiligtümer für jedermann zugänglich; es sei in diesem Zusammenhang an ein Zitat Plinius' des Jüngeren erinnert, der ein Heiligtum auf seinem Landgut verschönern ließ: «Es schien ihm, dass es zugleich großzügig und fromm sei, einen Tempel zu errichten, so schön wie möglich, diesem Tempel Säulengänge zuzufügen, den ersten für die Göttin, den zweiten für die Besucher» (*Epistulae* 4,39). Das Heiligtum der *villa* von Fliessem-Otrang ist in diesem Zusammenhang interessant, weil es den Namen des treverischen Gottes mit dem Namen des ersten Besitzers des *fundus* verbindet: Lenus Mars Arterancus. In Newel befand sich der Tempel abseits von der *villa* in der Nähe der Nekropole (Abb. 80).

Andere Heiligtümer sind fernab von jeder Siedlung zu lokalisieren. Sie lagen nichtsdestoweniger an bemerkenswerten Orten: Anhöhen, Quellen, Flüssen oder Gedächtnisorten. Das Heiligtum vom Titelberg, des alten *oppidum* der Treverer, könnte unter bestimmten Gesichtspunkten als das einer kleinen römischen Ortschaft betrachtet werden, denn an dieser Stelle befand sich zuvor bereits der von einem großen Graben umgebene heilige Bezirk des keltischen *oppidum* mit mächtigen Pfostenbauten. Es haben sich darüber hinaus Miniaturwaffen, Reliefs von Tieropfern sowie

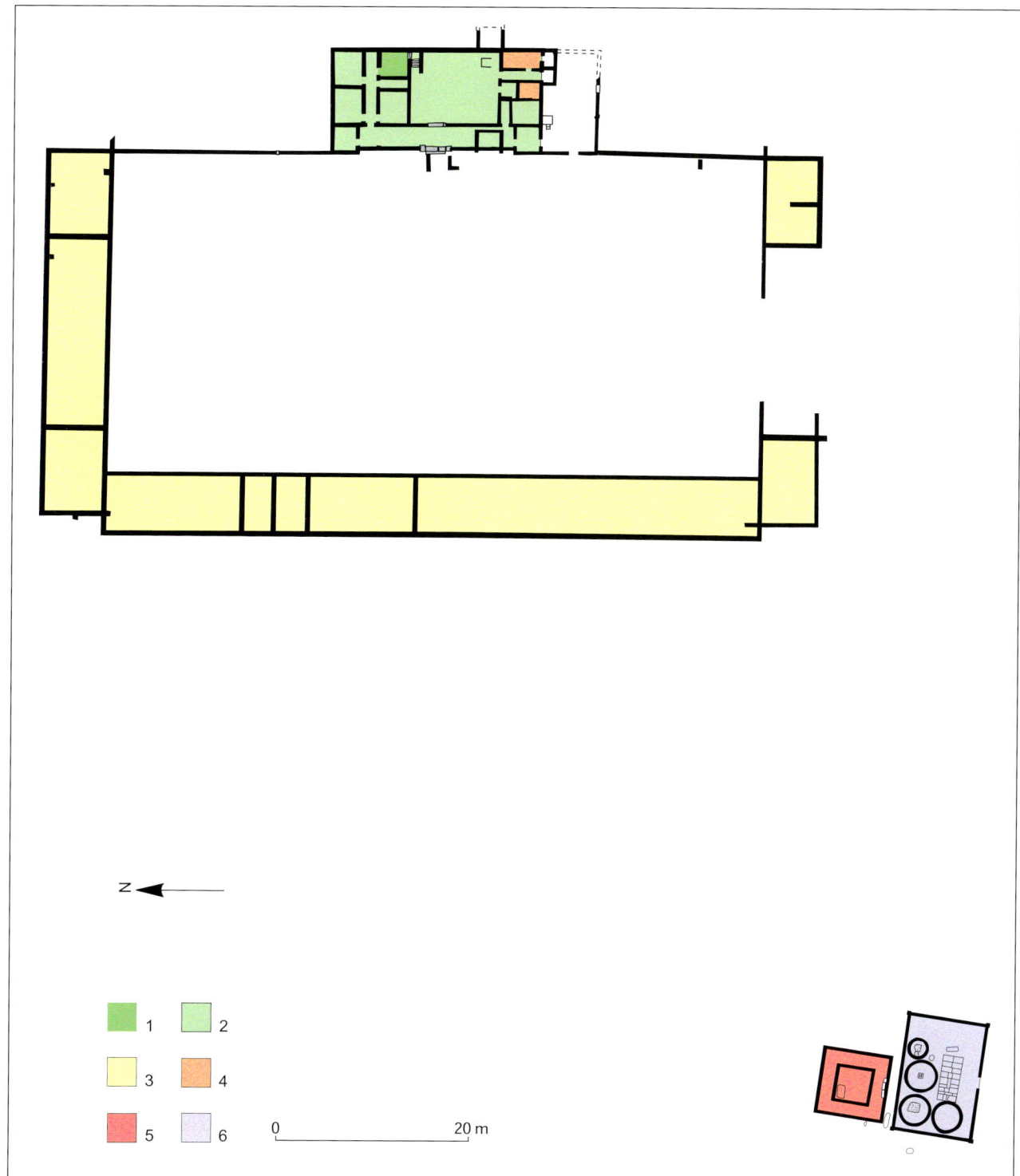

Abb. 80
Die villa von Newel, ihre Nekropole und ihr Heiligtum.
1. Wohngebäude;
2. Keller; 3. Landwirtschaftliche Gebäude;
4. Hypokaust;
5. fanum;
6. Nekropole.

menschliche Überreste erhalten. Nach der Schleifung der keltischen Anlage bestand der heilige Bezirk weiter, und bereits im 1. Jh. n. Chr. wurden monumentale Bauwerke errichtet und bis zum 3. Jh. n. Chr. erweitert.

Das auf dem Metzenberg gelegene Heiligtum überragte das römische Tawern (Abb. 81). Im Inneren einer 36 x 56 m großen trapezförmigen Umfriedung wurden vier Kultstätten errichtet; zwei dieser Tempel waren auf drei Seiten mit einem Umgang versehen, während die beiden anderen nur aus einer *cella* bestanden. In einem römischen Brunnen wurden Fragmente von Statuen (Merkur, vgl. Abb. 85, Isis/Serapis und Epona) und von Inschriften (an Merkur und Apollon) gefunden. Etwas abseits vom Heiligtum befanden sich zwei Gebäude, in denen die Gläubigen empfangen wurden.

In einem Wald in der Eifel wurde die Victoriaquelle (Heckenmünster) verehrt, die wegen ihres schwefelhaltigen Wassers besucht wurde (Abb. 82). Erst im 2. Jh. n. Chr.

DAS PANTHEON | 85

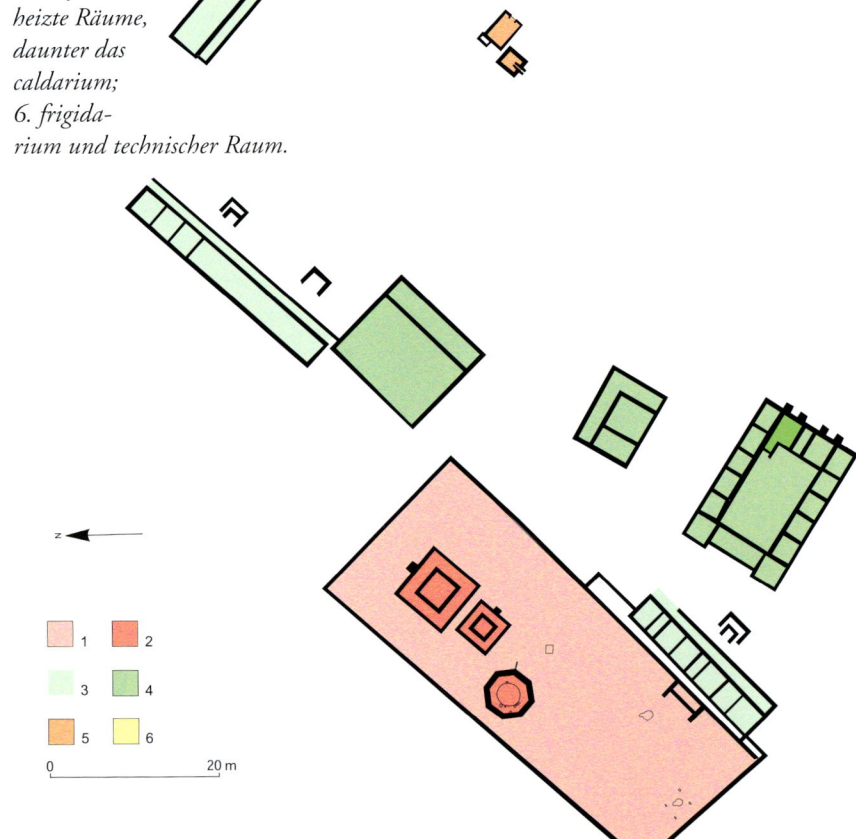

*Abb. 81
Das Heiligtum von Tawern.
1. Heiligtum; 2. fanum;
3. Nebengebäude.*

*Abb. 82
Heckenmünster, das Heiligtum an der Victoriaquelle. 1. Heiligtum;
2. fanum; 3. Portikus;
4. Nebengebäude;
5. Durch Hypokaustsystem beheizte Räume, daunter das caldarium;
6. frigidarium und technischer Raum.*

wurde das Heiligtum mit monumentalem Bauschmuck versehen (Abb. 83). Im Inneren einer 33 m x 75 m großen Umfassungsmauer lagen zwei Umgangstempel mit quadratischem Grundriss und ein dritter achteckiger Kultbau. Von dem offensichtlichen Erfolg des Ortes zeugen die monumentale Gestaltung der sakralen Bauwerke und die außerhalb des Komplexes gelegenen Gebäude. Drei von ihnen waren Säulenhallen vorgelagert. Bei den kleineren Räumen könnte es sich um Läden gehandelt haben; ein größeres um einen Hof organisiertes Gebäude diente zweifellos als Herberge. Zudem gab es Bäder und ein kleines Wohnhaus.

Die Belgica und ihr Beitrag zur Sakralarchitektur

Wir haben das Pantheon sowie die Kulttopographie behandelt und einige Grundrisse von Heiligtümern betrachtet. Im Folgenden werden wir uns mit der Architektur und dem Bauschmuck der Tempel befassen. Die *in situ* rekonstruierten Bauten in Pommern (TRV), Tawern (TRV), Schwarzenacker (MED) oder Blicquy (NRV) helfen uns dabei, uns in die Antike zurückzuversetzen (Abb. 84).

Die Bauwerke

In den religiösen Komplexen findet man im Allgemeinen Thermen, Theater, Säulenhallen, Herbergen und Speiseräume, die nicht direkt mit dem Kult in Verbindung standen. Doch das Herz des Heiligtums stellte der Altar dar. Es handelte sich in der Regel um einen Steinblock mit oder ohne Inschrift, mit einfachem Profil an der Basis und an der Bekrönung sowie einer schalenförmigen Aushöhlung, in der die *exta* (Opferschmaus) für den Gott vorverbrannt werden; die Spuren dieser Brandopfer sind im Schalenstein oft noch nachweisbar. Viele Weihungen haben die Form eines Altars als Erinnerung an die Frömmigkeit des Dedikanten.

Der römische Charakter der Religion muss sich in der Belgica ebenfalls in den Bildnissen der Götter geäußert haben. Neben einer im Allgemeinen stereotypen Ikonographie und Ästhetik und einem hellenistischen Formenrepertoire, dem ein paar charakteristische Attribute hinzugefügt wurden, müssen die Größe und das Material von der Macht der Gottheit gezeugt haben (Abb. 85). Figurinen aus bemaltem Ton spiegeln den familiären Kult der einfachen Leute wieder, die Skulpturen aus lokalem oder importiertem Stein, aus Bronze oder Edelmetall den Kult der Mächtigen. Da mit Einführung des Christentums viele heidnische Hinterlassenschaften zerstört und die Bauteile und Skulpturen oft wiederverwendet wurden, gibt es nur wenige Überreste.

Das fanum

Die gängigste Bauform der gallischen Tempel ist der Grundriss mit zentraler *cella*: Eine quadratische oder rechteckige, kreisförmige oder polygonale *cella* wurde häufig von einer Säulenstellung umgeben. Die Archäologie bezeichnet diesen gallo-römischen Tempeltyp als *fanum*, um ihn vom mediterranen *templum* zu unterscheiden; doch in römischer Zeit besaßen die lateinischen Bezeichnungen nicht exakt diese Bedeutung.

Die wenigen architektonischen Überreste aus der Eisenzeit und die Einfachheit der Grundrisse haben dazu geführt, dass manche Forscher eine Kontinuität zu erkennen glaubten, wo andere eben diese zurückweisen. Auf jeden Fall hatten die keltischen Umfriedungen, die Grabkammern oder die *aediculae* nicht die gleiche Funktion wie die *fana*, bei denen es sich genuin um Wohnungen der Götter handelte.

Die Aufrisse dieser Tempel entsprechen weder direkten mediterranen Vorbildern noch Vitruvs Angaben in seiner Abhandlung über die Architektur. Wir können uns selbstverständlich auf monumentale, gut erhaltene Bauwerke wie z. B. den Ianustempel in Autun oder die runde *cella* des Tempels in Vesunna (Périgueux) beziehen. Im Licht dieser Bauwerke liefern schon allein die Größe der Struk-

Abb. 83
Heckenmünster, Modellkonstruktion des Heiligtums an der Victoriaquelle.

Abb. 84
Fana in Pommern und Blicquy. Diese Rekonstruktionen bringen dem Betrachter die römisch beeinflußte Architektur in unseren Regionen näher. Die Säulenhallen liegen recht nah an der cella, die cella ist etwas erhöht und von einem Giebel bekrönt.

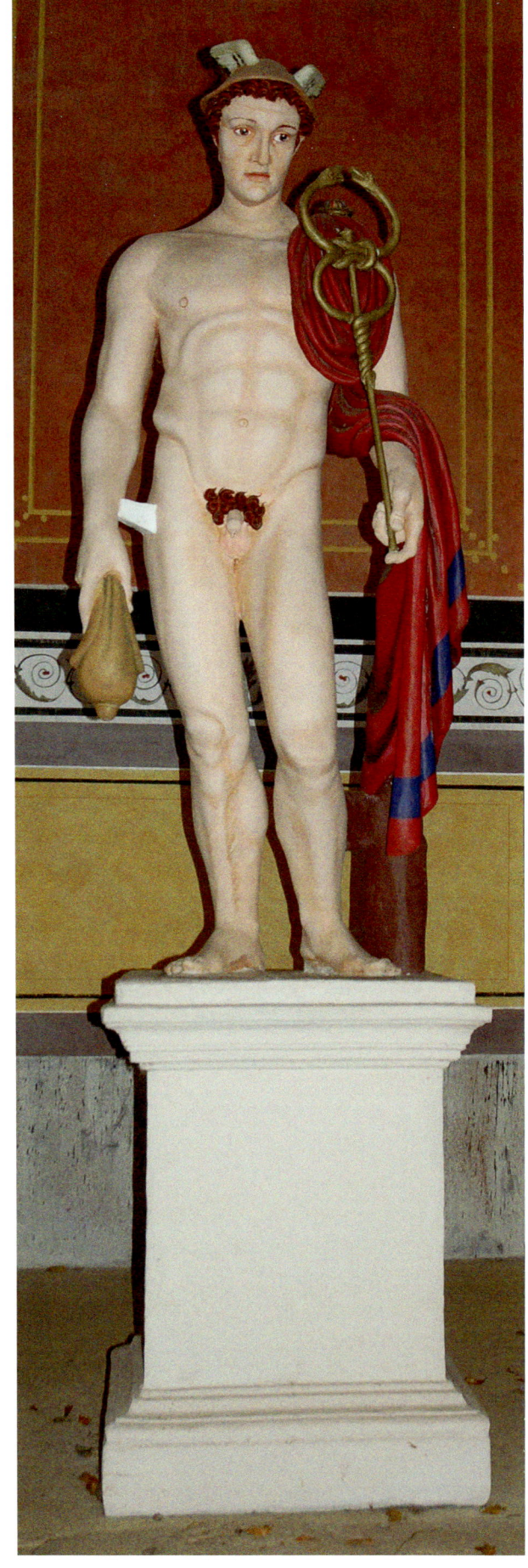

Abb. 85.
Merkur. 1. Tawern, Rekonstruktion einer Kultstatue; 2. und 3. Bavay, Bronzefiguren. Merkur war die populärste Gottheit der Belgica; er verkörperte das Glück in dieser vom Schicksal bestimmten Welt.

88 | GÖTTER UND MENSCHEN

turen, die Säulen und alle Elemente der Säulenordnung Kriterien für die Rekonstruktion der einzelnen Monumente. Die Belgica bereichert unsere Ausgangslage durch drei bildliche Darstellungen. Die erste ist ein Relief auf einem Gefäß aus Sains-du-Nord (NRV; Abb. 86). Man erkennt Merkur in einer *cella* stehend, in den Seitengalerien befinden sich Büsten, außen ein Altar. Auf dem Titelberg wurde das Modell eines *fanum* gefunden (Abb. 87). Es besitzt einen *pronaos* mit Giebel, eine hohe *cella* im hinteren Bereich und zwei von Mauern abgeschlossene Seitengalerien mit Fenstern. Unter den Freskenresten aus Famars befindet sich u. a. das Fragment einer großformatigen Darstellung, die inmitten einer Landschaft eine Ädikula auf einem Podium zeigt. Der Tempel scheint quadratisch zu sein und Halbsäulen sowie ein Satteldach zu besitzen (Abb. 88).

Das Heiligtum von Champlieu (SUE) ist ein beispielhafter Fall für die Ergebnisse der Bauforschung (Abb. 89). Seit dem 19. Jh. ist es Gegenstand von Untersuchungen, die von zwei Ausgrabungen und einer neueren architektonischen Studie ergänzt werden. Der heilige Bezirk lag in der *civitas Silvanectum* auf einer von der Straße Senlis–Soissons durchquerten Hochebene. Der Tempelbezirk gehörte zu einer Ortschaft. Die Anordnung der 1220 m² großen Thermen, des Theaters mit einem Durchmesser von 71,40 m und des eigentlichen, von Säulenhallen umgebenen Heiligtums mit zentraler *cella* beruht auf einem Plan. Der Ort wurde bereits seit der späten Eisenzeit kultisch genutzt. Zwar kennt man nur wenige Strukturen aus dieser Zeit (einige Pfostenlöcher, Opfergruben und möglicherweise -gräben), doch bei dem Fundmaterial handelt es sich eindeutig um Opfergaben: Münzen, Waffen und Fibeln. Nach der römischen Eroberung wurden Schwellbalkenkonstruktionen errichtet und in der Regierungszeit des Tiberius durch ein fast quadratisches *fanum* (15,75 x 14,50 m) mit Säulenumgängen ersetzt. Die Architekturreste weisen auf eine Verwendung der korinthischen Ordnung hin. Der Boden der Hallen bestand aus Beton, während der Boden der *cella* von einem geometrischen Mosaik bedeckt war. Fresken schmückten die Wände des Innenraums.

Im 2. Jh. n. Chr. wurde auf einem Podium ein neuer Tempel errichtet, der eine Seitenlänge von 24,50 m und eine Freitreppe im Osten besaß. Von diesem Tempel sind an die vierzig reich skulptierte Blöcke der Quadermauer erhalten: Die attischen Basen, die Säulen und Halbsäulen, manche Pilaster und Gebälkfragmente sind mit Bändern, Girlanden, Pelten (kleiner Schild), Kreuzmotiven und Blattwerk verziert. Andere Pilaster sind mit mythologischen Figuren geschmückt, u. a. einer Bacchantin, Leda, Merkur und Apollo. Die Befunde und die externen archäologischen und ikonographischen Vergleichsbeispiele erlauben es, einen Tempel mit vorspringendem Pronaos zu rekonstruieren sowie geschlossene, rhythmisch durch Halbsäulen und Pilaster mit figürlichen Darstellungen gegliederte Hallen. Die Stützen tragen ein für Gallien typisches überdimensioniertes Gebälk mit einem dreiseitigen Architrav und ein mit einem Thiasos und Kragsteinen geschmücktes Gesims.

Abb. 86.
Gefäß aus Sains-du-Nord. Der Bildschmuck zeigt Merkur in seinem Tempel, eine Büste in einer Portikus, einen Altar außerhalb des Tempels sowie einen Reiter, einen Ziegenbock und eine ziegenköpfige Schlange.

Abb. 87
Titelberg, Modell eines Tempels. Wie beim Modell der villa (vgl. Abb. 45) handelt es sich auch hier um die vereinfachte, jedoch durchaus realistische Darstellung eines monumentalen fanum, wie es in Trier-Irminenwingert rekonstruiert wurde.

Die Kulte

Die römische Religion wurde von Ritualen, nicht vom Glauben oder der Moral bestimmt. Die Riten wurden je nach dem Kalender, dem Ort und den Kultvorschriften der jeweiligen Gottheit ausgeführt. Der Ausführende – fast immer ein Mann – stand der Kulthandlung aufgrund seines Spezialwissens vor, sei er nun *flamen* oder *sacerdos*, Magistrat, eine Persönlichkeit von hohem Rang oder einfacher Familienvater. Die Inschriften sind eindeutig, und auch die materiellen Spuren lassen keinen Zweifel daran, dass die Religion der Gallo-Römer römisch mit regionalen Varianten war, wie es sie überall in Italien und im römischen Reich gab. Tatsächlich gerät die mündliche Überlieferung der Kelten nach der Abschaffung der Druiden in Vergessenheit, und die Menschen- und Waffenopfer wurden aufgegeben. Ritualbrunnen, -gruben und -gräben wurden von Bauwerken ersetzt.

Kern des gallo-römischen Kults bildete das Tieropfer, unabhängig davon, ob es sich um ein Bitt- oder ein Dankopfer handelte. Die Gaben und Weihungen liefern nach der Architektur die umfangreichste Dokumentation der Kulthandlungen.

Der Schenkungen an Heiligtümer kann durch Inschriften gedacht werden, die den Stifter mehr in den Vordergrund rücken als den Begünstigten oder den geweihten Gegenstand; diese Inschriften enden mit der Formel *d(ono) de s(uo) d(edit)* («er weihte aus seinem eigenen Besitz»). Egal ob es sich bei der Stiftung um einen Tempel, eine Ädikula oder ein Theater handelte oder – was häufiger der Fall war – um eine Statue oder einen Altar: Der Stifter wird als Individuum oder im Kollektiv (*vicani* oder *pagani*) erwähnt. Letztere scheinen in der Belgica besonders aktiv gewesen zu sein. Die Einzelpersonen waren vermögend und folglich in der Regel Inhaber kommunaler Ämter. Die Inschriften von «Bois l'Abbé» in Eu (AMB, *AÉ* 1982, 716) und Nizy-le-Comte (REM, *CIL* XIII, 3450) sind gute Beispiele (Abb. 90): In «Bois l'Abbé» hieß der Stifter L. Cerialis Rectus und war *quattuorvir, quinquennal*, Präfekt zur Bekämpfung des Bandenunwesens. In Nizy war der Name des Euergeten L. Magius Secundus. Beide stifteten sie dem *pagus Catoslovi* bzw. *Venecti* ein Theater. L. Magius Secundus, dessen Inschrift komplett erhalten ist, wendete sich an das *numen Augusti* und an Apollo.

Die Inschriften der Exvotos sind ebenfalls sehr stereotyp formuliert: Genannt werden die beschenkte Gottheit und der Stifter, gefolgt von der Formel *V(otum) S(oluit) L(ibens) M(erito)* («löste ... willig und verdientermaßen sein Gelöbnis ein»). Diese Gelübde konnten individuell sehr unterschiedlich sein und betrafen eine breite Schicht der Gesellschaft, was an der Benennung der Weihenden ablesbar ist.

Das Heiligtum von Deneuvre (LEU) am Rand einer bescheidenen Siedlung wurde ab dem Ende des 1. Jhs. n. Chr. besucht und Ende des 4. Jhs. n. Chr. gewaltsam zerstört (Abb. 91). Es verfügte über mehrere Wasserauffangbecken, jedoch keinen einzigen Tempel. Bei rund 100 Herkules-Stelen handelt es sich um Weihungen. Viele Weihinschriften sind sehr einfach formuliert: «an Herkules» oder «an Herkules und die *domus*

Abb. 88
Wandmalerei aus Famars. Das Fresko, stellt einen Tempel dar. Das nur aus einer cella und einer polygonalen Umfriedung bestehende fanum zeigt wie vielfältig die Aufrisse sein konnten.

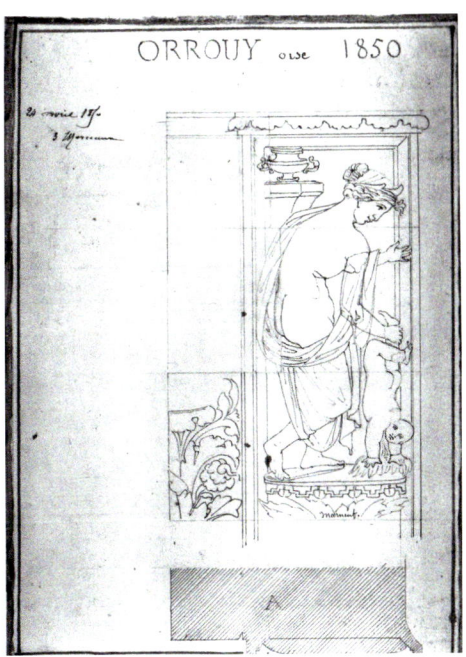

*Abb. 89
Heiligtum von Champlieu.
Die Zeichnungen und die
Rekonstruktion vermitteln
eine Vorstellung von dem
Bauschmuck und dem
gemalten Dekor des
Monuments.*

Die Kulte | 91

*Abb. 90
Stifterinschriften für Gebäude. Bois l'Abbé: «L. Cerialius Rectus, Priester von Roma und Augustus, quattuorvir, …, quinquennal, Präfekt gegen das Bandenunwesen, hat dem numen der Kaiser, dem pagus Catuslovus, dem Gott …, auf eigene Kosten dieses Theater mit seiner Bühne geweiht» (1).
Nizy-le-Comte. «L. Magius Secundus stiftet den göttlichen Mächten des Augustus und dem Gott Apollo, dem pagus Vennectis, dieses proscaenium auf seine eigenen Kosten» (2).*

divina (das göttliche Kaiserhaus)» oder «der Pilger … löste sein Gelöbnis ein». Die Stelen stellen den Heroen mit Keule und Löwenfell in recht unbeholfenen Positionen und ungeschickten Kompositionen dar, deren Vorbilder jedoch im Mittelmeerraum zu suchen sind.

Im Heiligtum von Hallatte (SIL) wurden 363 unbeschriftete und größtenteils anatomische Exvotos gefunden: gewickelte Babys, Brüste, männliche und weibliche Genitalien, untere Gliedmaßen, Köpfe (Abb. 92). Das seit Mitte des 1. Jhs. n. Chr. besuchte Heiligtum wurde im 5. Jh. n. Chr. aufgegeben. Der Umgangstempel wurde innerhalb einer trapezförmigen Umfriedung errichtet, und ein menschlicher Schädel im Zentrum der *cella* (a) zeugt wie eine Reliquie von einem Gründungsakt. Die Anzahl der Weihungen ist kein Zeichen der Bedeutung dieses Heiligtums. Ihre Machart ist volkstümlich, die Darstellungsweise grob, weit entfernt von der Qualität hellenistischer Modelle. Die sehr unterschiedliche Qualität der Bearbeitung des lokalen Steins, der zweifellos mit grellen Farben bemalt war, zeugt von der bescheidenen sozialen Stellung der Gläubigen (wahrscheinlich handelte es sich auch um Kranke). Es ist jedoch durchaus vorstellbar, dass die eigenhändige Herstellung der Weihegaben einen Teil des Ritus darstellte.

Münzen sind die häufigsten und bescheidensten Opfer bzw. Weihungen. Es ist schwer zu sagen, ob sie als Gegenstand geweiht und unbenutzbar gemacht wurden oder ob sie dem Unterhalt des Heiligtums dienten. Späte Münzen zeigen, dass die Heiligtümer noch lange besucht wurden, nachdem die Gebäude bereits Ruinen waren.

Die orientalischen Religionen

Obwohl die orientalischen Religionen im Westen des Reiches bereits in republikanischer Zeit bekannt waren, breiteten sie sich erst in der Kaiserzeit aus. Die Anhänger suchten ihre spirituellen und ethischen Bedürfnisse zu befriedigen und fanden Gefallen an dem Universalismus und Exotismus der Kulte.

Der Mithraskult, der im Gegensatz zu dem Kult der öffentlich verehrten Gottheiten in unterirdischen Räu-

*Abb. 91
Deneuvre, Weihungen an Herkules. Die Künstler berufen sich auf das gleiche hellenistische Modell: Das linke Relief hält sich an dessen Formen, das rechte vereinfacht sie extrem.*

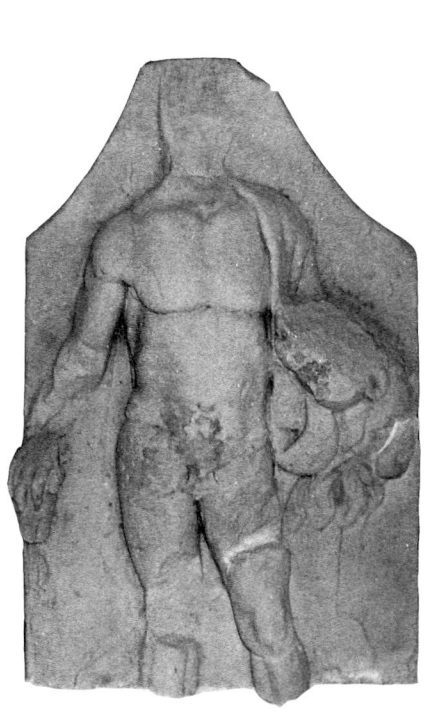

men vollzogen wurde und eine eigene, unabhängige Hierarchie besaß, zog ein männliches Publikum als Mysten an. Im Gegensatz zu Ober- und Niedergermanien sind Mithrastempel in der Belgica selten, und nur die östlichen *civitates* (TRV und MED) weisen Fundstätten auf; hierbei spielte vielleicht ihre Nähe zu Militärlagern eine Rolle. Das Mithräum von Sarrebourg im Departement Moselle besitzt einen typischen Grundriss mit den Maßen 5,48 x 6,20 m und einen Gang mit Bänken an den Seitenwänden. Ein Relief, das an der Rückwand des Raumes angebracht war, zeigt Mithras, wie er den Stier bezwingt (Abb. 93). Zu beiden Seiten stehen Fackelträger; an den Ecken sind die Winde, am Scheitel der Wettlauf der Gestirne und am Fuß Hund, Skorpion und Löwe dargestellt. Die Pilasterreliefs schildern Szenen aus dem Leben des Gottes.

Auf dem oberen Fries ist das klassische Pantheon (Vulkanus, Merkur Mars usw.) dargestellt, während auf dem Akroter die Sonne abgebildet und an der Basis die Weihinschrift: *I(n) H D D Deo Inu[ic]to Marceleus Marianus d(e) s(uo) posuit* (CIL 13 4539) zu lesen ist.

Im Unterschied zur Narbonensis und dem Rhônetal sind Gegenstände, die auf den Isiskult hinweisen, in den *tres Galliae* selten. In der Belgica sind zwar einige Isisfigurinen gefunden worden, ihr Wert beruhte jedoch eher auf ihrem exotischen Charme als auf ihrem religiösen Charakter. Die einzige Weihung an Isis in dieser Provinz kam in Soissons zutage. In ihr wird Isis-mit-den-tausend-Namen und Serapis gedankt; die Weihinschrift trägt den Namen eines Sklaven, der Stellvertreter eines kaiserlichen Sklaven war.

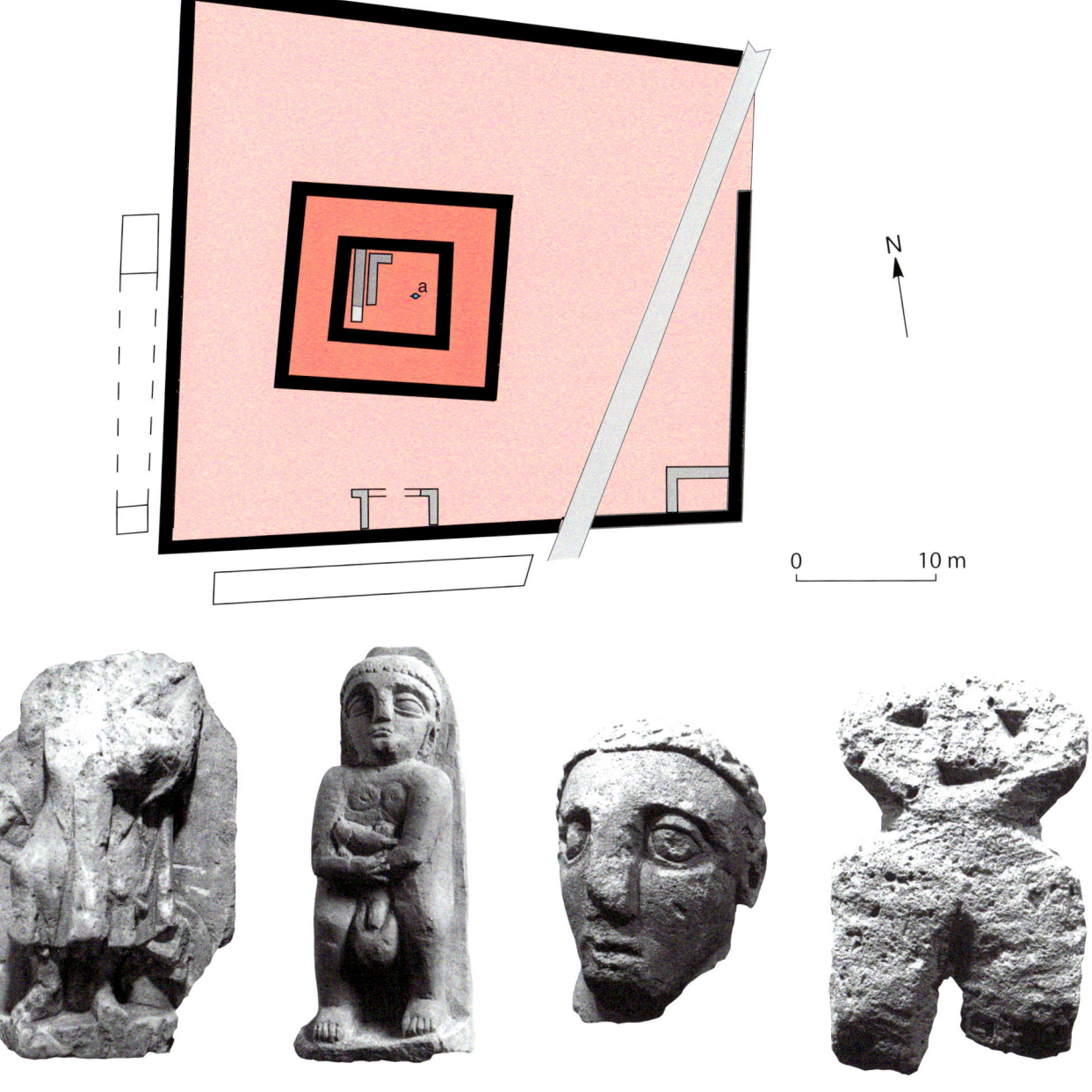

*Abb. 92
Halatte, das Heiligtum und die Weihungen von Gläubigen. Diese Skulpturen wurden in gegensätzlichen Stilen gearbeitet; manche folgen dem klassischen Formenrepertoire, andere sind in einem Stil gearbeitet, den man heute als «Außenseiter-Kunst» bezeichnen würde.*

Die orientalischen Religionen | 93

*Abb. 93
Relief aus dem Mithräum von Sarrebourg. Es handelt sich bei Mithras um eine orientalische Gottheit. Auf dem Fries des Reliefs wird er dennoch zusammen mit den Göttern des klassischen Pantheon dargestellt.*

Abschließend: Die große Zahl der Heiligtümer, Götterbildnisse und Weihungen zeigt, dass die Belgica von Gottheiten bevölkert war, die die gesellschaftliche Struktur der Menschen widerspiegelten. Die topographische Kontinuität einiger Heiligtümer und die Beibehaltung von Namen oder Attributen der alten Götter zeugt von der keltischen Vergangenheit. Doch die Riten des Gelübdes, des Gedenkens, des Opfers und der Kaiserkult stellen einen tiefen Bruch dar. Rom hat die keltische Religion ebenso tiefgreifend verändert wie die keltische Gesellschaft. Die gallo-römische Religion hat sowohl den öffentlichen Kult der Elite als auch den privaten Kult des kleinen Mannes stark hierarchisiert und funktionalisiert. Sie stellt die Religion der Sieger dar. Auch angezogen vom Reiz des Neuen wenden sich ihr zunächst viele zu, doch in der Folge hat die Kultausübung nicht weniger als anderswo im Reich vor allem der Erfüllung menschlicher Sehnsüchte zu dienen.

DIE WELT DER TOTEN

Die Grabsitten belegen sowohl bestimmte ethnische Gruppen, als auch Individuen und ihren jeweiligen Status, ihre Klasse und Persönlichkeit. Diese Grabsitten weisen große Unterschiede auf. Diese Heterogenität wird durch die Archäologie einerseits betont und andererseits durch die Unzulänglichkeit der Informationen auch wieder relativiert.

Die Welt der Toten in der Welt der Lebenden

Kelten und Römer

Die Verteilung und die geringe Anzahl der keltischen Gräber einerseits und das Vorhandensein von menschlichen Gebeinen im Bereich der Siedlungen oder der Heiligtümer andererseits zeigen, dass das Recht auf ein Grab in der Eisenzeit keineswegs eine Selbstverständlichkeit war. In römischer Zeit bezeugen hingegen die religiösen Vorschriften und die Gesetze sowie die zahlreichen und zuweilen sehr ausgedehnten Nekropolen, dass die Gemeinschaft nach jeglichem Kontakt mit sterblichen Überresten durch Riten gereinigt werden musste.

Die keltischen Gräber zeichnen sich durch umfangreiche Grabbeigaben aus, zu denen persönliche Gegenstände des Verstorbenen (u. a. Waffen, Werkzeuge und Schmuck), ein Teil seines Besitzes und Wegzehrung in Form von Geschirr und Nahrung gehörten. In gewisser Weise entzieht der Verstorbene den Lebenden somit einen Teil ihres Vermögens. Im Gegensatz dazu befinden sich in den römischen Gräbern nur die Graburne und wenige bescheidene Beigaben. Die anlässlich der *parentalia* (Feiertage zu Ehren der Verstorbenen) vorgenommenen Reinigungsriten verlangten, dass den Manen des Verstorbenen ein Schwein geopfert wurde. Zudem wurden Duftstoffe versprengt und ein Totenmahl im Familienkreis eingenommen. Die Elite verewigte ihren Status und ihren Ruhm in der Grabinschrift, der Architektur und dem Bildschmuck. Es wurden Spenden an die Bevölkerung vorgenommen und Wohltätigkeit geübt, u. a. in Form von Legaten, Freilassungen, Festmählern und Spielen.

Wie im restlichen Europa und einem Teil des Mittelmeerraums üblich, verbrannten die Kelten und die Römer ihre Toten. Das erst seit kurzem durch anthropologische Untersuchungen bekannte Vorgehen scheint einfach und technisch gewesen zu sein. Die verbrannten Knochenreste wurden der Anatomie folgend teilweise eingesammelt: lange Knochen, kurze Knochen und zum Schluss Schädelknochen. Die Knochenreste wurden entweder von den Scheiterhaufenresten getrennt oder verblieben in der Holzkohle. In Gallien sind Körpergräber in den Nekropo-

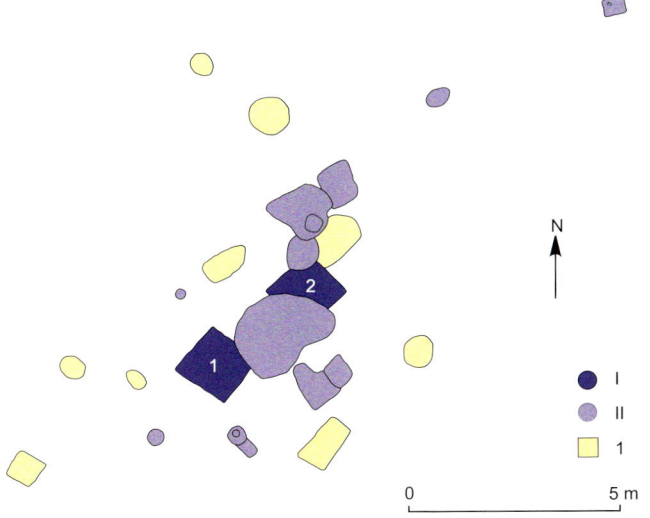 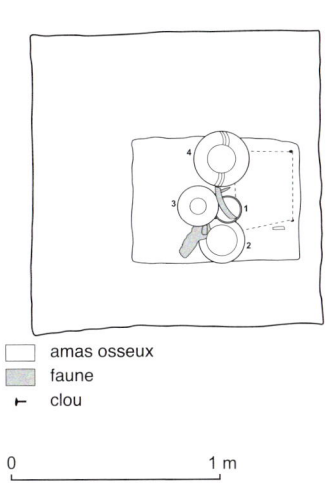

Abb. 94 Hénin-Beaumont, «Chemin de Courcelles». Die Gräber der Phasen I und II. 1. Abfallgruben und das Grab 1. Die Gräber 1 und 2 sind die ältesten und am besten ausgestatteten. Der gesamte Gräberkomplex organisiert sich um diese herum.

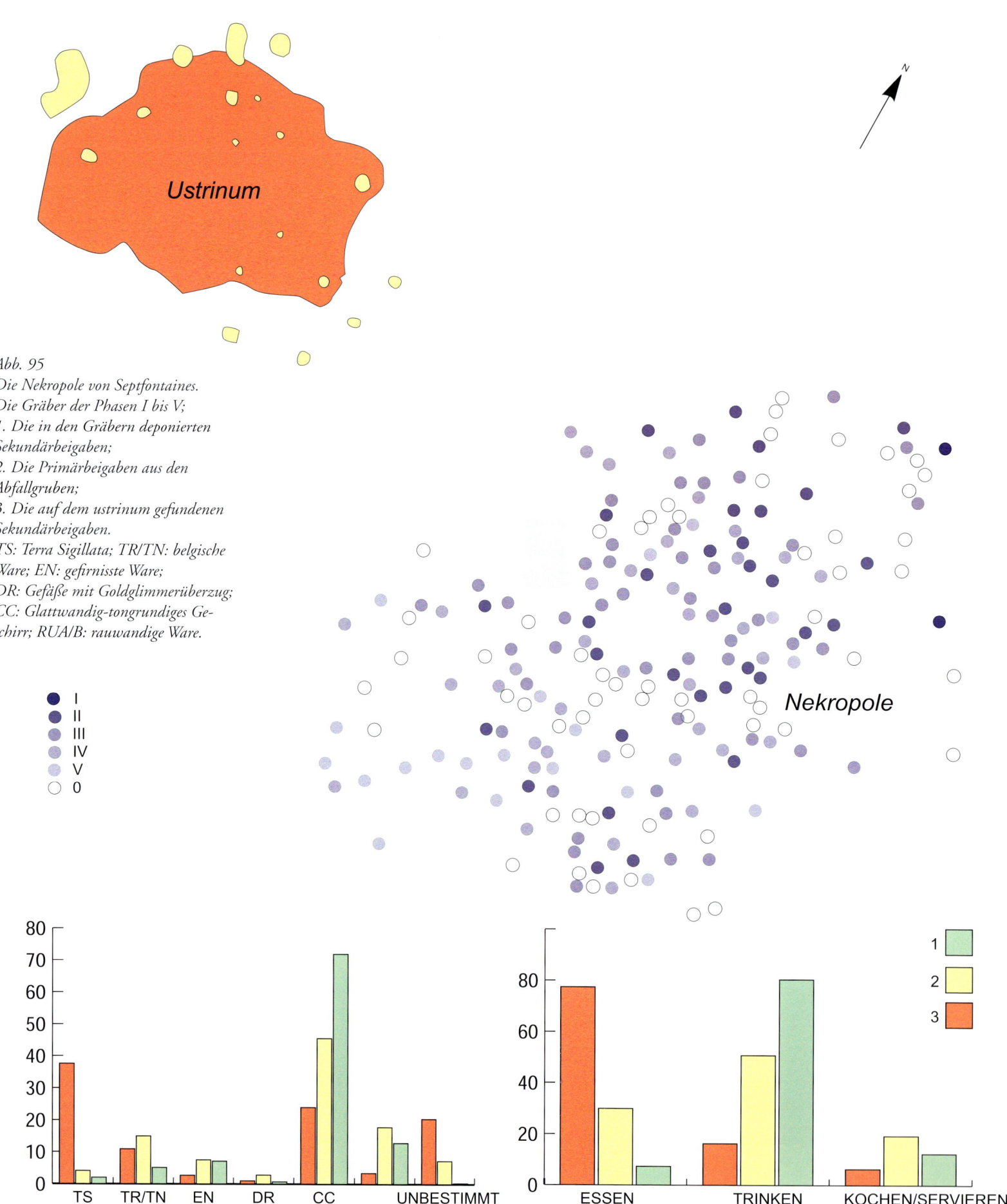

Abb. 95
Die Nekropole von Septfontaines.
Die Gräber der Phasen I bis V;
1. Die in den Gräbern deponierten Sekundärbeigaben;
2. Die Primärbeigaben aus den Abfallgruben;
3. Die auf dem ustrinum gefundenen Sekundärbeigaben.
TS: Terra Sigillata; TR/TN: belgische Ware; EN: gefirnisste Ware; DR: Gefäße mit Goldglimmerüberzug; CC: Glattwandig-tongrundiges Geschirr; RUA/B: rauwandige Ware.

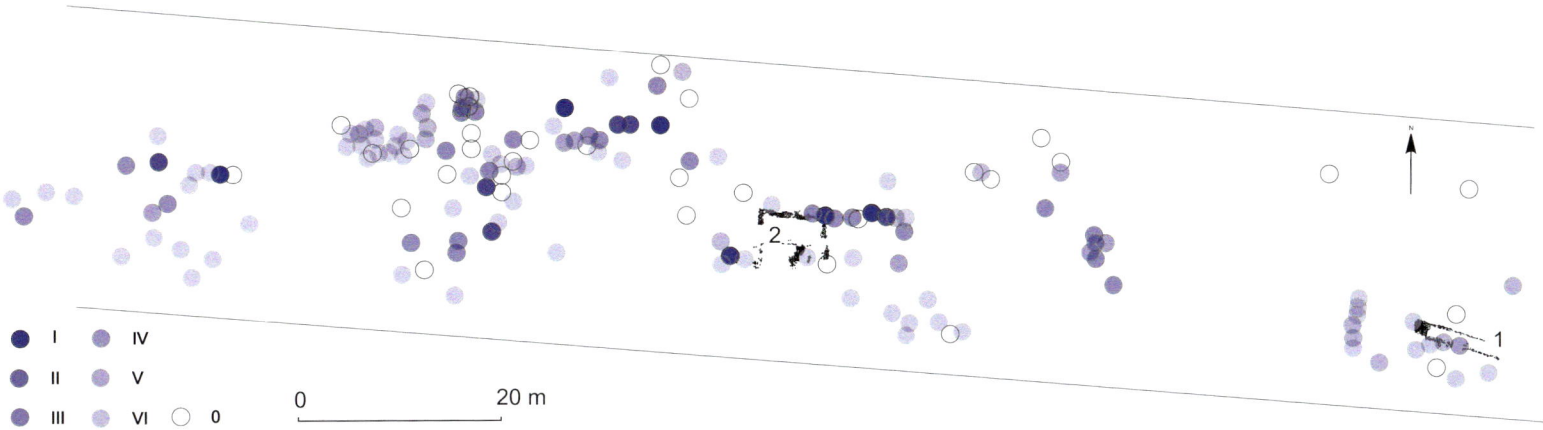

*Abb. 96
Bavay, die Nekropole von «Fache les Prés Aulnoy», Die Gräber der Phasen I bis VI. Die Verteilung der Gräber entspricht kleinen Familiengruppen, die möglicherweise über ein gemeinsames ustrinum verfügten.*

len der frühen Kaiserzeit selten; den anthropologischen Analysen nach zu urteilen, handelte es sich vermutlich um gesellschaftlich Ausgestoßene. In der Spätantike war das Körpergrab dagegen die Regel und wurde von den germanischen Völkern übernommen.

Diese für Kelten und Römer kennzeichnenden Eigenschaften zeugen – wie bei der Religion, jedoch in diesem Fall für den privaten Bereich – von einem Synkretismus, dessen Ursachen in Traditionen sowie in sozialen und ökonomischen Faktoren zu suchen sind.

Topographie der Nekropolen

Die Gräber in Rom mussten außerhalb des *pomerium* liegen; es war üblich, die Bereiche der Toten von denen der Lebenden zu trennen. Doch in Rom griffen die Wohnviertel schnell auf das Land außerhalb des *pomerium* über, auf dem die Grabbauten errichtet waren. Der Siedlungsbereich konnte sich ebenso auf ehemalige Nekropolen ausweiten, wie in verlassenen Siedlungsbereichen Gräber angelegt werden konnten. Während ihres Bestehens und ihrer Nutzung waren Wohn-und Grabbereiche jedoch streng voneinander getrennt. Unter Hadrian (117–138 n. Chr.) wurde diese Bestimmung auf alle *civitates* ausgeweitet (*Digesta* 47,12,3.5) und anschließend durch verschiedene Anordnungen (*Codex Iustinianus* 3,44,12; Iulius Paulus, *Sententiae* 1,21,2–3; *Scriptores Historiae Augustae, Antoninus* 12,3) bestätigt.

Außerhalb der Ortschaften oder der Städte zogen sich die Nekropolen oft entlang der Straßen und der Wege, was sich einerseits durch den nötigen Zugang zu den Grabstätten erklären lässt, andererseits durch das Bedürfnis, die prunkvollen Grabbauten für jedermann gut sichtbar zu errichten.

In den meisten Fällen weisen die Nekropolen keine Kontinuität mit der vorangegangen Periode auf, doch es gibt auch Ausnahmen. In der Champagne (REM) und an der Mosel (TRV) sind die Nekropolen, wie die von Hauviné, Écury oder La Madeleine und Feulen, von der späten Eisenzeit bis in das 1. Jh. n. Chr. belegt, was für eine Kontinuität der Bevölkerung trotz des Gallischen Krieges spricht. Die Bestattungsorte wiesen häufig auffällige Merkmale auf, z. B. einen jahrhundertealten Baum oder ein altes Bauwerk. In Wederath (TRV) wurden die Gräber z. B. um die Grabhügel des 4. Jhs. v. Chr. angelegt; in Flandern (MEN) markierten Gräber der Bronzezeit die römische Gräberlandschaft.

In den Brandgräbernekropolen sind die Gräber nicht in eine bestimmte Richtung orientiert, sondern liegen verstreut. Zuweilen ist ein Entwicklungsschema erkennbar: In Hénin-Beaumont (ATR) entwickelte sich die Nekropole um zwei mit reichen Beigaben versehene, quadratische, tief ausgehobene Gräber (Abb. 94). Die Gräber der nachfolgenden Verstorbenen sind um sie herum gruppiert. In Wederath (TRV) ist eine komplexere räumliche Organisation der Nekropole zu beobachten. Abgesehen von der Anziehungskraft älterer Grabmonumente konnte die Aufstellung von Grabpfeilern in der Nähe der Straße festgestellt werden, wo sie möglichst gut zu sehen waren. In der ganzen Nekropole zeugt die Verteilung der Gräber – quasi im Negativ – von Wegen, die den Zugang zu den Gräbern ermöglichten. Viele Gräber sind innerhalb von kleinen mit Grabstätten umgebenen Umfriedungen gruppiert; vielleicht handelt es sich um Gräber einer Familie. Die Brandgräber überschneiden sich auch außerhalb dieser Umfriedungen nur selten, was mit Sicherheit auf eine Markierung im Boden und eine peinlich genaue Berücksichtigung der älteren Gräber hinweist. Die Nekropole von Wederath veranschaulicht Phänomene, die auf sämtlichen Gräberfeldern der Belgica zu beobachten sind – mit dem Unterschied, dass hier die stattliche Anzahl von 2472 Gräbern untersucht werden konnte. Trotz des Umfangs und der Gründlichkeit der archäologischen Erforschung erlaubt die Nekropole es nur schwerlich, die Anzahl der Bewohner der Ortschaft einzuschätzen; es scheint sich jedoch nur um 200 oder 300 Personen gehandelt zu haben.

Die Welt der Brandgräber

Die Gräber

Selbst wenn Brand- oder Körperbestattung noch keine grundlegenden religiösen Kriterien darstellen, so sind sie für den Archäologen doch äußerst aussagekräftig. Bei der Brandbestattung wird der Körper des Verstorbenen auf einem Einäscherungsplatz verbrannt, den man gewöhnlich als *ustrinum* bezeichnet. In Wederath, Septfontaines, Altforweiler, Cassel und an anderen Orten sind diese *ustrina* an der Mächtigkeit der Holzkohleschicht erkennbar; seltener bestehen sie aus gemauerten Strukturen. Auf dem Scheiterhaufen konnten Gegenstände, Fibeln, Geschirr oder Parfumfläschchen mit verbrannt werden. Sie werden als Primärbeigaben bezeichnet. Nach der Verbrennung wurden die Knochenreste eingesammelt und in ein Gefäß oder einen Beutel geschüttet bzw. im Grab verteilt. Die

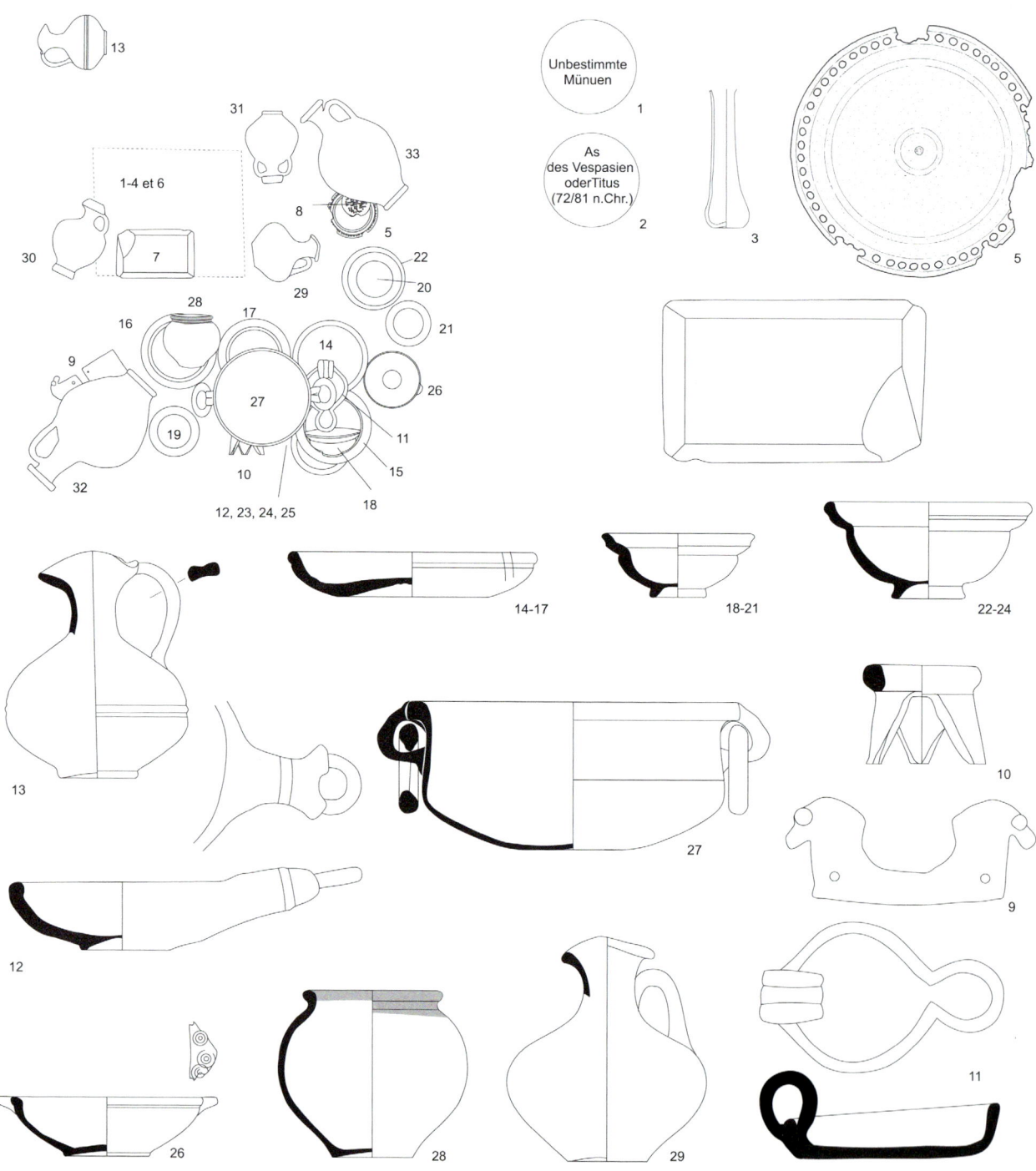

Abb. 97
Bavay, Grab 11 der Nekropole von «Fache les Prés Aulnoy» (Phase VI). Im 2. Jh. n. Chr. zeichneten sich die Grabbeigaben der Nervier durch einen stark identitätsgeprägten Charakter aus, der einen Bezug zum Herdfeuer aufweist: Miniatur-Feuerböcke, Kessel, kleiner Dreifuß.

verbrannten Gegenstände wurden dem Scheiterhaufen in der Regel ebenfalls entnommen und dem Verstorbenen teilweise mit ins Grab gegeben oder teilweise mit dem Leichenbrand in Aschengruben geschüttet. Weitere Gegenstände, die Sekundärbeigaben, begleiteten die Aschenurne ins Grab.

Zwei kürzlich veröffentlichte und fast vollständig ergrabene Nekropolen, Septfontaines und Bavay, veranschaulichen die archäologisch nachweisbaren Unterschiede in den Nekropolen und zeigen, wie wichtig es ist, die Bestattungsbräuche zu kartieren. Die Nekropolen bestanden in etwa gleichzeitig und waren von der Mitte des 1. Jhs. n. Chr. bis Anfang des 3. Jhs. n. Chr. belegt.

Die ungefähr im Zentrum der *civitas Treverorum* gelegene Nekropole von Septfontaines wies einen Verbrennungsplatz, 181 Gräber und 14 Aschengruben auf (Abb. 95). Die Mehrheit der Gräber enthielt eine Urne, doch 33 Gräber haben Leichenbrandschüttung erhalten. Reste von Primärbeigaben wurden sowohl in den Gräbern gefunden, als auch im *ustrinum* und den Aschengruben. Weder die Strukturen noch die Sekundärbeigaben zeugen eindeutig vom Wohlstand der Verstorbenen. Statistiken der Primär- und Sekundärbeigaben zeigen, dass die Terra Sigillata, eine hochwertige Importware, die oft als Unterscheidungsmerkmal für den sozialen Status gilt, hier kaum eine Rolle spielte. Während sie ein Bestandteil des täglichen Lebens der Bewohner darstellte, fehlt sie in den Gräbern offensichtlich; sie wurde vermutlich auf dem Scheiterhaufen zerbrochen und gelangte nicht in die Gräber. Die zweite Grafik auf Abbildung 95 macht den anderen Ablauf der Bestattung sichtbar: Einnahme des Leichenmahls vor der Verbrennung der Leiche und Trinkspruch anlässlich der Beisetzung.

In Bavay, in der *civitas Nerviorum*, datieren die 169 Gräber der 2 km vom Stadtzentrum entfernten Nekro-

*Abb. 98
Bavay, Gräber 11 und 130 der Nekropole von «Fache les Prés Aulnoy» (Phase VI). Das Geschirr zeugt von einem Totenmahl römischer Tradition mit Tellerservicen und Schalen für Soßen.*

pole in die Jahre zwischen ca. 20 und 220 n. Chr. (Abb. 96–98). Hier wurden keine Reste von einem Scheiterhaufen entdeckt, weder in den Gruben noch in den Gräbern. Es ist möglich, dass das *ustrinum* sich in der von einem Mäuerchen begrenzten, von flach aufgelegten Ziegeln bedeckten und mit dunklem Lehm assoziierten Struktur 2 befunden hat. Hier weisen die Sekundärbeigaben auf einen sozialen Unterschied zwischen den Verstorbenen, ohne dass man diesen auf die soziale Gliederung der Lebenden übertragen könnte: 28 Gräber weisen nur eine Urne auf, während 10 Gräber mehr als 20 Grabbeigaben enthalten. Bei dem Fundament 2 könnte es sich um den Unterbau eines Grabpfeilers handeln, der ein unträgliches Indiz für einen höheren sozialen Status ist. Wie bereits in anderen Nekropolen der *civitas* (u. a. Blicquy, Grosage) beobachtet wurde, entsprechen die Grabbeigaben der frühen Phasen Alltagsgegenständen, darunter auch aussagekräftige Objekte. Geschirr weist einen Bezug zum Leichenmahl auf. Im 2. Jh. n. Chr. ist das Geschirr von schlechter Qualität, wobei die Anzahl der Geschirrteile steigt (Abb. 97, Nr. 14–24 u. a.). Obwohl das Geschirr auf ein Leichenmahl für zahlreiche Gäste hinweist, scheint dieses zunehmend Symbolcharakter bekommen zu haben (Abb. 98). Ebenso verhält es sich mit einem Geschirrsatz, der sich aus einer Schale und einem Krug zusammensetzt: Er symbolisiert vermutlich rituelle Wa-

Abb. 99
Bruay-la-Buissière, «Rue du Chemin Vert», die privilegierten Gräber.

schungen (Nr. 12–13). Ein Krug, der oft zuletzt in das Grab gegeben wurde, diente für das abschließende Trankopfer anlässlich der Schließung des Grabes.

Die Opferung von ein oder zwei gebrauchten Münzen (Nr. 1–2), von Parfum (Nr. 3), die Beigabe einer Lampe und von Räuchergefäßen (Nr. 11) sind Bestandteile des römischen Grabrituals. Andere Gegenstände gehörten zum Privatbesitz des Verstorbenen (Nr. 5–7). Parallel hierzu tauchen erneut Elemente eines einheimischen Herdfeuerkultes auf, z. B. Miniatur-Feuerböcke mit Platte (Nr. 9), kleine Dreifüße (Nr. 10) sowie Kessel (Nr. 27). Diese Bestattungssitten weisen neben den für die Nervier typischen lokalen Eigenheiten auch auf römische Grabriten.

Privilegierte Gräber

Eine Handschrift aus dem 10. Jh. überliefert den letzten Willen eines lingonischen Aristokraten (GS) bezüglich seines Grabmonumentes, dessen Unterhalt und der Riten, die hier vollzogen werden sollten. Der Text dokumentiert die ambivalente Haltung des Lingonen: einerseits distributiv (Testament, Freilassung, Lohn usw.) andererseits subtrahierend (Kosten und Unterhalt des Bauwerks sowie des Obstgartens, Zerstörung der Jagdausrüstung usw.) und auf die eigene Person bezogen (Grabinschrift, Bildnis, Ehrungen). Dieser Text ist ein Schlüssel für das Verständnis der Grabstätten der gallo-römischen Elite, mit denen sie ihre Spuren in der Geschichte und der Landschaft hinterlassen haben. Das Grabmal des Lingonen ist eine Ädikula in der Mitte eines Obstgartens. Auch in der Belgica zeichnen sich die Formen der Bauwerke, wie auch andernorts im römischen Reich, durch ihre Vielfältigkeit aus: *aediculae*, Grabstelen und Pfeiler sowie Grabhügel. Der Osten der Belgica nimmt auch hier eine privilegierte Stellung ein, wir werden jedoch auch einige Gräber im Westen kennenlernen. Eine allgemein gültige Analyse kann zurzeit jedoch noch nicht vorgelegt werden.

Privilegierte Grabstätten wurden bereits im Zusammenhang mit den Gräbern von Goeblingen-Nospelt und der *villa* von Newel angesprochen, sie können durch einen Grabhügel oder *tumulus* mit einfacher oder tambourartiger Ringmauer gekennzeichnet sein. Diese Art der Kennzeichnung von Grabstätten ist aus zahlreichen Kulturen bekannt und demzufolge als kulturelle Referenz nicht eindeutig. Es scheint indessen, dass man diese Form des Grabbaus vornehmlich in Germanien antrifft oder am Ostrand der Belgica (Hünsruck, Osteifel, Hennegau). In Siesbach (TRV) umgab z. B. eine 1 m hohe tambourartige Ringmauer den Grabhügel, den ein skulptierter Adler krönte (Abb. 100, unten). Unter dem Hügel wurde ein beraubtes Fundament

gefunden sowie mit Holzkohle und verbrannten Grabbeigaben verfüllte Gruben aus dem 3. Viertel des 2. Jhs. n. Chr. Die tambourartige Ringmauer wurde von einer quadratischen Umfriedung umrahmt, und wie in Bill (TRV) befand sich direkt darangebaut ein Altar. Andernorts, doch vorwiegend in Germanien, sind bestimmte Grabhügel wie in Latium mit einer hohen tambourartigen Ringmauer bekrönt (Metz); wieder andere, in Flaxweiler, Elchweiler (TRV) oder Antoing (NRV), enthalten eine Grabkammer. Es ist bemerkenswert, dass im Unterschied zu den *tumuli* Niedergermaniens, insbesondere der *civitas* der Tungerer, die Sekundärbeigaben bescheiden sind.

Igel (TRV) an der Mosel, 8 km oberhalb von Trier, besitzt zwei bemerkenswerte Monumente, den berühmten Grabpfeiler und den weiter oben am Hang des Tales gelegenen Grabtempel (Grutenhäuschen; Abb. 100, oben). Der *cella* der Ädukula sind vier Säulen vorgelagert, und je eine Säule befindet sich an den Seiten. Eine Tür in der Fassade

Abb. 100
Die monumentalen Grabmäler in Siesbach und Igel (Grutenhäuschen). Die Elite wählte unterschiedliche Grabmonumente und prägte mit diesen nachhaltig die Landschaft.

Abb. 101–102 a–c Igel, Grabmal der Secundinii. Die Reliefs rühmen die Taten der Heroen und die Werke der Verstorbenen in ihrem Alltag.

führt zum Hypogäum. Der Baumeister hat es verstanden, den natürlichen Höhenunterschied zu nutzen. Nur selten kann der Aufriss der unterirdischen Grabbauten rekonstruiert werden; dennoch gibt es einige Beispiele im Westen der Belgica, u. a. in Thérouanne (MOR), Arras (ATR), Cambrai (NRV). Die leider beraubten Hypogäen von Bruay-la-Buissière (ATR) bestehen aus zwei Grabkammern, zu denen man über zwei kleine Rampen gelangte. Ihre Wände bestehen aus groben Bruchsteinmauern (Abb. 99).

Die in ihrer gesamten Höhe von 23 m *in situ* erhaltene Igeler Säule ist beispielhaft, um die Grabarchitektur und die Grabskulpturen zu verstehen, die in den Museen der Champagne und an der Mosel sehr zahlreich sind (Abb. 101–102). Im Zentrum der Hauptfassade ist auf der von zwei bebilderten Pilastern gerahmten Grabinschrift die Widmung an die Manen des P. [...] Secundinus und seiner Enkel zu lesen. Dieses Grabmal wurde von Securus und Aventinus, zwei Enkeln des Verstorbenen, sowie ver-

a

b

c

Die Welt der Brandgräber | 103

*Abb. 103
La Bure, Stele eines Schmiedemeisters. Wie Vulkanus lässt sich dieser Handwerker mit den Werkzeugen seines Berufs darstellen: mit der Zange und dem Hammer.*

mutlich zwei seiner freigelassenen Sklaven errichtet. Über der Grabinschrift sind die Brüder und einer der verstorbenen Söhne dargestellt, in den Medaillons weitere Familienmitglieder (Vater, Sohn und Gattin?). Das Podium, der Fries, die Attika und die Giebelfelder schmücken Reliefs mit Szenen aus dem Alltagsleben und der Mythologie. Auf dem Stufenunterbau, dem Podium und der Attika wird die alltägliche Arbeit gerühmt. Die Reliefs zeigen Szenen aus dem Handel und dem Transport von Tuch, dem Bereich, in dem die Familie zweifellos ihren Reichtum erworben hatte. Auf der Vorder- und der Rückseite sowie an den Seiten sind durch ihre Arbeiten und Taten vergöttlichte Heroen (Perseus, Herkules, Achilles) dargestellt. Am Scheitelpunkt des Daches veranschaulicht der vom olympischen Adler entführte Ganymed die Hoffnung des Menschen auf die Erhebung zu den Göttern. Die Hervorhebung der Arbeit (*negotium*) im Gegensatz zum *otium* der römischen Aristokratie, der Nutzen des Handwerks und des Handels im Gegensatz zum Einkommen aus Grundeigentum waren beliebte Themen der Grabdenkmäler Nordgalliens. Sie führen eine keltische Tradition weiter, bei der dem Toten seine Werkzeuge ins Grab mitgegeben wurden. Die Igeler Säule wurde wie alle Monumente der ländlichen Elite auf dem Grundbesitz in der Nähe der *villae* errichtet.

*Abb.104
Arlon, Stele eines jungen Ehepaares. (© IAL, Arlon). Dieses Paar huldigt Amor und Venus durch seine elegante Pose, seine gepflegte Kleidung und den Blumendekor sowie die unbekleideten Frauen an den Seiten.*

Gab es eine «Mittelschicht»?

Wenn die Grubengräber, deren schwache Kennzeichnung ihre Anonymität hervorhebt, als Armengräber angesehen werden und die prunkvollen Grabmonumente der Elite zugeordnet werden, die in der Regel auch die lokalen Magistratsämter bekleideten, für wen waren dann die weder anonymen noch monumentalen skulptierten Grabstelen bestimmt? Ihre Verbreitung und Bedeutung beruhen sicher auf mehreren Faktoren. Ein Grund ist mit Sicherheit, dass Stein als Rohstoff in den östlichen Regionen zur Verfügung stand, im Unterschied zu den westlichen Regionen, wo Lehmböden vorherrschen. Die Verfügbarkeit des Steins und dessen Bearbeitungstechniken hat es der gallo-römischen Elite ermöglicht, eine mediterrane Ausdrucksweise in der Architektur und Skulptur zu übernehmen. Im Osten hat sich eine Bevölkerungsgruppe, die weder sehr arm, noch besonders stark akkulturiert war, mit recht bescheidenen Mitteln bemüht, den Grabmälern der Nobilität nachzueifern, während sich diese Bevölkerungsschicht im Westen der Belgica damit begnügen musste, ihrem relativen Wohlstand durch mehr oder aufwendigere Sekundärbeigaben Ausdruck zu verleihen.

Zwei Monumente veranschaulichen diese Punkte und werfen zugleich neue Fragen auf. Ein Schmied aus la Bure in den Vogesen und seine Frau (LEU) haben sich auf einem 2 m hohen und eine Tonne schweren Block, in Vorderansicht darstellen lassen (Abb. 103). Ein Paar aus Arlon (TRV) ist hingegen auf einer nur einen Meter hohen Stele dargestellt (Abb. 104). Die Männer sind in Vorder- und Dreiviertelansicht im Stil der griechisch-römischen Plastik wiedergegeben. Der Mann aus Arlon hält Tafeln, während die männliche Person auf dem Relief von la Bure Zange und Hammer trägt. Das Material ist in beiden Fällen lokaler Sandstein. Unterscheiden sich diese Paare durch ihren Wohlstand, ihre Kultur und ihre Herkunft oder einfach nur dadurch, dass sie einen mehr oder weniger begabten Bildhauer beauftragt haben?

Ein letzter Typus bietet sich für die Untersuchung an: Es handelt sich um Grabstelen in Hausform der Mediomatriker, Leuker, Triboker und Sequaner. Diese «Grabbauminiaturen» scheinen an die Region der Vogesen gebunden gewesen sein (Abb. 105). Sie tauchen in der frühen Kaiserzeit auf, und es scheint sich nicht um ein Relikt aus vorrömischer Zeit zu handeln. Wenn die Grabstele eine Inschrift trägt, dann bezieht sie sich auf die Manen eines Verstorbenen mit latinisiertem Namen. Es handelt sich auch nicht um die Darstellung des regional üblichen Haustyps. Diese Art Miniaturgrabbau muss also der Ausdruck einer Gruppe von Personen sein, die vermögend genug sind, um ein Bauwerk zu finanzieren, das Bestreben haben, die römischen Götter zu ehren und gleichzeitig den Wunsch ausdrücken, einer lokalen Kultur Ausdruck zu verleihen.

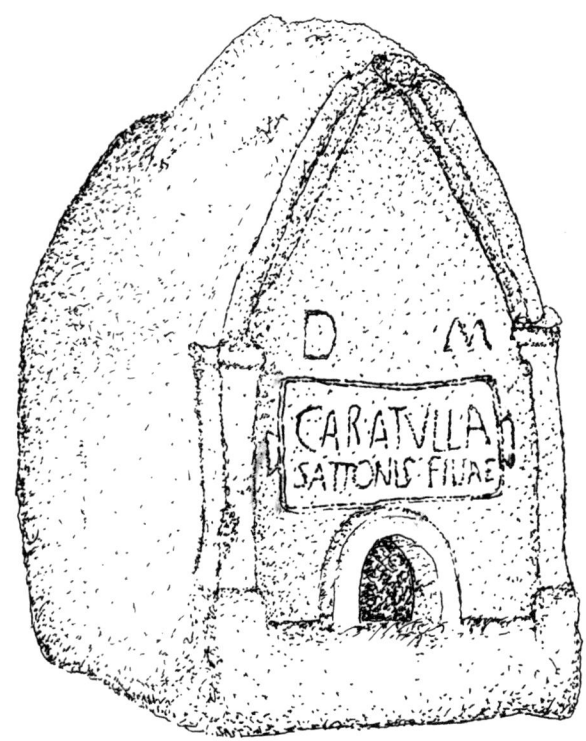

Abb. 105 Haus-Stele aus Caratulla. Diese kleinen, im Osten der Belgica verbreiteten Monumente sind bezeichnend für eine regionale Identität innerhalb der römischen Zivilisation.

Abschließend: Eine Grabstätte für jedermann, die Verteilung des Vermögens des Verstorbenen, ein umfangreiches Repertoire an Grabbauten und die Grabbeigaben sind Kennzeichen der gallo-römischen Sepulkralkultur, die sie von der Welt des keltischen Totenkultes unterscheiden. Die Manen fordern Bestattungs- und Reinigungsriten und die Trennung der Grabstätten von den Siedlungsbereichen, doch sie dulden auch lokale, althergebrachte und identitätsstiftende Sitten.

Die römischen Nekropolen unterscheiden sich im Allgemeinen nicht nur äußerlich von den vorrömischen Gräbern, sie weisen auch eine interne Struktur auf, welche von den unterschiedlichen Schichten einer heterogenen, stark hierarchisierten und von Ungleichheiten gekennzeichneten Gesellschaft zeugt.

DIE SPÄTANTIKE

Die Krise des 3. Jhs. n. Chr. stellte die römische Kultur in den Provinzen zwar auf die Probe, doch das Ende der römischen Lebensweise bedeutete sie nicht. Diese setzte sich im 4. Jh. n. Chr. fort und blühte in einigen Regionen sogar erst richtig auf. Unter Berücksichtigung der gleichen Themenbereiche wie zuvor werden wir uns nun dem wechselhaften und heterogenen Zustand der Provinz in der Spätantike zuwenden.

Die Krise des 3. Jhs. n. Chr.

Die germanischen Invasionen ab Mitte des 3. Jhs. n. Chr. (Franken in Niedergermanien und Nordgallien, Alemannen in Obergermanien und Ostgallien) zwangen Gallienus, Mitregent seines Vaters Valerian, sich 256 n. Chr. in Köln niederzulassen, wo er eine Münzstätte gründete. Als er die Region 258 n. Chr. verließ, ernannte er seinen Sohn Saloninus zum Mitkaiser. Die Gefangennahme Valerians durch die Perser im Frühjahr 260 n. Chr. löste eine Revolte der Rheinarmee aus, die Postumus zum Gegenkaiser ausrief. Saloninus wurde getötet, und Postumus gründete ein gallisches Sonderreich (*Imperium Galliarum*), das sich bis Spanien und Britannien erstreckte. Er bestimmte Trier zur Hauptstadt und zur Hauptmünzstätte. Die Prägestätte von Köln wurde 260 n. Chr. geschlossen, doch gegen 268 n. Chr. wiedereröffnet. 261 n. Chr. leitete Postumus eine Expedition gegen Piraten in der Nordsee und mit dem Ziel Britannien zu besetzen. Da keine Spuren von größeren Zerstörungen zeugen, sei der Theorie einer Invasionswelle, die auf dem Vorkommen größerer Kunstschätze basiert, an dieser Stelle nicht gefolgt. Nach der Ermordung des Postumus im Jahr 269 n. Chr. bestand das *Imperium Galliarum* unter Marius, Victorinus und Tetricus weiter, doch Spanien und Südgallien wurden von Claudius II. Gothicus zurückerobert. Anfang 274 n. Chr. entscheidet Aurelian, das Reich wiederzuvereinigen: Tetricus ergibt sich und lässt seine Truppen in Châlons-en-Champagne führungslos kämpfen. Zuvor hatte ein gewisser Faustinus in Trier auf eigene Rechnung und nicht für Aurelian einen Aufstand gegen Tetricus angeführt. Die Stadt wurde eingenommen und die Münzprägestätte geschlossen. Wenig zuverlässige Quellen (*SHA Tac.* 3, 4; *Prob.* 13,5–6 und 15, 3: Julian, *Caesares* 314a; Eutrop. IX 17; Hieronymus: *Chronicon* p. 223 H.; Zosimus I 67, 1; Zonaras XII 29) geben an, dass Gallien in den Jahren 275 bis 276 n. Chr. eine «große Invasion» erlebt hätte, bevor Probus die Eindringlinge zurückschlagen konnte. Doch Probus scheint nur in Germanien tätig gewesen zu sein, und die Zahl von 60 oder 70 angeblich von den Barbaren eingenommenen Städten entspricht eher der Gesamtzahl der gallischen *civitates*. Die vorgebrachten Argumente, d. h. die Münzschätze, sind kein Beweis. Ihr *Terminus post quem* (Münzen des Tetricus) kann Depots von Münzen entsprechen, die nach der Wiedereinsetzung des legalen Kaisers aus dem Verkehr gezogen worden waren, und diese Münzschätze enthalten fast immer barbarische Imitationen, die am Ende des 3. und noch zu Beginn des 4. Jhs. n. Chr. geprägt wurden. Die anhand dieser Münzen datierten Zerstörungen können also ebenso späteren Unruhen zugeordnet

*Abb. 106
Mit dem Kaiser Konstantin begann eine neue Ära. Das Christentum als gleichberechtigt anerkannte Religion und die neue Reichshauptstadt Trier sind zur zwei Aspekte.*

*Abb. 107
Constantius I. und die Übergabe Londons (Lon[dinium]). Goldmünze aus Trier, 297 n. Chr.*

werden, insbesondere denen der Bagauden zwischen 280 und 286 n. Chr. oder sogar den Invasionen, die durch zuverlässige Texte für die Zeit der Tetrarchie bezeugt sind. Wenn es 275–276 n. Chr. in den germanischen Provinzen Angriffe der Barbaren gegeben hat, dann ist ihr Einfluss auf die Belgica keineswegs bewiesen.

Die Spätantike

Größe und Niedergang der Gallia Belgica im 4. und 5. Jh. n. Chr.

Ab 284 n. Chr. entwickelte sich die Gallia Belgica von einer Durchgangszone zu einer Region, in der die Kaiser residierten. Nachdem Maximian die Bagauden (Banden aus verarmten Bauern und plündernden Vagabunden) besiegt hatte, erhob er Trier zu seiner Residenz. Dasselbe tat nach ihm Constantinus I. (Abb. 106), dessen Asche wahrscheinlich hier ruht. 286/287 n. Chr. wurde der Menapier Carausius, der beauftragt war, die Küste des Ärmelkanals und der Nordsee gegen die Piraten zu verteidigen, angeklagt, dass er sie zunächst ihr Unwesen treiben ließ und erst bei ihrer Rückkehr angriff, um sich ihrer Beute zu bemächtigen. Als er zu Maximian beordert wurde, um sich zu rechtfertigen, zog er es vor, sich in Britannien, wohin er die Flotte von Boulogne geführt hatte, zum Kaiser ausrufen zu lassen. Ein Rückeroberungsplan Maximians schlug im Jahr 290 n. Chr. fehl, und Carausius besetzte Boulogne und die Mündung der Seine. 293 n. Chr. belagerte der von Maximian zum Caesar ernannte Constantius I. Boulogne und gewann die Stadt zurück, bevor er an der Mündung der Schelde und des Rheins kämpfte (Abb. 107). Die Siege über die Germanen erlaubten es den aus der Gefangenschaft befreiten Römern, sich auf dem Land der Belgica niederzulassen. Bei den Nerviern, Treverern, Ambianern und Bellovakern wurden fränkische Gefangene (*laeti*) angesiedelt, an ihr Land gebunden und zudem verpflichtet Soldaten zu stellen. 306 n. Chr. gelangte Konstantin I. zu seinem Vater Constantius I. nach Boulogne, nachdem er aus dem Osten des Reiches geflohen war, wo Galerius ihn als Geisel gefangen gehalten hatte. Nach dem Tod seines Vaters wurde er in Britannien zum Augustus ausgerufen. Er kehrte nun in die Belgica zurück und residierte bis 312 n. Chr. und zwischen 313 und 316 n. Chr. in Trier. Danach verließ er die Stadt und scheint nicht mehr zurückgekehrt zu sein. Er ließ jedoch einen seiner Söhne als Caesar (Unterkaiser) zurück, zunächst Crispus von 317 bis 323 n. Chr., dann Konstantin II. von 328 bis 337 n. Chr., der nach dem Tod seines Vaters von 337 bis 340 n. Chr. in Trier residierte. In der Folgezeit hielt Constans sich am 25. Januar 343 n. Chr. auf der Durchreise zu einem Besuch in Britannien in Boulogne auf, bevor er nach Trier reiste, wo seine Anwesenheit im Juni 343 und im Mai 345 n. Chr. bezeugt ist.

Im Januar 350 n. Chr. wurde Constans zugunsten von Magnentius ausgeschaltet. Bei diesem handelte es sich nach Carausius um den zweiten in der Belgica, genauer gesagt in Amiens, geborenen Kaiser. Er gründete in seiner Geburtsstadt eine Münzprägestätte, deren Tätigkeit von 350 bis 353 n. Chr. erwiesen ist. 353 n. Chr. erhob sich Trier, von Poemenius aufgewiegelt, nach der Ankündigung der Niederlagen des Magnentius und schloss sich Constantinus II. an. Poemenius brachte dies jedoch kein Glück: Er wurde 354 n. Chr. als Mitschuldiger des Aufstandes des Silvanus hingerichtet. 355 n. Chr. wurde in Anbetracht der massiven germanischen Einfälle im Nordosten Galliens die Münzprägestätte von Trier geschlossen, um erst 365 n. Chr. wiedereröffnet zu werden. Constantius ernannte seinen Cousin Julian zum Caesar und entsandte ihn nach Gallien.

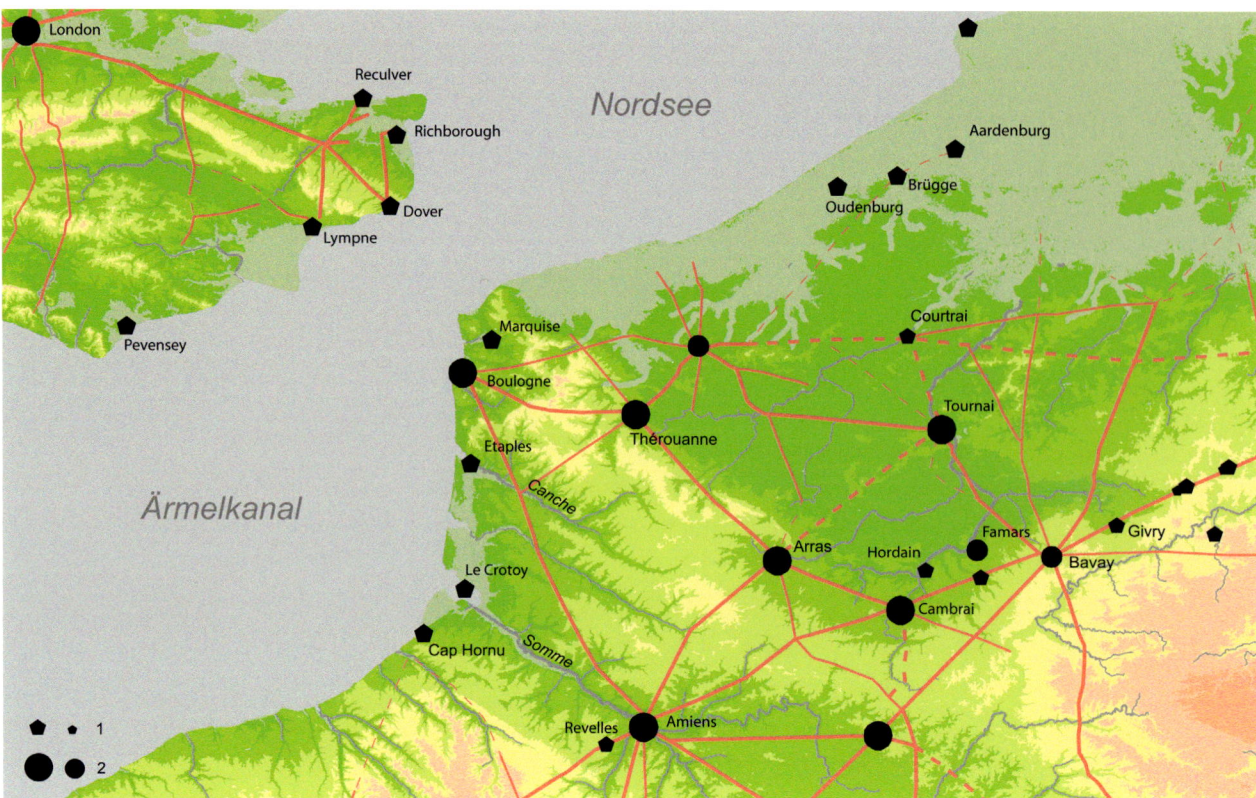

*Abb. 108
Die Befestigungen im Nordwesten. Die Befestigungsanlagen verteidigten die Verkehrswege und die Küste (1); die Siedlungen wurden durch Mauern geschützt (2).*

Julian befand sich im Frühling 356 und im Winter 356/357 n. Chr. in Reims und erreichte, dass er die Belgica Secunda (s. u.) direkt verwalten konnte. Eine seiner Maßnahmen bestand in der drastischen Senkung der Steuern. Selbst wenn Julian hauptsächlich am Rhein kämpfte und vorwiegend in der Lugdunensis überwinterte (Sens, Paris), blieb die Belgica ein ständiges militärisches Aktionsfeld und für die Truppen eine wichtige Basis im Hinterland. Die militärischen Erfolge Julians bescherten der Provinz einige Jahre der Ruhe, doch 366 n. Chr. setzen die Invasionen erneut ein: Der Heermeister der gallischen Kavallerie (der Nachfolger des in Reims bei einer Rebellion getöteten Lucillianus) schlug die Alemannen in Scarponne und in der Nähe von Châlons-en-Champagne. Valentinian I. hielt sich Anfang des Jahres 366 n. Chr. in Reims auf: in Vermand am 6. Dezember, in Arras wahrscheinlich am 4. August 367 n. Chr. und schließlich in Amiens, wo er am 24. August seinen Sohn Gratian zum Mitkaiser ernannte, bevor er sich nach Trier begab, das bis zu seinem Tod 375 n. Chr. seine Hauptresidenz bleiben sollte und das er nur für seine Feldzüge verließ. Nach ihm blieb Trier auch weiterhin Hauptstadt, zunächst unter Gratian, dann 383 und 384 n. Chr. unter Magnus Maximus und unter Valentinian II. von 389 bis 392 n. Chr. Eugenius verweilte 392 n. Chr. kurz in der Stadt, doch weder Theodosius noch Honorius haben sich jemals in der Belgica aufgehalten. Die Münzstätte von Trier war zu dieser Zeit erneut zu sehr bedroht und wurde wohl 397/398 n. Chr. geschlossen, um erst zwischen 408 und 413 n. Chr. wieder geöffnet zu werden. Doch es wurden nur noch wenige Münzen geprägt: Bronze- und Silbermünzen für Theodosius II. und Silbermünzen für Valentinian III. Anfang 407 n. Chr. landete der in Britannien zum Kaiser proklamierte Konstantin III. in Boulogne, besetzte Trier und zog nach Lyon und Arles. Zur gleichen Zeit überquerten größere germanische Gruppen den Rhein und verteilten sich nach und nach in Gallien. Oft wird in diesem Zusammenhang ein Brief des heiligen Hieronymus zitiert, der die Einnahme von Reims, Amiens, Arras, Thérouanne und Tournai erwähnt. Doch Hieronymus verfasste seinen Text in Palästina, also weit entfernt vom Ort des Geschehens, der Text ist demzufolge wenig zuverlässig und wird zudem nicht von sicheren archäologischen Beweisen gestützt. 411 n. Chr. wurde Konstantin III. besiegt, doch ein neuer Aufstand in Germanien brachte nun Iovinus auf den Thron. In der Belgica wurde er als Kaiser anerkannt, denn in Trier wurden Münzen in seinem Namen geprägt. Doch der Aufstand konnte 413 n. Chr. niedergeschlagen werden. Dem Historiographen Salvian von Marseille zufolge ist Trier von den Franken vor 435 n. Chr. viermal geplündert worden. Ihr König Chlodio nahm Tournai ein und wollte nach Cambrai weiterziehen, doch 448 n. Chr. schlug der Heermeister Aëtius dessen Franken im Land der Atrebaten, in der Nähe des *vicus Helena* (vielleicht Saint-Amand-les-Eaux, ehemals Elnona).

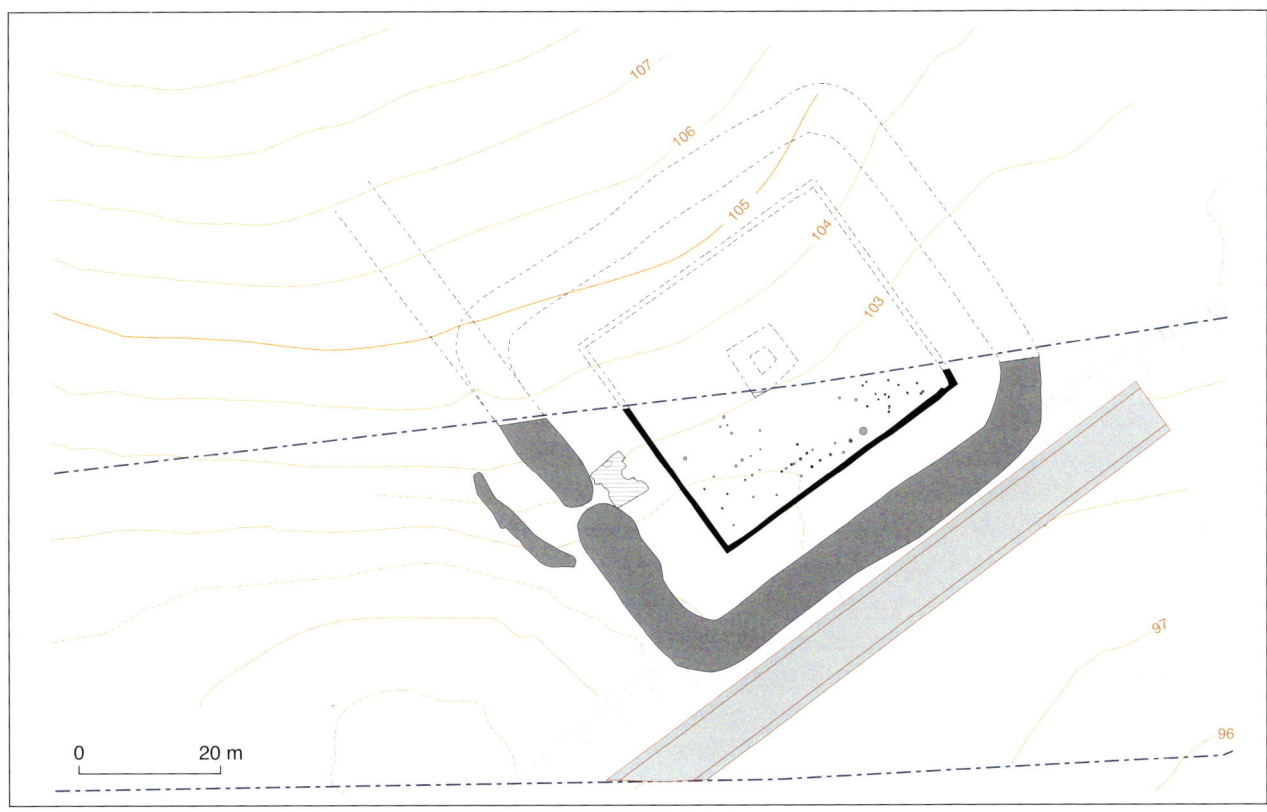

Abb. 109
Auxiliarkastell von Revelle. Das Auxiliarkastell, dessen Bestand anscheinend nicht von langer Dauer war, verteidigte die Straße Amiens–Rouen.

Dies bedeutete zwar einen Rückschlag für die Franken, doch Chlodio nahm Cambrai ein und drang bis zur Somme vor. 451 n. Chr. fielen die Hunnen unter Attila in Gallien ein und suchten die Belgica Prima heim, sie plünderten Metz und wandten sich gen Süden. Vor Orléans konnte Attila zurückgedrängt werden und zog sich in die Belgica zurück, doch auf den Katalaunischen Feldern, zwischen Troyes und Châlons, wurde er von Aëtius und den Westgoten geschlagen, woraufhin er sich nach Italien wandte. Trier wurde 456 n. Chr. erneut von den Franken eingenommen und drei Jahre darauf von dem Oberheermeister sämtlicher Truppen Galliens (*magister militum per Gallias*) Aegidius und dessen Sohn Syagrius zurückerobert. Der als «König der Römer» bezeichnete Syagrius hielt von 465 bis 486 n. Chr. in der Belgica einen Anschein römischer Autorität aufrecht. Seine Hauptstadt war Soissons. Doch es blieb nur eine Episode: 479 n. Chr. fällt Trier erneut in die Hände der Franken. Der von Chlodwig besiegte Syagrius wurde ausgeliefert und 486 n. Chr. hingerichtet. Fortan befand sich die gesamte Belgica unter fränkischer Herrschaft.

Eine neue militärische Organisation

Die Invasionen hatten zur Folge, dass die Hauptorte der *civitates*, die kleineren Ortschaften und Siedlungen mit Befestigungsmauern geschützt wurden und auch die Verteidigung innerhalb der einzelnen Gebiete verstärkt wurde. Die Türme, Kleinkastelle und Lager sind aus der Germania Prima gut bekannt, insbesondere entlang der Straße Bavay–Köln (Abb. 108). Es scheint, als sei dieses auf mobile Truppen und eine verstärkte Kavallerie gestützte Verteidigungssystem auf die Belgica Prima und Secunda ausgeweitet worden. Erst kürzlich wurden in Hordain (NRV) und in Revelles (AMB) Verteidigungsanlagen freigelegt. In Revelles überragten sie die Straße von Amiens nach Rouen an der Stelle, wo sich ein alter Grabbau befand (Abb. 109). In dem ergrabenen Areal wurde ein breiter, 4 bis 6 m tiefer Graben freigelegt, der eine Fläche mit einer Seitenlänge von ungefähr 60 bis 70 m umgrenzte. Die Befestigung bestand aus Erde und Holz. Dem Eingangstor ist ein *titulum*, ein Schutzgraben, vorgelagert.

In manchen Höhensiedlungen sind Abteilungen der regulären Armee oder germanische Truppen stationiert worden; zuweilen dürften diese Plätze als Zufluchtsorte gedient haben. Die zivilen und militärischen Räume sind in der Spätantike sicher nicht mehr so klar voneinander abgegrenzt wie zuvor. Die Höhensiedlungen waren besonders häufig in den hügeligen Regionen der Germania Prima und Secunda anzutreffen (Abb. 110); doch man kennt auch einige im Grenzland der Treverer und Remer. Der Fundplatz «Château-Renaud» in Vieux-Virton (TRV) nimmt die gesamte Kuppe eines Hügels (2 ha) unweit von der Straße Trier–Reims ein. Die Steilhänge, die eine natürliche Verteidigung bildeten, wurden zu-

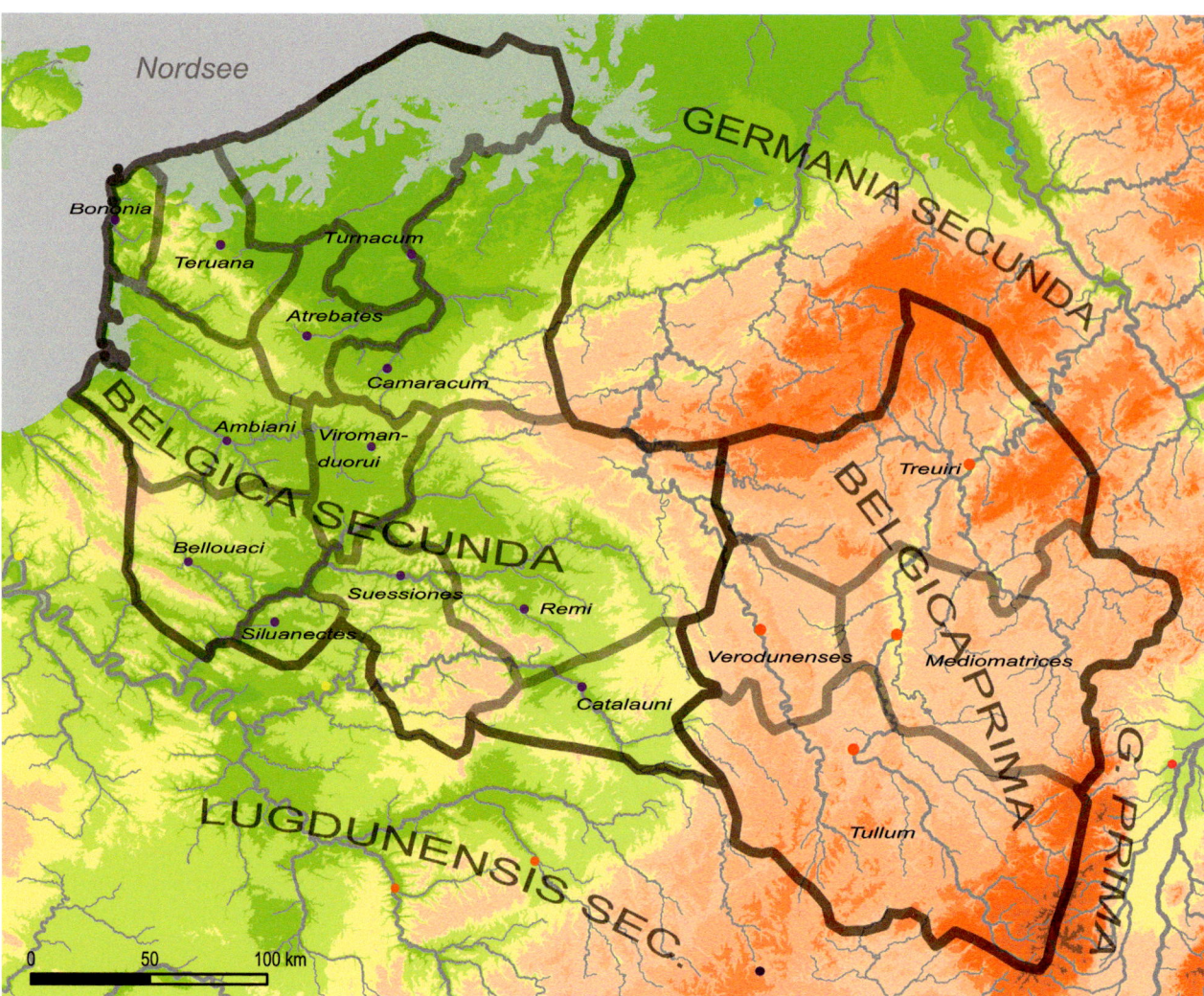

Abb. 110
Belgica I und II.
Die Provinzen der
Spätantike, civitates
und capita civitatis
mit den ungefähren
Grenzen.

sätzlich mit einer Palisade gesichert; zudem verstärkte eine 1,50 m mächtige Mauer aus grob zugerichteten Steinen die Verteidigungsanlage auf der Ostseite, der Eingang wurde durch eine Bastion geschützt. Innerhalb der Befestigungsmauern wurden Spuren von Pfostenbauten und Werkstätten gefunden. Leider konnten nur wenige dieser Bauten genau datiert werden.

Die Stadtbefestigungen scheinen, wenn sie nicht aus der frühen Kaiserzeit stammten, ab Ende der 70er Jahre des 3. Jhs. n. Chr. errichtet worden zu sein, doch man muss sich im Allgemeinen mit einer recht vagen Datierung Ende des 3. bis Anfang des 4. Jhs. n. Chr. begnügen, wobei spätere Verstärkungen unter der Konstantinischen Dynastie oder Valentinian I. zu erkennen sind.

Zu Beginn des 4. Jhs. n. Chr. waren die zuvor am rheinischen Limes stationierten Soldaten in großer Zahl in den Städten innerhalb der Provinzen anzutreffen. Sie werden in Amiens erwähnt, vielleicht im Zusammenhang mit dem Schutz der Küsten zur Zeit der Rebellion des Carausius, sowie in Reims, Châlons-en-Champagne und Metz. Bekannt ist die Geschichte des heiligen Martin, der als Soldat am Ende der Regierungszeit Constantius' II. vor den Toren von Amiens seinen Mantel mit einem Armen teilte. Darüber hinaus lassen sich Bewegungen der Truppen nachvollziehen, die in den Städten der Belgica überwinterten: Ab dem 3. Jh. n. Chr. war das Bewegungsheer (*comitatenses*) nicht mehr ausschließlich an den Grenzen stationiert, sondern dem Kaiser unterstellt, den es auf seinen Reisen begleitete. Am Ende des 3. Jhs. n. Chr. wurde an den Küsten des Ärmelkanals und der Nordsee eine *tractus Belgicae et Armoricae* genannte Verteidigungslinie gegen die fränkischen und sächsischen Piraten errichtet und dem Befehl des Carausius unterstellt. Als dieser sich 286 n. Chr. erhob, nahm er die *Classis Britannica* (Flotte von Boulogne) mit nach Britannien; sie findet später keine Erwähnung mehr. Es ist unmöglich die komplexe Entwicklung der Truppen in der Belgica im 4. Jh. n. Chr. zu verfolgen, und wir begnügen uns damit, das Endergebnis anzugeben, so wie es um 425 n. Chr. in der *Notitia Dignitatum* erscheint:

Der ab 355 n. Chr. bezeugte *magister equitum Galliarum* (Oberbefehlshaber der Reiterei Galliens) befehligte

47 Infanterie- und 12 Kavallerieeinheiten, von denen einige den Namen der Region trugen, in der sie rekrutiert wurden, oder der Region, in der sie stationiert waren: gallische nervische Bogenschützen, Menapier (*seniores*), *Cortoriacenses* (Courtrai), *Geminiacences* (Geminiacum), *Musmagenses* (Mouzon). Andere gaben eine Rekrutierung oder eine ehemalige Stationierung an, befanden sich aber in anderen Regionen: z. B. im Osten Nervier und gepanzerte ambianische Reiter, in Thrakien Menapier, in Spanien nervische Bogenschützen oder in der Bretagne *Turnacenses*, Nervier, Kohorte I der Moriner, Kohorte VI der Nervier.

Dem am kaiserlichen Hof residierenden *magister peditum* (Oberbefehlshaber der Infanterie) unterstanden die mit der Verteidigung der Rheingrenze betrauten Offiziere (*dux Mogontiacensis, dux Germaniae primae*) und die Offiziere, die die Küsten gegen die Piraten verteidigten. Die Verteidigung dieser Region hatte sich seit der Zeit des Carausius verändert: Der *comes litoris Saxonici* befehligte nur noch die in der Bretagne stationierten Einheiten, und dem *dux tractus Armoricani et Nervicani* unterstand trotz seines irreführenden Titels nur noch die Verteidigung der Küsten von der Gironde bis zur Seine. Für Nordgallien wurde zu einem unbekanntem Zeitpunkt der *dux Belgicae secundae* geschaffen, der nur drei Einheiten befehligte: Die *equites Dalmatae* (dalmatische Reiter) in *Marcis* (Marquise im Boulonnais), die Somme-Flotte (*classis sambrica*) im *locus Quartensis* (zu lesen *Quantensis*, entweder la Canche oder Quend an der Mündung der Somme), *sive Hornensis* (Cap Hornu an der Mündung der Somme) sowie eine Kohorte der Nervier in *Portus Aepatiacus* (nicht identifiziert, außer es handelt sich um eine fehlerhafte Schreibung von *Portus Gesoriacus*). Darüber hinaus unterstanden dem *magister peditum* direkt Einheiten von Laeten oder Gentilen: Es handelte sich um freigelassene Gefangene, die Boden erhielten, um ihn zu bewirtschaften und Rekruten zu stellen, und später um die Nachkommen von Gefangenen und Barbaren, die den Präfekten unterstellten Einheiten von Bauern-Soldaten bildeten: z. B. Lingonische Laeten in der Belgica Prima, Laeten der *Acti* (?) in Épois in der Nähe von Carignan, nervische Laeten in Famars, batavische Laeten in Arras (wo Kasernen aus den Jahren 390 bis 420 n. Chr. entdeckt wurden), batavische Laeten (*Contraginnenses*) in Noyon. Es werden ebenfalls sarmatische Gentilen genannt, d. h. unterworfene Barbaren zwischen Reims und Amiens.

Dem im Palast residierenden und die kaiserliche Garde befehligenden *magister officii* unterstanden die Waffenschmieden in Soissons, Reims, Trier und Amiens.

Eine neue zivile Ordnung

Ab dem 3. Jh. n. Chr. änderten sich die Namen der Hauptorte der *civitates*, sie verloren ihren Eigennamen und nahmen den ihrer *civitas* an: *Augusta Suessionum* (wird *Suessiones*/Soissons), *Samarobriva* (*Ambiani*/Amiens), *Augusta Treverorum* (*Treviri*/Trier), *Divodurum* (*Mediomatrices*/Metz), *Augusta Silvanectum* (*Silvanectes*/Senlis), *Caesaromagus* (*Bellouaci*/Beauvais), *Nemetacum* (*Atrebates*/Arras), *Durocortorum* (*Remi*/Reims). Die Änderungen sind zeitlich schwer einzuordnen: Die ersten Beispiele reichen in das Jahr 237 n. Chr. zurück, während Amiens 305/310 n. Chr. noch *Samarobriva* heißt. 350 n. Chr. ist auf den Münzen des Magnentius *Ambiani* zu lesen, und Arras heißt noch 367 n. Chr. *Nemetacum*. Die zu neuen Hauptorten aufgestiegenen Orte bewahrten ihren alten Namen (*Turnacum* / Tournai, *Camaracum* / Cambrai), während die neugegründeten *civitates* den Namen ihres Hauptortes annahmen (Verodunenser, Katalauner, Bononienser). Es ist nicht bekannt, ob die Änderungen gebräuchliche Namen aufgriffen oder ob sie durch die Reformen am Ende des 3. Jhs. n. Chr. entstanden sind.

260 n. Chr. entschied Gallienus den Senatoren keine militärische Befehlsgewalt mehr anzuvertrauen, woraufhin in den darauffolgenden Jahren die *Augusti pro praetore*, die die Provinzen verwalteten, durch Ritter ersetzt wurden, die den Titel *praeses* (Statthalter) trugen. Da die gallischen Provinzen von Postumus regiert wurden, konnte diese Regelung erst nach 274 n. Chr. angewandt werden. Wahrscheinlich unter den Tetrarchen (284–305 n. Chr.), auf jeden Fall aber vor 314 n. Chr. wurde die Gallia Belgica in zwei Teile geteilt (Abb. 110), denn die Spaltung ist im *Laterculus Veronensis* (Provinzverzeichnis von Verona) verzeichnet: die Belgica prima mit den Treverern, Mediomat-

*Abb. 111
Bliesbruck, östliches Viertel. Der längliche Keller eines Wohnhauses wurde zerstört, um im Innenraum mit großen Blöcken aus dunklem Sandstein einen neuen Keller anzulegen; darum herum befanden sich kleine Wohnstrukturen.*

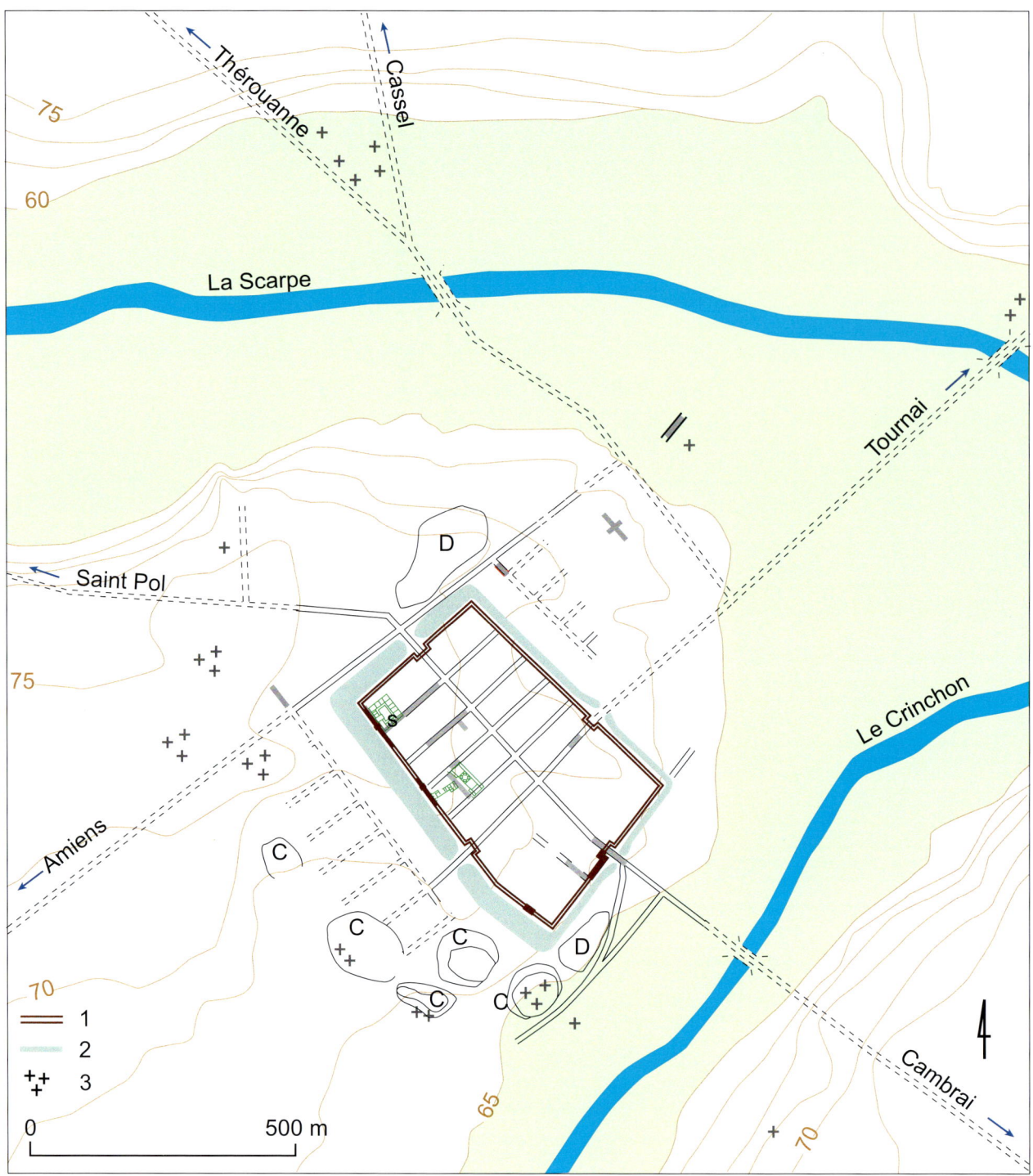

*Abb. 112
Die Stadt Arras im
4. Jh. n. Chr. 1. Stadt-
mauer; 2. Graben;
3. Nekropole; C. Stein-
bruch; D. Abfallhalde;
S. Germanisches
Heiligtum.*

rikern, Leukern und der neuen *civitas* der Verodunenser (Hauptort Verdun), die wahrscheinlich vom Gebiet der Mediomatriker abgetrennt wurde; die Belgica secunda mit den Remern, Suessionen, Viromanduern, Bellovakern, Silvanecten, Atrebaten, Ambianern, Morinern, Cameracenser (Nervier, deren Hauptort künftig *Camacarum* / Cambrai ist), Turnacenser (ehemalig Menapier mit Hauptort *Turnacum* / Tournai) sowie die neuen *civitates* der von den Remern abgetrennten Katalaunen (Hauptort Châlons-en-Champagne) und der von den Morinern abgetrennten Bo-

nonienser (Hauptort Boulogne-sur-Mer). Die Hauptorte der Provinzen waren Trier und Reims. Ab 321 n. Chr. gab Konstantin I. den Senatoren einige Provinzen zurück, deren Statthalter den Titel *consularius* trugen: Dies ist der Fall für die Belgica prima zwischen 325 und 350 n. Chr. und die Belgica secunda zu unbestimmter Zeit vor 425 n. Chr. Der endgültige Zustand dieser neuen Organisation wird in dem Teil der *Notitia Dignitatum* (endgültige Formulierung um 425 n. Chr.) dargelegt, der dem Westreich gewidmet ist. Folgende Punkte sind festzuhalten:

112 | DIE SPÄTANTIKE

- Es gibt nun einen in Trier und später, wohl ab 407 n. Chr., in Arles residierenden *praefectus praetorio Galliarum* (Prätorianerpräfekt Galliens). Seit dem Ende der Regierungszeit Konstantins I. scheint dieser Präfekt mit Britannien, Gallien, Germanien und Hispanien ein Gebiet verwaltet zu haben, das die Präfektur der *Galliae* bildete. Zu seinen wichtigsten Aufgaben gehörten die Steuererhebung, die Auszahlung des Solds und die Gerichtsbarkeit (Berufungsgericht). Nach 372 n. Chr. wurde das Amt von einem Senator bekleidet, der den Titel *clarissimus* und dann *clarissimus* und *illustrius* trug. Seiner Befehlsgewalt unterstanden die *vicarii* und die Statthalter, zudem nimmt er eine Vermittlerrolle zwischen dem Kaiser und diesen Beamten ein.
- Die Präfektur der *Galliae* war in vier Diözesen unterteilt, die *Hispaniae* und die *Britanniae*, die *Viennensis* (Südgallien; bestehend zunächst aus fünf, später aus sieben Provinzen) und die *Galliae* (Nordgallien), wobei normalerweise jeder Diözese ein *vicarius* vorstand. Allerdings ist kein einziger *vicarius* der *Galliae* namentlich bekannt. Am Anfang des 4. Jhs. n. Chr. existierte diese Stelle vermutlich, doch seit der Schaffung der regionalen Präfekturen war die Situation zweifellos so, wie sie in der *Notitia Dignitatum* beschrieben wird: Es gab eine Diözese der *Galliae*, die direkt dem Präfekten der *Galliae* unterstand, ohne einen *vicarius* als Zwischenglied. Tatsächlich wurden die Provinzen Nordgalliens der Diözese der sieben Provinzen angegliedert, deren *vicarius* unter dem gleichen Titel fortan die siebzehn Provinzen Galliens verwaltete.
- Die Provinzen wurden von einem Statthalter verwaltet (s. Kap. «Die Provinz Gallia Belgica»).
- Die Finanzverwaltung: Ab 285 n. Chr. traten zwei neue Beamte in Erscheinung: Der *rationalis summarum* war in mehreren Provinzen mit dem Fiskus betraut, den *magistri rei privatae* oblag die Verwaltung der Güter des Kaisers. Um 350/355 n. Chr. nahm der *rationalis* den Titel *comes largitionum Galliarum* an und untersteht dem *comes sacrarium largitionum* (Verwalter des kaiserlichen Finanzwesens); der *magister* wird *rationalis rerum privatarum* (Vorsteher des Privatvermögens) und ist dem *comes rerum privatarum* (Verwalter des kaiserlichen Privatvermögens) untergeordnet. In der *Notitia Dignitatum* wird kein *comes largitionum Galliarum* mehr erwähnt, und für die Aufgaben des *comes sacrarium largitionum* war nun der *rationalis* der *Galliae* verantwortlich, der in den Provinzen Nordgalliens folgenden Abteilungen vorstand: den *procuratores sacrae monetae* in Reims und Trier, den *procuratores* der Münzprägestätten von Trier, den *procuratores* der *Gynaeceii* (der Spinnereien und Webereien) von Reims, Tournai, Trier und Metz (später nach Autun umgesiedelt) und den *procuratores* der Goldweber oder Handwerker, die in Reims und Trier Intarsien aus Gold oder Silber auf Eisen- oder Bronzeuntergrund herstellten. Für die Verwaltung des kaiserlichen Privatvermögens war der *rationalis rerum privatarum Galliarum* zuständig, der den nach Metz transferierten *procuratores* für die Staatsgüter, dem *procurator* der Spinnereien und Webereien und dem *procurator* für den Haushalt von Trier und Viviers vorstand.

*Abb. 113
Senlis, Stadtmauer des 4. Jhs. n. Chr. Die spätantiken Stadtmauern werden aufgrund ihrer Robustheit häufig in die mittelalterlichen Verteidigungsanlagen oder öffentlichen Gebäude mit einbezogen.*

Die Ortschaften der Spätantike

Wie wir bereits weiter oben festgestellt haben, bekamen die Ortschaften die Krise der zweiten Hälfte des 3. Jhs. n. Chr. zu spüren; die meisten Orte wurden verlassen oder weisen nur noch eine begrenzte Besiedlung unter schwierigen Bedingungen auf, andere zogen sich auf einen Kernbereich zurück. Wieder andere wurden mit einer Befesti-

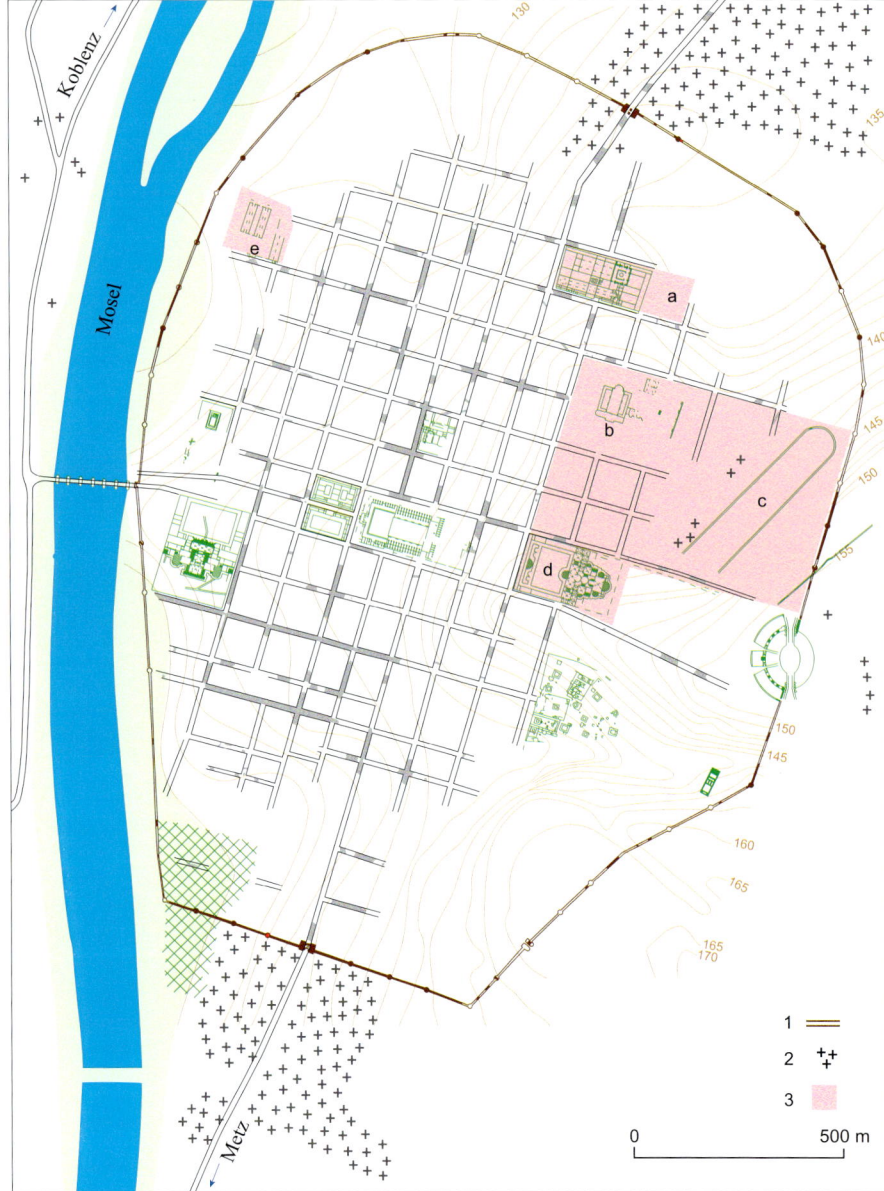

*Abb. 114
Die Stadt Trier im
4. Jh. n. Chr.
a. Bischofssitz;
b. Palastbasilika;
c. Circus;
d. Kaiserthermen;
e. horrea (St. Irminen).*

neut bewohnt. Sie wurden mit einfachen Mitteln wieder bewohnbar gemacht. Daneben gibt es Spuren von schuppenartigen Baracken, einem grob hergerichteten Keller und einigen Feuerstellen (Abb. 111).

Die Haupttore sowie einige kleinere Orte wurden mit Befestigungsmauern umgeben, innerhalb deren Grenzen sie sich zurückzogen, doch es kam auch vor, dass Orte im 4. Jh. n. Chr. sich über die Stadtmauern hinaus ausbreiteten. Trier (285 ha), Reims (55 ha) und Metz (40 ha), Langres (40 ha), Tongres (40 ha) und Köln (120 ha) verfügten auch weiterhin über eine beachtliche Größe, während die westlichen Städte auf eine Fläche von unter 20 ha schrumpften: z. B. Beauvais (10,7 ha), Soissons (13 ha), Amiens (20 ha) und Arras (8 ha; Abb. 112). Die Stadtmauer mit vorgelagerten Gräben wurde aus Bruchsteinen mit Abgleichschichten aus Ziegelsteinen errichtet. Die Sockelzone bestand aus Quadermauerwerk, für das die Blöcke öffentlichen Gebäuden und Grabmonumenten entnommen wurden. Die grundsätzlich kreis- oder halbkreisförmigen Stadttürme springen meistens bastionsartig aus der Mauer vor (Abb. 113). Ihre Datierung ist nur selten belegt; es scheint, dass diese Stadtmauern nicht alle zur gleichen Zeit errichtet wurden. Sie datieren jedoch vermutlich eher aus konstantinischer Zeit als aus der Zeit des gallischen Sonderreiches.

Die Stadtmauern, ihre Türme und Tore zeugen von der Verteidigung der Orte und möglicherweise auch von der Militarisierung der Städte, doch sie entsprechen ebenfalls einer Bekräftigung des städtischen Status. Bei den kleinen Ortschaften ist ungewiss, ob die Befestigung gleichzeitig bedeutet, dass hier ausschließlich Truppen stationiert waren, selbst wenn sie in der *Notitia Dignitatum* als Militärposten aufgeführt werden. Während in der Germania secunda (u. a. Braives, Liberchies) z. T. Kleinkastelle den Platz von ehemaligen Dörfern einnehmen, scheint in Bavay (4 ha), Famars (1,8 ha), Noyon (3 ha), Bitburg (2 ha) und Neumagen (1,28 ha) offensichtlich auch eine zivile Bevölkerung gelebt zu haben.

Die Kolonie von Trier erlebte im 3. Jh. n. Chr. ihre Blütezeit: Hier residierten die gallischen Kaiser, hier wurde die neue kaiserliche Hauptstadt gegründet: ein Aufstieg, der zu einer grundlegenden Umgestaltung des Stadtgefüges führte (Abb. 114). «Ich sehe hier», berichtet der Panegyriker von 310 n. Chr., «eine Stadt, die sich sehr glücklich schätzen darf… Sie wird so glücklich in ihren Mauern wiedergeboren, dass sie sich fast beglückwünscht, ehemals dem Verfall hingegeben gewesen zu sein, denn sie ist durch deine Wohltaten vergrößert worden; ich sehe einen großen Circus, der mit dem von Rom zu rivalisieren scheint; ich sehe Basiliken und ein Forum, wirklich königliche Bau-

gungsmauer umgeben und ihr Status als Stadt wurde bestätigt. Trier stieg zur Hauptstadt des Imperium auf.

Unsere mangelnden Kenntnisse der ländlichen Siedlungen der Belgica erlauben es nicht, uns eingehend mit ihrer Besiedlung in der späten Kaiserzeit zu beschäftigen. Zudem wissen wir fast nichts über das Leben in diesen Siedlungen im 4. Jh. n. Chr. Die Siedlungsbereiche der Ortschaften, die sich nicht mit einer Stadtmauer geschützt haben, weisen oft Aufgabe- oder Zerstörungsschichten aus der Zeit zwischen 250 und 280 n. Chr. auf. Die Keramik- und die Münzfunde lassen vermuten, dass die Ortschaften in der Folgezeit z. T. erneut besiedelt wurden, ohne dass es möglich wäre irgendwelche Gebäude eindeutig zu identifizieren. In Bliesbruck z. B. scheint die Ortschaft im Großen und Ganzen verlassen worden zu sein, doch nach einem Hiatus wurden anscheinend einige zerfallene Häuser er-

werke und den Sitz der Rechtsprechung, sich in eine so gewaltige Höhe erheben, dass sie fast bis an die Sterne und den Himmel reichen, dessen sie würdig sind» (*Panegyricus*. 7, 22). Der kaiserliche Palast im weiteren Sinn bedeckte in der Tat fast 40 ha und erforderte die Schleifung mehrerer *insulae*. Um die bebaute Fläche zu ersetzen, wurde ein ehemaliger Arm der Mosel aufgeschüttet. Die noch heute in ihrer ganzen Höhe erhaltene Palastbasilika ist das einzige Ziegelsteinbauwerk Galliens (Abb. 115). Der Grundriss ist rechteckig (32,60 x 73,30 m), in der Nordmauer öffnet sich eine Apsis zum Innenraum. Trotz seines gewaltigen Volumens (30 m Höhe) wurde das Gebäude durch ein Hypokaustsystem beheizt. 300 m weiter südlich erhoben sich die Palastthermen (145 x 250 m). Sie wurden nie fertiggestellt, später aber in den Palast mit einbezogen. Zwischen der Basilika und den Thermen erstreckte sich zweifellos der Wohnpalast des Kaisers. Auf den *insulae* im Norden der Basilika, wo man im Mittelalter die Residenz der heiligen Helena vermutete, wurde der Bischofspalast errichtet. Etwas abseits ergänzte ein Circus die Annehmlichkeiten des Amphitheaters. Dieses grandiose Bauprojekt erinnert in seiner Größe an die *Domus aurea*, die Nero im Herzen Roms errichten ließ.

Die ländlichen Siedlungen

Die politische, militärische, demographische und ökonomische Krise des 3. Jhs. n. Chr. ist vor allem auch eine Krise der Landwirtschaft. Die Gründe können nur erahnt werden. Sie dürften einerseits in der Natur zu suchen sein (ausgelaugte Böden, Verschlechterung des Klimas), andererseits dürfte es sich um gesellschaftliche Probleme (Verarmung der Besitzer, fehlende Arbeitskräfte) gehandelt haben.

Auf jeden Fall sind Spuren von Verfall und Zerstörung festzustellen, ohne dass der Grund in den meisten Fällen ersichtlich wäre. Zunächst tauchen sie im 2. und zu Beginn des 3. Jhs. n. Chr. vereinzelt auf, in der zweiten Hälfte des 3. Jhs. n. Chr., in manchen Fällen auch bereits früher, häufen sie sich. In der Belgica wurden zwischen dem 2. und dem 4. Jh. n. Chr. 10 bis 50 % der Siedlungen aufgegeben. Damit einher ging eine Reduktion der Bevölkerung. Dieser

Abb. 115
Die Palastaula von Trier ist das einzige, ausschließlich aus Ziegelsteinen errichtete Monument Galliens. Es konnte beheizt werden und repräsentierte mit seinen großen Fenstern die kaiserliche Macht.

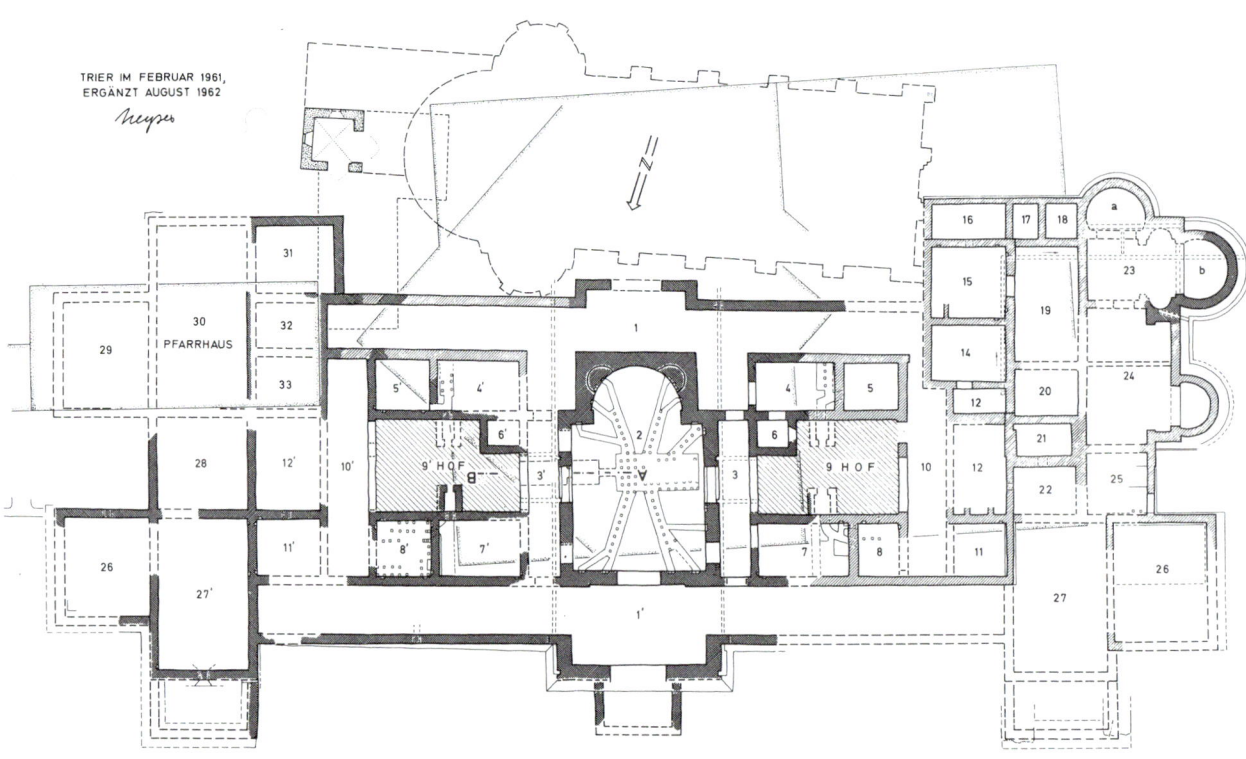

*Abb. 116
Die villa von Konz, Grundriss und Modellkonstruktion. Diese Kaiserresidenz zeugt von der Ausstrahlung des Trierer Kaiserhofes auf das Umland.*

Prozentsatz ist enorm, wenn man bedenkt, dass der Erste Weltkrieg und die Spanische Grippe in Frankreich nur einen Rückgang der Bevölkerung um 7% verursacht haben. Dieser Rückgang ist umso bemerkenswerter, als sich auch die Art der Besiedlungen änderte: Die baulichen Strukturen, sowohl der Besitzer als auch der Arbeitskräfte, nahmen in Hinsicht auf ihre Anzahl, ihre Größe und ihren Komfort ab, d. h. sie konnten weniger Personen aufnehmen. Sämtliche Regionen, außer dem Hinterland von Trier, waren von der Krise betroffen. Das jeweilige Ausmaß des Rückgangs der Siedlungsplätze und die neuen Siedlungsformen fielen regional sehr unterschiedlich aus und bewirkten ein Auseinanderfallen der Regionen.

An der Mosel entstand am Ende des 3. Jhs. n. Chr. eine kaiserliche Hauptstadt, die eine neue Elite anzog. Dort, wo die neuen Herren ihre suburbanen *villae* errichteten, wurde nun Wein angebaut. Ein großes, von einer 72 km langen Mauer umgebenes und wohl zur *villa* von Welschbillig

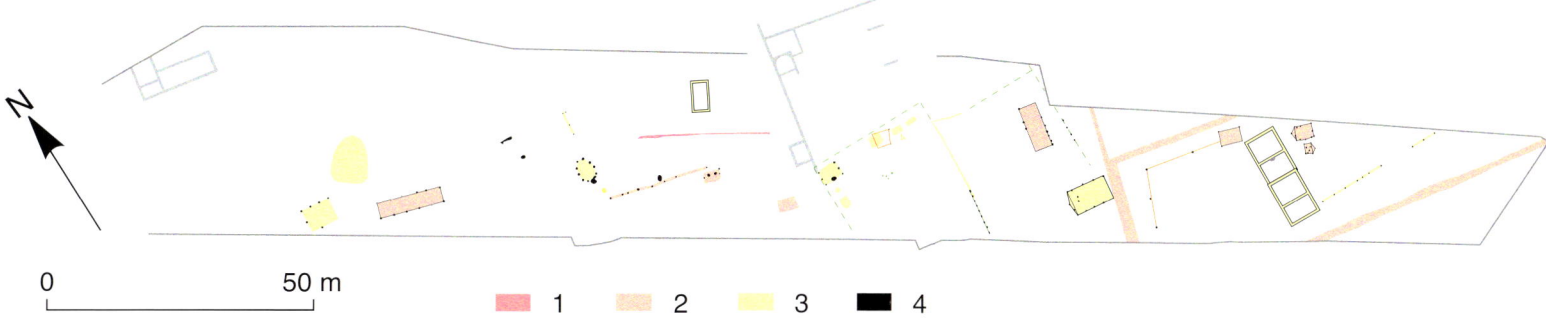

gehörendes Landgut zeigt, dass der Kaiser und sein Hof vom Land Besitz ergriffen. Die *villa* von Konz am Zusammenfluss von Saar und Mosel ist ein weiteres Beispiel (Abb. 116). Es handelt sich um eine längliche *villa* mit Säulengängen an allen Fassaden und ausgebildeten Eckrisaliten. Der Komplex ist um einen großen Raum mit beheizter Apsis gebaut. Im Dekor der Kapitelle, der Wandmalereien und der Bodenfliesen sind Gemeinsamkeiten mit den kaiserlichen Bauwerken zu erkennen. Im Jahr 371 n. Chr. erließ Valentinian in *Contoniacum* fünf Gesetze und Ausonius besang (um 369 n. Chr.) in seiner Mosella die *augusti muri*.

In der übrigen Belgica scheint eine Siedlungskontinuität, jedoch einhergehend mit tiefgreifenden Veränderungen, zu beobachten gewesen zu sein. Die *villa* und die Wirtschaftsgebäude wurden z. T. zerstört. Die noch stehenden Wände wurden genutzt, um mit einfachen Mitteln Notunterkünfte zu schaffen. Oder in den Ruinen entstanden aus wiederverwendeten Materialien neue Häuser. Dies ist der Fall in der *villa* von «Quinconce» in der Nähe von Soissons (Abb. 117). Auf die große *villa*, deren *pars rustica* aus einem weitläufigen symmetrischen Gebäudekomplex bestand, folgten Pfostenbauten und Palisaden. Während der drei Siedlungsphasen, die sich vom 4. bis 6. Jh. n. Chr. hinzogen, wurden längliche Gebäude errichtet, in denen Wohneinheiten, handwerklich und landwirtschaftlich genutzte Gebäude, eingetiefte Hütten und erhöhte Speicherbauten nebeneinander bestanden.

Seltener entstanden neue Siedlungsplätze. Die kleine Niederlassung von Attin wurde in der ersten Hälfte des 4. Jhs. n. Chr. gegründet (Abb. 118). Sie lag am äußersten Rand der *civitas* der Ambianer und des Boulonnais, an einem Hang der Canche, einem Fluss im Hinterland des *litus saxonicum*, das im Frühmittelalter einen bedeutenden Aufschwung erfahren sollte. In der ersten Bauphase wurden die beiden sehr einfachen Konstruktionen (A und B) auf Kalksteinfundamenten errichtet, in der zweiten Phase wurden sie auf großen Kalksteinblöcken, die z. T. aus abgerissenen Bauwerken stammten, neu gebaut (ca. 60 m Seitenlänge). Abgesehen von dieser Veränderung der Bautechnik weitete sich die bebaute Fläche aus, was demzufolge einer leicht positiven Entwicklung entsprach. Die Funde zeugen, auch wenn sie bescheiden sind, von Handelsbeziehungen: Münzen, daneben Keramik aus den Argonnen, aus Mayen und Oxford.

Während in Attin eine Kontinuität der gallo-römischen Kultur zu verzeichnen ist, kann in der Siedlung von Goussancourt ein Bruch festgestellt werden, den der Panegyriker in vereinfachtem lyrischen Ton herausarbeitet und pointiert darstellt: «Für mich also pflügen nun der Chamave und der Friese, bearbeiten dieser Vagabund und dieser Plünderer mein Brachland mit Mühe und ohne Unterlass, vergrößern meinen Viehbestand …, und der barbarische Landarbeiter zieht den Preis der Lebensmittel herunter» (*Panegyrici latini* 4,9). Die Archäologie bestätigt tatsächlich die Ansiedlung germanischer Völker im Reichsinneren, um die vernachlässigten und im Allgemeinen weniger fruchtbaren Böden zu bearbeiten. Die Siedlung von Goussancourt (SUE) erstreckte sich beidseitig der Straße, die aus Soissons kommend die Marne in Châtillon überquerte (Abb. 119). In dem ergrabenen Areal, das zweifellos nur einem Teil des Siedlungsplatzes entspricht, zeugen einige

Abb. 117
Mercin-et-Vaux, villa von «le Quinconce», die späte Besiedlung. 1. Phase 4 (Ende 3.–4. Jh. n. Chr.); 2. Phase 5 (4.–5. Jh. n. Chr.); 3. Phase 6 (5.–6. Jh. n. Chr.); 4. Phasen 4–6. Im Kontrast zu dem monumentalen Charakter der frühkaiserzeitlichen villa sind die spätantiken Strukturen in Holzerde-Bauweise errichtet, welche an die frühgeschichtlichen Strukturen erinnern.

Abb. 118
Attin, das bäuerliche Gehöft von «les Trente». Diese neue Siedlung mit ihren beiden Bauphasen zeigt, dass einige Regionen, wie z. B. das Tal der Canche, eine gewisse Blütezeit erlebten.

*Abb. 119
Goussancourt, die germanische Besiedlung von «les Fourneaux».
1. Grenzen des Grabungsareals; 2. Zone mit Steinschüttung;
3. Grube;
4. Pfostenloch;
5. Herdstelle;
6. Hauptgebäude;
7. Nebengebäude;
8. Hüttenboden;
9. Speicher. Diese Strukturen entsprechen ähnlichen von der Elbe und zeugen von der Niederlassung neuer Völker im Norden Galliens.*

Strukturen von einer Besiedlung zu Beginn der Spätantike. Zwischen 320 und 360 bis 390 n. Chr. ist eine neue Siedlungsphase erkennbar: Ein großes Gebäude (28 m x 5,30– 6,50 m) wurde auf Pfosten errichtet. Es war zweischiffig mit einem zentralen freien Raum, in dem eine 1,20 x 2 m große Feuerstelle von ein paar Steinen begrenzt wurde. Bei dem südlichen Teil mit einem Holzboden könnte es sich um den Wohnraum gehandelt haben, während im nördlichen Bereich am Hang wohl der Stall untergebracht war. Westlich von diesem Gebäude lagen mehrere kleinere Speicherbauten: vier mit einer Fläche zwischen 10 und 14 m² und acht mit einer Fläche zwischen 3 und 8 m². Auf der anderen Seite der Straße wurden weitere Pfostenbauten sowie ein Brunnen und ein durch das Fundmaterial gut datierter Hüttenboden gefunden. Er enthielt 56 mit Motiven aus der Mensch- und Tierwelt sowie mit geometrischen Mustern gravierte Hirschgeweihplatten (Abb. 120). Der Fundplatz erbrachte ebenfalls zwei Sporen und eine verzierte Gürtelschnalle. Die Anwesenheit fremder Völker in der Region belegt auch die *Notitia Dignitatum* (*Occidentis* 42,67), die sarmatische Gentilen zwischen Reims und Amiens lokalisiert. Im Umkreis von 30 km um Goussancourt erinnern mindestens fünf Ortsnamen an dieses Volk.

Während es im 1. und 2. Jh. n. Chr. in den ländlichen Regionen Anzeichen eines demographischen Wachstums gibt, zeugen die Spuren im 3. Jh. n. Chr. von einem allgemeinen Wachstumsrückgang, dessen Umfang jedoch je nach Region unterschiedlich ausfällt. Im 4. Jh. n. Chr. ähnelte die ländliche Belgica einem bunten Mosaik: hier und da breiteten sich große Güter aus, an anderen Stellen wurde das Land zur Bearbeitung den Barbaren überlassen. Anderenorts zeugt eine reduzierte und veränderte Siedlungsform davon, dass das Land auch hier weiter bebaut wurde.

Die Religion

In der Spätantike blieben die ländlichen Gebiete der Belgica heidnisch. Heiligtümer wurden restauriert und z. T. sogar neu gebaut. Münzdepots zeugen davon, dass einige Tempel, deren Bauwerke verfallen waren, anscheinend noch regelmäßig besucht wurden. Das Christentum kämpfte mit der althergebrachten Religion um die Vorrangstellung. Und mit den germanischen Völkern kamen schließlich auch die germanischen Gottheiten in die Belgica.

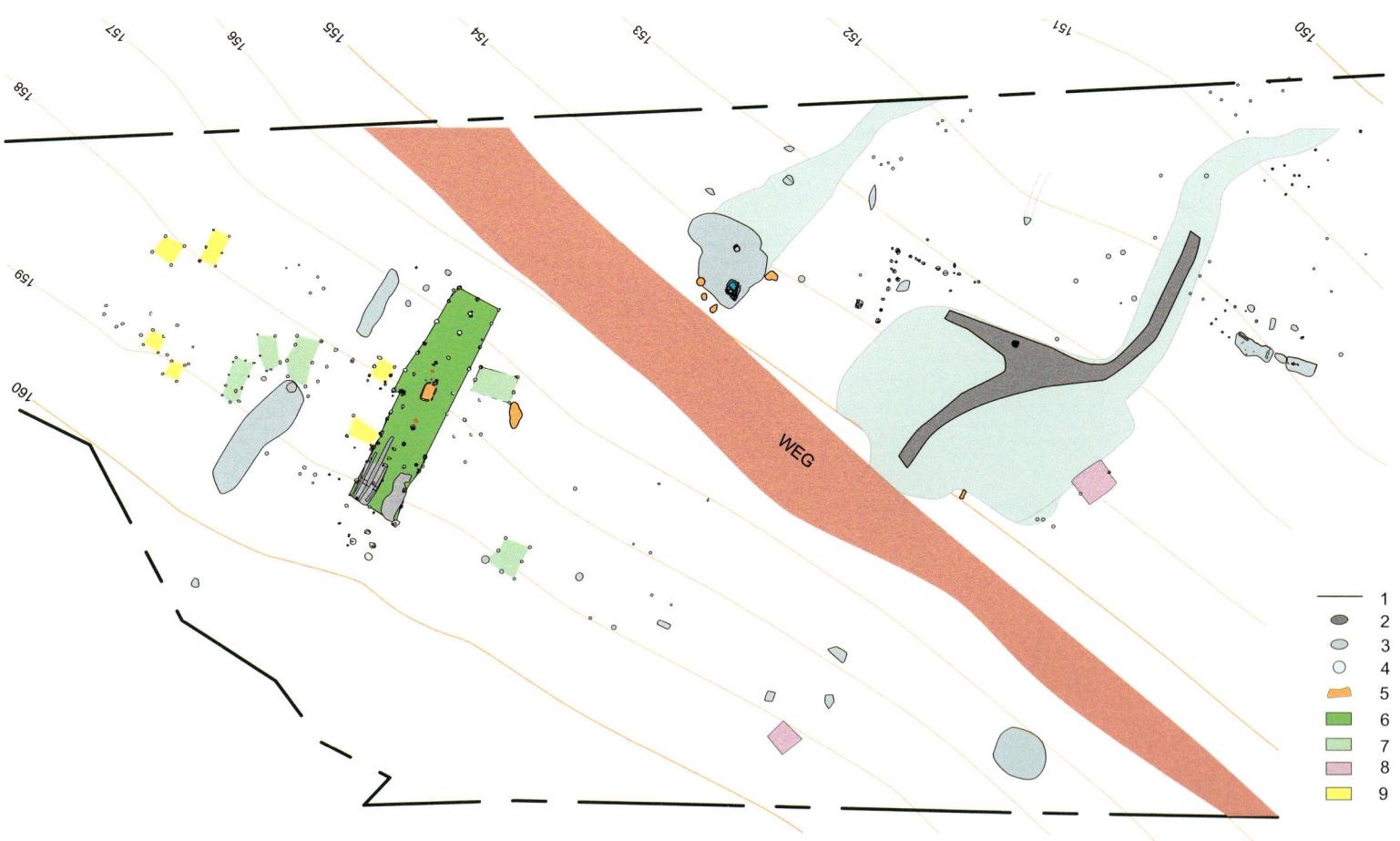

Das Christentum

Die christliche Religion glich auf den ersten Blick anderen orientalischen Religionen mit Mysterium, Universalismus, eigenen Moralvorstellungen usw. Doch im Gegensatz zu diesen Religionen stellte sie zum einen die göttliche und soziale Ordnung in Frage und wurde zum anderen von der kaiserlichen Politik unterstützt. Da sich die christliche Religion schlussendlich durchsetzte, sind zwar zahlreiche Dokumente aus deren Frühzeit überliefert worden, doch sie sind oft anachronistisch, ergänzt oder verfälscht.

Erst am Ende des 3. Jhs. n. Chr. zeugen die ersten Bischöfe von christlichen Gemeinden in den Städten der Belgica. Die Listen der Bischöfe, die an den Konzilen von Arles (314 n. Chr.), Sofia (343 n. Chr.) und dem Pseudo-Konzil von Köln (346 n. Chr.) teilgenommen haben, bestätigen die Präsenz christlicher Gemeinden in Trier, Reims, Soissons, Amiens, Metz und vielleicht in Cambrai. Doch die Diözesenlisten ermöglichen es, obwohl sie oft unvollständig sind, die ersten Bistümer von Trier, Metz und Reims bereits in die Jahre um 260 n. Chr. zu datieren. Bei der Christianisierung der Küste des Ärmelkanals hat, wie der Bischof Paulinus von Nola in einem Schreiben an Victricius verkündet, Rouen eine wichtige Rolle gespielt (*Epistulae* 18).

Die Anzahl der Grabinschriften und die Größe der christlichen Bauwerke weisen Trier als unumstrittenen Mittelpunkt des frühen Christentums im Norden des Reiches aus. Hieronymus, Athanasius von Alexandria und Martin von Tours haben sich in der Stadt aufgehalten. Der kaiserliche Hof ließ auf zwei *insulae*, vielleicht an der Stelle des Palastes der heiligen Helena, zwei dreischiffige durch eine Taufkapelle miteinander verbundene Basiliken errichten (Länge über 100 m, Breite 30–40 m), beiden Basiliken ist ein Atrium vorgelagert (Abb. 121. 122). Die Bauarbeiten begannen in den 20er Jahren des 4. Jhs. n. Chr. und wurden in mehreren Etappen ausgeführt. In der nördlichen Basilika laufen die Schiffe auf ein Podest mit vier Granitsäulen (Höhe 12,5 m) zu, die einen zwölfeckigen Baldachin trugen; die Raummaße erinnern an ein *fanum*. Andere Bauwerke wie Sankt Maximin, Sankt Mattias und Sankt Paulin wurden außerhalb der Mauern in den Nekropolen, auf den Grabstätten der Märtyrer und der ersten Bischöfe errichtet. Die Vorbilder dieser frühen

*Abb. 120
Goussancourt,
«les Fourneaux».
Die Arbeiten aus Horn müssen zu einem oder mehreren Kästchen gehört haben. Bis heute kennt man keine vergleichbaren Stücke.*

Abb. 121
Trierer Dom. Bei der Restaurierung der Nordmauer des Doms wurde der römische Vorgängerbau freigelegt: Abwechselnde Schichten von Bruch- und Ziegelsteinen; bei den Bruchsteinen handelt es sich im unteren Teil um Kalkstein und im oberen Teil um Sandstein.

Wandlung der Orte von Grabstätten in heilige Stätten sind nicht in der römischen, sondern in der gallischen Religion zu suchen, mit der wir uns bereits bezüglich der Gräber von Goeblingen (TRV) oder den Heiligtümern von Halatte (SUL) und Folly Lane in Saint-Albans (BRT) beschäftigt haben.

Ein germanisches Heiligtum

In einem Winkel der Stadtmauer von Arras (ATR) wurde an der Stelle einer ehemaligen *schola* ein germanisches Heiligtum aus der Zeit um 370 bis 380 n. Chr. freigelegt (Abb. 123). Es handelt sich um einen ungefähr 43 x 57 m großen Bereich, der von einer im Nordosten abrupt abfallenden Bodenerhebung gekennzeichnet ist. In seinem Zentrum erhob sich ein Hügel (Durchmesser 4 m; a) und um ihn herum ein Opferbereich, Pfostenstrukturen (Altar?), Feuerstellen und Gruben, in denen u. a. für die Elbregion charakteristische Fibeln gefunden wurden, darüber hinaus Werkzeuge und Waffen sowie Tieropfer (insbesondere Schwein, Hund und Pferd) und Menschenopfer. Auf dem Grund der rechteckigen Grube b waren drei Schädel in umgekehrter Position deponiert, in den Gruben c und d wurden Skelettreste von Kindern gefunden. Eine Kultstatue, ein Meisterwerk früher europäischer Kunst, wurde im Südwesten des Areals entdeckt (e). Die Gottheit mit massivem Kopf, vortretenden Augen und erigiertem Glied,

Abb. 122
Trier, Modell des frühchristlichen Doms. Die Rekonstruktion zeigt zwei Basiliken, die durch eine Taufkapelle miteinander verbunden sind. Die Nordbasilika wird von dem sog. Quadratbau beherrscht.

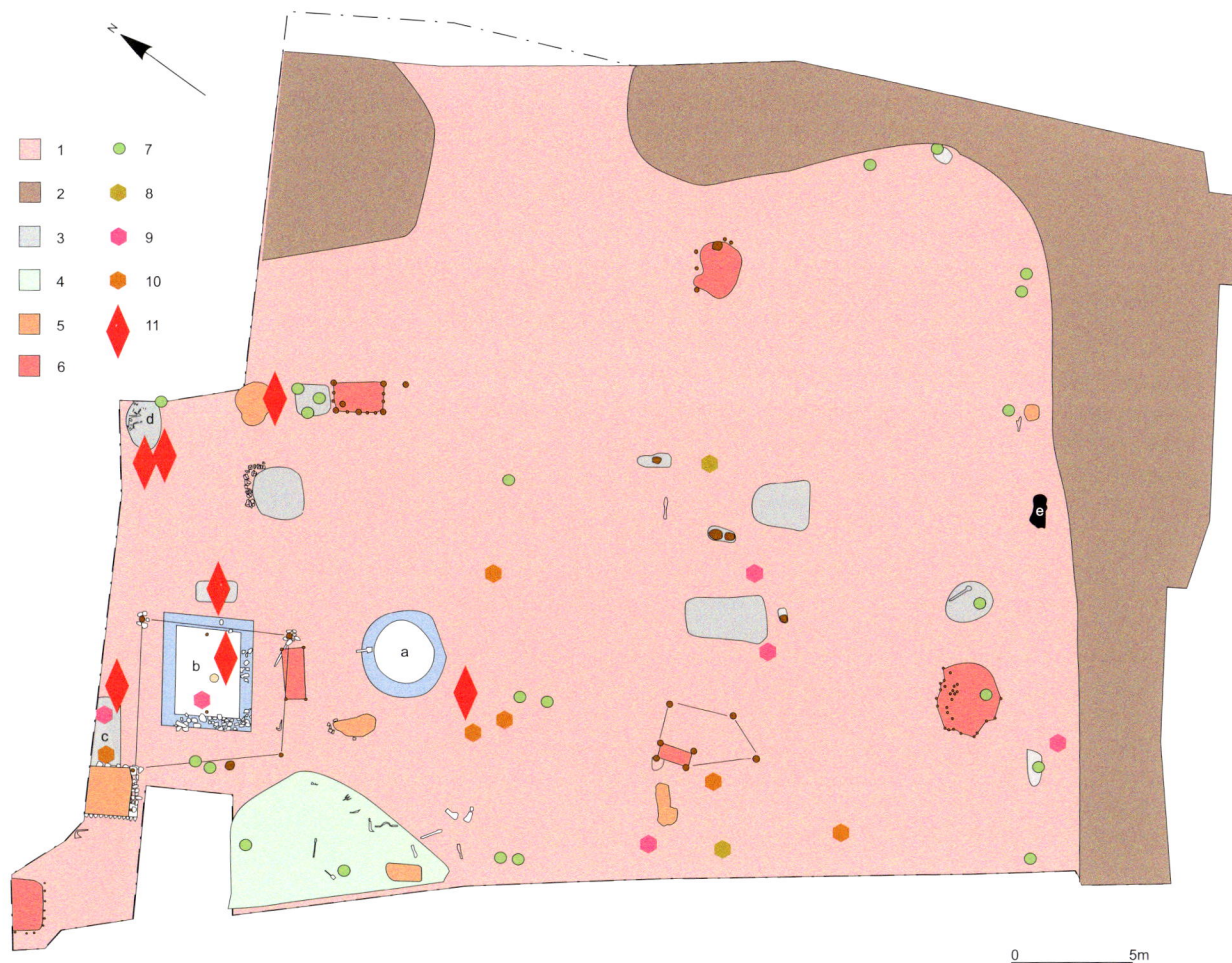

Abb. 123
Das germanische Heiligtum von Arras.
1. Heiliger Bezirk;
2. Erdhügel; 3. Grube;
4. Depotzone; 5. Herdstelle mit Opfergaben:
6. Struktur mit Pflöcken (Altar?);
7. Keramik; 8. Pferd;
9. Schwein; 10. Hund;
11. Mensch.

das es in der linken Hand hält, ist in Sandstein aus dem Landénien gearbeitet. Diese Skulptur wurde mit der nordischen Gottheit Fro, Frey oder Ingvi identifiziert, die in der skandinavischen Mythologie mit Thor und Odin gleichgesetzt wird (Abb. 124).

Die Zeit der Körpergräber

Im 3. Jh. n. Chr. nehmen die Brandbestattungen zugunsten der Körperbestattungen ab, sie sind jedoch noch sporadisch im ganzen 4. Jh. n. Chr. anzutreffen. In den späten Friedhöfen sind die Körpergräber in Reihen angeordnet. Der Vergleich mit anderen spätantiken Nekropolen zeigt, dass die Ausrichtung keinem Ritual entspricht, sondern mit der Topographie der Stätte zusammenhängt. In den germanischen bzw. fränkischen Nekropolen waren die Gräber in Süd-, Nord- und später in West-Ost-Richtung orientiert.

Die Gräber

Die Körperbestattung bestand darin, den Verstorbenen in der Erde in gestreckter Rückenlage, üblicherweise in einem Sarg oder einer Kiste niederzulegen Die Särge

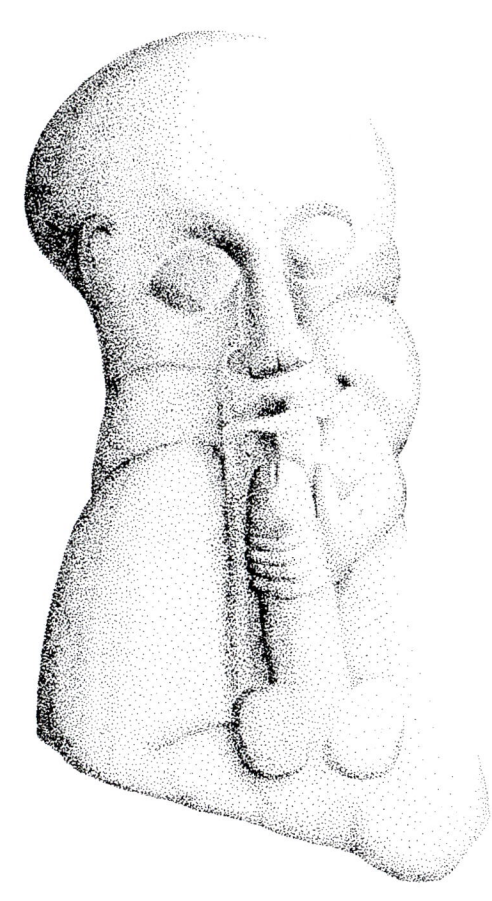

Abb. 124
Arras, Darstellung des Gottes Fro. Der Gott wurde vorsichtig aus der natürlichen Form des Blocks herausgearbeitet.

DIE ZEIT DER KÖRPERGRÄBER | 121

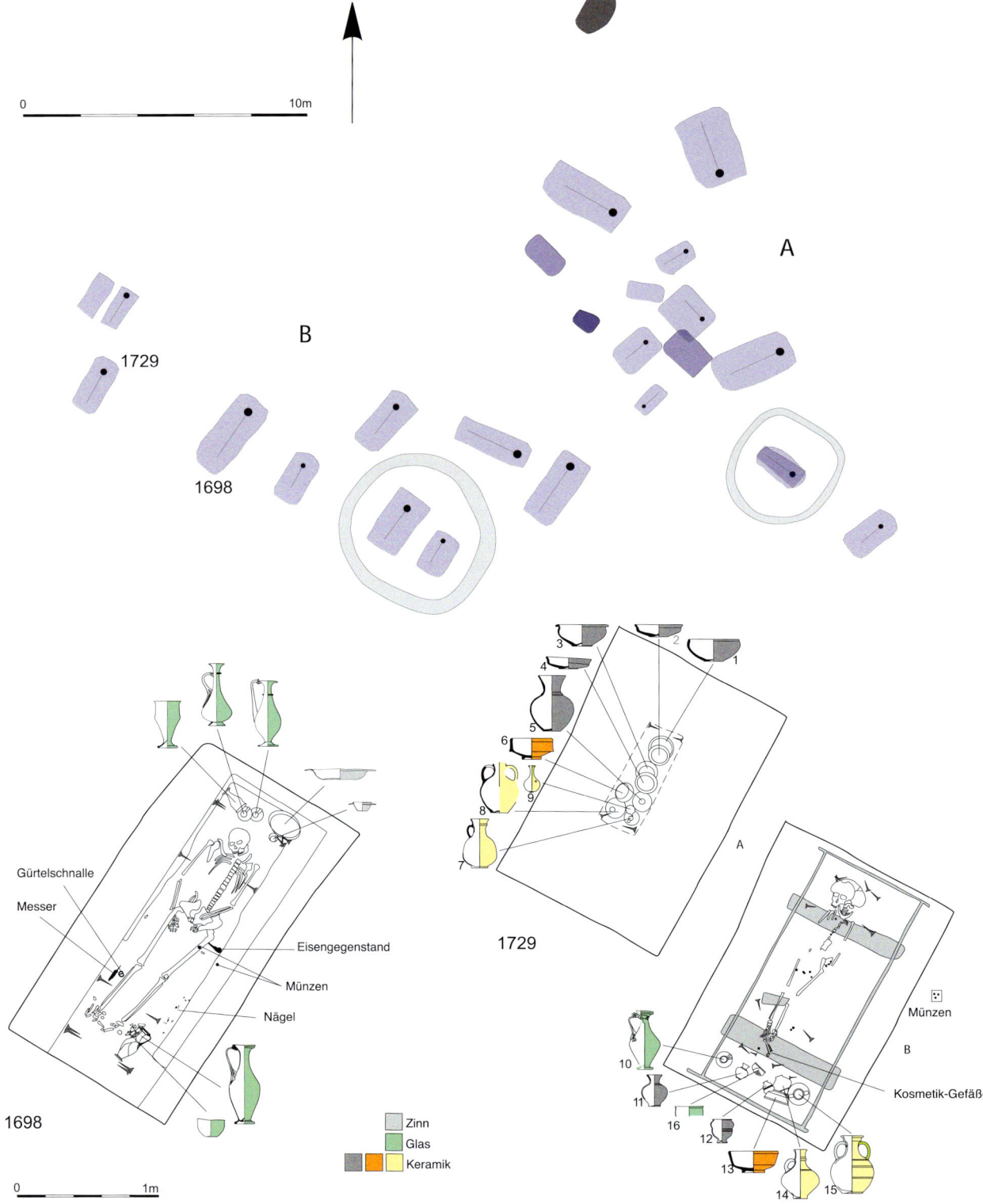

Abb. 125
Die spätantike Nekropole von Dourges und die Gräber 1698 und 1729. Die Beigaben der Gräber zeugen von bedeutenden Unterschieden. Es kann sich sowohl um soziale, kulturelle als auch um religiöse Unterschiede handeln.

waren aus Holz, in einigen reichen Gräbern auch aus Blei gefertigt. Sie wurden z. T. auf Querbalken in die Grube gestellt. Dem Verstorbenen wurden häufig Grabbeigaben mitgegeben, die im oder neben dem Sarg niedergelegt wurden. Im Großen und Ganzen ist zu beobachten, dass die Sepulkralkultur in der Spätantike sehr heterogen war, sowohl was die Grabbräuche angeht als auch die soziale, kulturelle und ethnische Stellung der Bestatteten.

Eine kleine Ausgrabung in Dourges (ATR) veranschaulicht diese Vielfalt (Abb. 125). Das Gräberfeld befindet sich in einem ländlichen Bereich an der Straße Arras–Tournai, 200 m von einer zeitgenössischen Siedlung entfernt. Im ganzen 4. Jh. n. Chr. zählte es 24 Grabstätten

122 | Die Spätantike

mit Bestattungen von mindestens acht Erwachsenen und sieben Kindern. Die vier entdeckten Brandgräber zeugen von der Einrichtung des Gräberfeldes. 20 Körpergräber verteilen sich auf zwei Gruppen. Die erste, 10 Gräber umfassende Gruppe weist einen Zusammenhang mit den Brandgräbern auf; ein Grab dieser Gruppe ist von einem Graben umgeben. Diese Körpergräber sind unterschiedlich ausgerichtet. Die zweite Gruppe besteht ebenfalls aus 10 Gräbern, von denen neun in Nordost-Südwest-Richtung orientiert sind, eine kreisförmige Grube umgibt zwei von ihnen. Nur zwölf Gräber enthalten Grabbeigaben, doch zwei (Grab 1698 und 1729) sind reich ausgestattet. Grab 1729 befindet sich in einer breiten und tiefen Grube, zwei Querbalken trugen den Sarg, auf dem ein Kasten mit neun Gefäßen stand; im Sarg befand sich ein Kinderskelett mit Knochennadeln, einer Kette aus Glasperlen, einer Fibel, 17 Münzen sowie Gefäßen aus Ton und Glas. In Grab 1698 lag hingegen ein männlicher Toter mit einem Eisenmesser und einer bronzenen Gürtelschnalle sowie fünf Glas- und zwei Zinngefäßen.

Die Nekropole von Vron nimmt eine Sonderstellung ein (Abb. 126). Sie ist von 370 n. Chr. bis zum Ende des 7. Jhs. belegt gewesen, was dem Zeitraum der Ansiedlung germanischer Völker in Gallien entspricht. In der frühen Belegungsphase im Osten der Nekropole, wo an die 100 Körperbestattungen in Süd-Nord-Richtung ausgerichtet sind, wurden auch einige Brandgräber entdeckt. Drei Familien können unterschieden werden. Die Gräber der Familienmitglieder gruppierten sich in der ersten Hälfte des 5. Jh. n. Chr. um ein zentrales Grab. Die Verstorbenen, hauptsächlich Männer, waren groß und langköpfig (dolichozephal). Diese Eigenschaften sind für die Bewohner Norddeutschlands in germanischer Zeit charakteristisch. Die Toten lagen nicht alle systematisch in einem Sarg. Unter den recht überschaubaren Grabbeigaben befinden sich Waffen, Münzen und Fibeln, von denen manche in die Welt des römischen Militärs gehören, andere in den Süden Skandinaviens weisen. Später verlagerte sich der Grabbereich nach Westen, die Gräber wurden dann nach Osten ausgerichtet. Die Beigaben fallen reicher aus, und die Funde weisen auf Kontakte mit der angelsächsischen Welt und die Anfänge der jungen merowingischen Kultur hin. Die merowingischen Nekropolen zeichnen sich durch aneinandergereihte Körpergräber aus, und vor allem dadurch, dass den Toten Waffen und Schmuck (u. a. Fibeln, Gürtelschnallen) mitgegeben wurden. Merowingische Nekropolen sind auf dem gesamten Territorium zwischen Seine und Rhein verteilt, was *grosso modo* dem Gebiet der alten Gallia Belgica entspricht.

Privilegierte Grabstätten

In der spätantiken gallo-römischen Gesellschaft werden die privilegierten Grabstätten selten, Grabmonumente gibt es kaum noch. Der Sarkophag, der in Italien die prunkvollen Grabmonumente ersetzte, taucht in Nordgallien erst spät und nur sporadisch auf.

Der Sarkophag des Iovinus ist ein außergewöhnliches Zeugnis (Abb. 127). Er besteht aus Carraramarmor und misst 2,85 m x 1,48 m bei einer Höhe von 1,55 m. Auf der Hauptansichtsseite sind ein Soldat zu Fuß, der ein Pferd führt, und eine Dienerin in Hochrelief dargestellt. Rechts davon sieht man eine weibliche Allegorie. Der Soldat, nun zu Pferde, streckt einen Löwen nieder, neben ihm sind verschiedene «Trophäen» dargestellt (Barbar, Hirsch und Wildschwein). Der Sarkophag und die Heroisierung des Verstorbenen sind charakteristisch für die Jahre um 260–270 n. Chr. Der Sarkophag stand in der Kirche Saint-Nicaise in Reims, dem Nachfolgebau der frühchristlichen Kirche des heiligen Agricola. Flodoard, der Chronist der Kirche von Reims, gibt im 10. Jh. eine Inschrift wieder, in der von der Gründung der Kirche berichtet wird: Iovinus, *magister equitum Galliarum* von 362 bis 369 n. Chr., bekannt auch durch die Schriften des Historikers Ammianus Marcellinus, habe die Kirche nach seiner Bekehrung zum Christentum im Laufe seiner glorreichen militärischen Karriere gegründet. Dank des archäologischen und historischen Kontextes wird dieser Sarkophag zum Zeugnis der Übernahme und Adaption einer älteren und heidnischen Monumentengattung durch die spätantike christliche Elite. Die Ausführung der Figuren erinnert an die antoninischen Reliefs des Konstantinbogens in Rom.

In Trier kann man gut beobachten, wie die Kunst von der christlichen Kultur durchdrungen wurde und wie sich das lokale Handwerk an die neuen Ideen, an den neuen Stil und die neue Bilderwelt anpasste. In der Tat findet man in den Nekropolen der Stadt neben den ersten christlichen, zumeist mit Grabinschriften mit stereotypen Formulierungen und Bildern (Kantharus, Taube, Zweige und Fische) gekennzeichneten Gräbern ebenfalls Sarkophage. Der aus weißem Kalkstein gefertigte Sarkophag von Sankt Maximin ist ein schönes Beispiel (2,35 x 0,97 m; erhaltene Höhe 0,38 m; Abb. 128). Auf der linken Seite ist die Versuchung Adams und Evas (*Genesis* 3,1–7) dargestellt, auf der rechten Seite sind die drei Jünglinge im Feuerofen (*Daniel* 3,1–30) und in der Mitte der gute Hirte (*Psalm* 23) zu sehen.

Das Ende der Antike wird zudem von einer neuen germanischen Elite geprägt. Zunächst beherrschte sie die Bevölkerung in den ländlichen Siedlungen wie Goussancourt (vgl. Kap. «Die ländlichen Siedlungen») und wurde

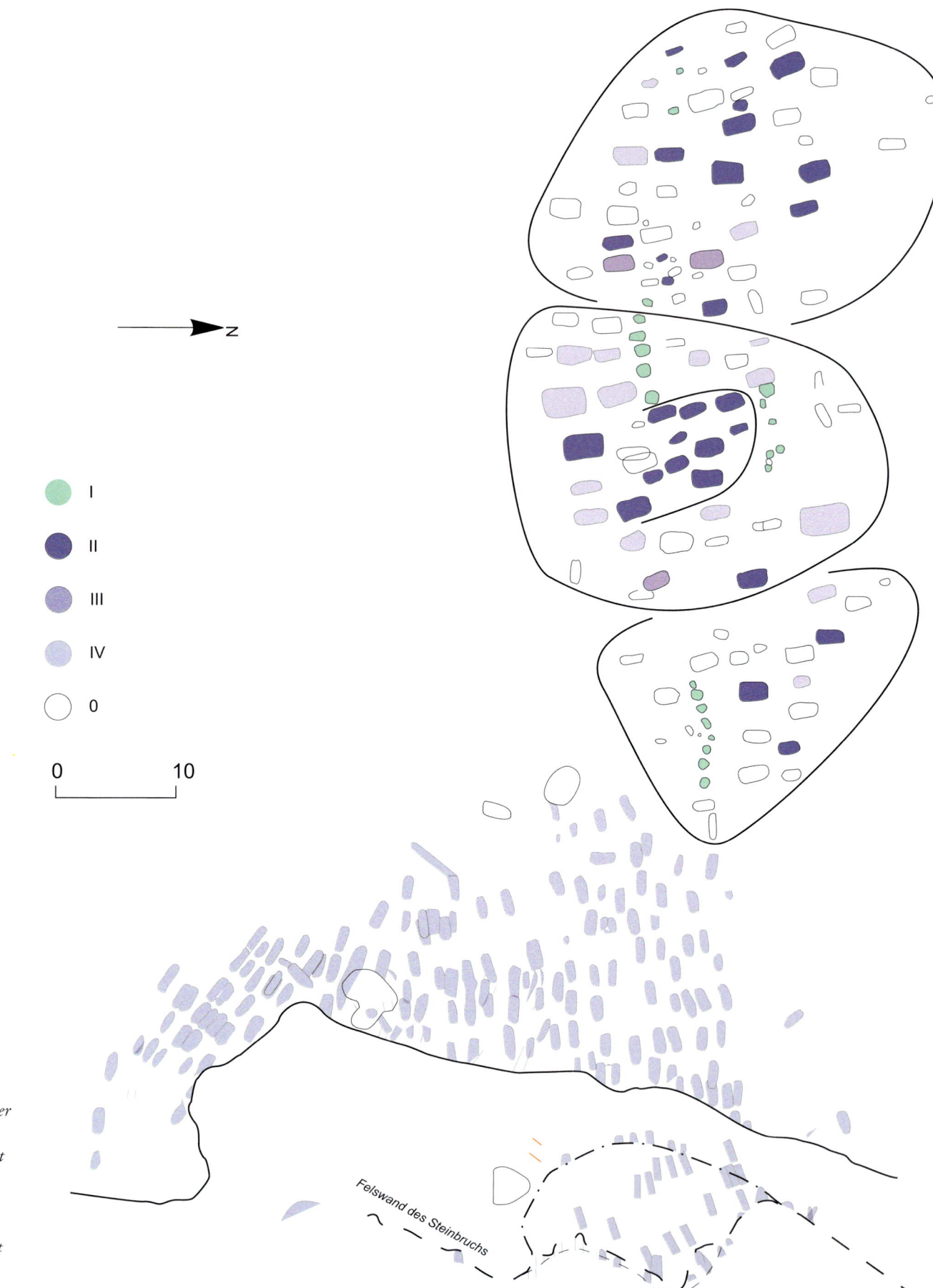

Abb. 126
Vron, germanische und merowingische Nekropole. Phasen I bis IV. Auf Brandgräber folgen drei Gruppen von Körpergräbern mit germanischen Beigaben. Mit den Gräberreihen einer merowingischen Nekropole setzt sich die Belegung des Gräberfeldes fort.

in Friedhöfen wie demjenigen von Vron bestattet. Doch sehr bald weitete sie ihre Macht auf das gesamte Territorium und die gesamte Gesellschaft aus und ist in den Städten wie Tournai, Soissons und Paris präsent. In Tournai wurde 1653 das Königsgrab von Childerich (ca. 456–482 n. Chr.) ohne jegliche archäologische Methode freigelegt, doch veröffentlichte J.-J. Chifflet bereits 1655 glücklicherweise die Grabbeigaben (Abb. 129). Neuere Untersuchungen haben ergeben, dass der König mit seinem Pferd unter einem Grabhügel bestattet worden war, um den weitere geopferte Pferde begraben lagen: Drei Komplexe mit 21 Pferden wurden freigelegt. Unter den Grabbeigaben Childerichs befand sich u. a. ein Siegelring, der ihn identifizierte, eine Kugel aus Bergkristall, ein mit goldenen Bienen besetzter Mantel (?), ein Langschwert und ein Skramasax (einschneidiges Schwert), deren Griffe und Futteral aus in Cloisonné-Technik und mit Granaten verziertem Gold bestanden, sowie mindestens hundert Goldmünzen aus der Zeit von Theodosius II. (402–450 n. Chr.) bis Zenon (ca. 474–491 n. Chr.) und zweihundert Silber-

*Abb. 127
Reims, Musée Saint-Rémi, Sarkophag des Iovinus. Der magister equitum Galliarum ließ sich in einem italischen Sarkophag aus dem 2. Jh. n. Chr. bestatten und verlieh so seinem Anspruch auf virtus Ausdruck, auch wenn er diesen in einen christlichen Kontext einfügt.*

*Abb. 128
Trier, Sarkophag des heiligen Maximin. Dargestellt sind der gute Hirte, das Bild Christi als Erlöser zwischen Adam und Eva und die drei Jünglinge im Feuerofen.*

DIE ZEIT DER KÖRPERGRÄBER | 125

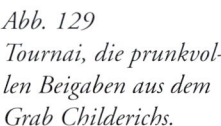

Abb. 129
Tournai, die prunkvollen Beigaben aus dem Grab Childerichs.

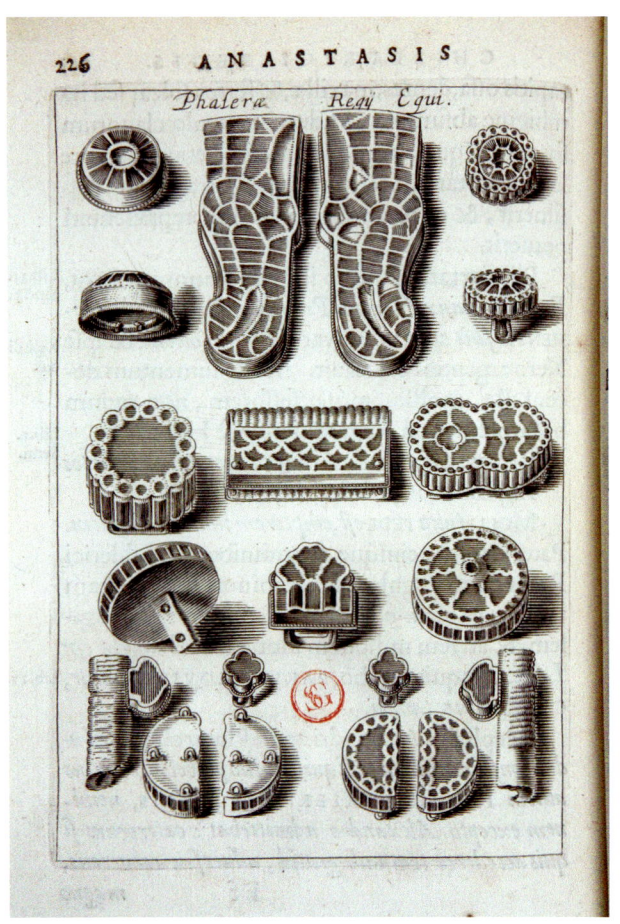

münzen. Der in Tournai geborene König Childerich, Verbündeter des Heermeisters Aegidius, Beschützer der *romanitas* und der Kirche, sollte Frankreich seinen ersten König, Clodwig, schenken.

Abschließend: Für den Historiker stellt die Spätantike in der Belgica eine ergiebige Zeit dar. Die Präsenz des Kaisers in Trier, auf seinen Landgütern und auf den Schlachtfeldern und der Hof als künstlerisches, intellektuelles und spirituelles Zentrum bedingten sowohl zahlreiche historische Ereignisse in der Belgica als auch eine ergiebige historische Berichterstattung über diese. Wie die anderen Provinzen wurde auch die Belgica neu geordnet. Die Einrichtung von zwei Provinzen institutionalisierte den heterogenen Charakter, der für die Belgica bereits in der frühen Kaiserzeit bezeichnend war. Berühmte *civitates*, von denen einige neugestaltet wurden, Hauptorte, die verlegt wurden, und neue Truppen ermöglichten es, das Gebiet wieder unter Kontrolle zu bekommen.

Doch die Belgica hatte sich gewandelt; viele Ortschaften waren geschrumpft, einige waren nun von einer Befestigungsmauer umgeben, welche die Siedlung im Mittelalter bestimmen sollte. Die ländlichen Regionen, die sich bis dahin durch eine gewisse Tendenz zu Gleichförmigkeit ausgezeichnet hatten, zersplittern, hängen nun zunehmend von der Beschaffenheit ihres Bodens, von ihrer Entfernung zu den Ortschaften und den Kommunikationswegen ab.

Ein wichtiger Punkt, der sich für die Geschichte des Frühmittelalters als entscheidend erweisen sollte, ist der Beitrag fremder Völker, der im 4. Jh. n. Chr. noch bescheiden ist, sich in den dörflichen Siedlungen und Nekropolen jedoch bereits bemerkbar machte. Diese «barbarische» Kultur wird mit der eroberten gallo-römischen Kultur verschmelzen und eine neue, die merowingische Kultur hervorbringen.

ZUSAMMENFASSUNG

Romanisierung?

Nach dem Aufstand der Bataver, der Treverer und Lingonen im Jahr 70 n. Chr. formulierte Quintus Petillius Cerialis die einfachen Prinzipien eines Soldaten und eines römischen Imperialismus'. «Es kann keine Ruhe für Völker ohne Heer geben, kein Heer ohne Sold, keinen Sold ohne Tribut» (Tacitus, *Historiae* 4,73). Es sind die «messianischen» Prinzipien eines Volkes, das der ganzen Welt den Frieden brachte, während andere den neuen Frieden eher als Leere bezeichnen würden. Diese Prinzipien galten seit dem 1. Jh. v. Chr. und sind von zahlreichen Autoren wie Caesar, Vergil, Tacitus, Aelius Aristides wiedergegeben worden. Die Integration der Völker in das Reich kann damit als beendet angesehen werden, die Romanisierung wie folgt zusammengefasst werden: Der hellenistische Osten verfolgte seine Jahrhunderte zuvor begonnene soziale, ökonomische und kulturelle Geschichte nach der römischen Eroberung ohne größeren Bruch weiter. Im Westen hingegen brachte der erzwungene Frieden eine neue zivile Verwaltung und eine neue soziale Ordnung mit sich, das römische Heer schwächte das kriegerische Wesen der keltischen Kultur ab, und der Tribut zog eine positive wirtschaftliche Entwicklung nach sich.

Im 2. Jh. n. Chr. und in der ersten Hälfte des 1. Jhs. v. Chr. sind in Gallien Anzeichen eines inneren Wandels erkennbar: einerseits die Zunahme der ländlich geprägten Siedlungen und zweifellos ein Anwachsen der Produktivität dank technischer Innovationen und günstiger klimatischer Bedingungen, andererseits die Herausbildung befestigter Siedlungen, in denen vielfältige wirtschaftliche, religiöse und politische Aktivitäten konzentriert wurden. Eine zugleich von Einkünften aus den Kriegen und der Landwirtschaft lebende Aristokratie beherrschte die Gesellschaft. Ein großer Teil dieser Aristokratie wurde in der Zeit zwischen Caesar und Augustus beseitigt, während ein anderer Teil durch Opportunismus und Kollaboration an die Macht kam.

Die Machtzentren verlagerten sich, die Macht selbst und ihre Symbole wurden tiefgreifend verändert. Die Oberschicht nahm die neuen Denk- und Handlungsweisen schnell an: Der Dienst in der Armee, der Kult der Roma und des Augustus sowie die Rednerschule von Autun waren hierfür grundlegend. Die Aristokratie beanspruchte die Kenntnis der Schrift, den Schlüssel zum neuen Herrschaftssystem, für sich. Die Oberschicht übernahm Posten in der lokalen Verwaltung, erlangte auf diese Weise das römische Bürgerrecht und festigte somit ihre Führungsstellung.

Das gesamte Gebiet der Belgica war frei zugänglich, Städte wurden gegründet und Straßen gebaut, so dass Personen, Ideen und Waren zirkulieren konnten. Die Landschaft um die städtischen Zentren und Verkehrsachsen wandelte sich. Die Besiedlung war dicht und hierarchisiert, der Besitz, die Abhängigkeiten und die Bestellung des Bodens veränderten sich. Der Tribut erforderte, dass die Bauern einen Teil ihrer Ernte ablieferten, was im besten Fall die Produktion von Überschüssen und die Diversifizierung der Aktivitäten (Landwirtschaft und Handwerk) stimulierte und schlimmstenfalls zu Hungersnöten führte. Die Ausweitung der Ortschaften und die Zunahme der Bevölkerungsdichte, das bessere Gesundheitswesen, die ständige Investition in den Komfort der Häuser bis zum Ende des 2. Jhs. n. Chr. zeugen sicherlich von einem demographischen Wachstum und zunehmender Produktivität. Doch dann zieht ein die technischen Möglichkeiten überfordernder Lebensstandard, zu dem politische, militärische, philosophische und demographische Faktoren treten, im 3. Jh. n. Chr. eine Krise nach sich.

Der Bruch zwischen dem «freien» und dem römischen Gallien ist offensichtlich. Es kann der Forschung nicht mehr darum gehen, sie miteinander zu vergleichen. Vielmehr müssen sie in ihren Charakteristika beschrieben werden. Die gallische Kultur wurde nicht vollständig von der Kultur der Eroberer ausgelöscht. Im Mittelalter sind keltische Züge erkennbar, die von einem Aufleben zeugen, das weder auf den germanischen noch den irischen Einfluss zurückzuführen ist. Die französische Sprache bewahrt ein keltisches Erbe; ein Vokabular, das in den antiken Texten nicht wahrnehmbar ist. Da es sich um die Verkehrssprache handelte, bereicherte es auf bescheidene Weise die französische Sprache, z. B. *alouette* (Lerche), *bec* (Schnabel) und *bouc* (Ziegenbock, Spitzbart). Auch in den Toponymen finden sich zahlreiche keltische Namen wieder, die entweder von den Römern übernommen oder von ihnen vergeben wurden. Es kann als sicher gelten, und wird von einigen Autoren (Hieronymus, Sulpicius Severus und Sidonius Apollinaris) bestätigt, dass das einfache Volk eine Mischsprache aus Lateinisch, Keltisch und – in bestimmten Gegenden – Germanisch sprach. Die religiösen Texte liefern hierfür die meisten Nachweise, nicht weil die Religion im römischen Gallien besonders konservativ war, sondern eher weil sie einen Bereich darstellte, in dem sich breitere soziale Klassen ausdrückten, als in anderen Bereichen des öffentlichen Lebens.

Unter diesem Gesichtspunkt müssen wir nun die durch die römische «Befriedung» der *Galliae* bedingte Akkulturation betrachten. Die soziale Hierarchisierung, die Unterscheidung nach Geschlecht und Alter, die jeweilige Region und der städtische oder ländliche Kontext sind die ersten Faktoren, die es ermöglichen, die übertriebene Verallgemeinerung des Konzeptes der «Romanisierung» zu entkräften Eine Reiteraristokratie gallischer Abkunft bejahte die römische Universalkultur, die Honoratioren der Kurien verwalteten die *civitates* und ihre Landgüter; kleine Grundbesitzer und Werkstattmeister ließen für sich Stelen mit Inschriften errichten, doch die römische Literatur kannten sie nicht. Der weitaus größte Teil der Bevölkerung konnte gerade einmal seinen Namen lesen, jedoch kaum mehr.

Wenige Menschen lebten in den Städten und noch weniger Menschen begaben sich in die öffentlichen Bäder. Nicht alle *villae* waren mit Thermen ausgestattet und diese standen nur dem Besitzer und seinem näheren familiären Umfeld offen. Wie viele Menschen speisten von Silbergeschirr und wie viele von Terra Sigillata? Und was aßen sie: In Öl gegarte und mit Fischsauce gewürzte Fleischgerichte oder Grütze und in Töpfen gekochtes Gemüse? Es steht zu hoffen, dass wir diese gallo-römische Gesellschaft dank der kritischen Analyse der Inschriften und insbesondere der noch unveröffentlichten und ständig anwachsenden archäologischen Daten bald besser kennen werden.

Das Erbe

Aus dem Lateinischen enstanden die romanischen Sprachen: Dies stellt mit Sicherheit das bedeutendste Erbe der römischen Kultur dar. Nach dem Untergang des römischen Reiches wird die Kirche die Kultur bewahren und

Abb. 130
Westfassade der Abtei Saint-Rémi in Reims. Die Fassade rahmen kannelierte Säulen und Pilaster sowie Säulen, die aus antiken Bauwerken stammen.

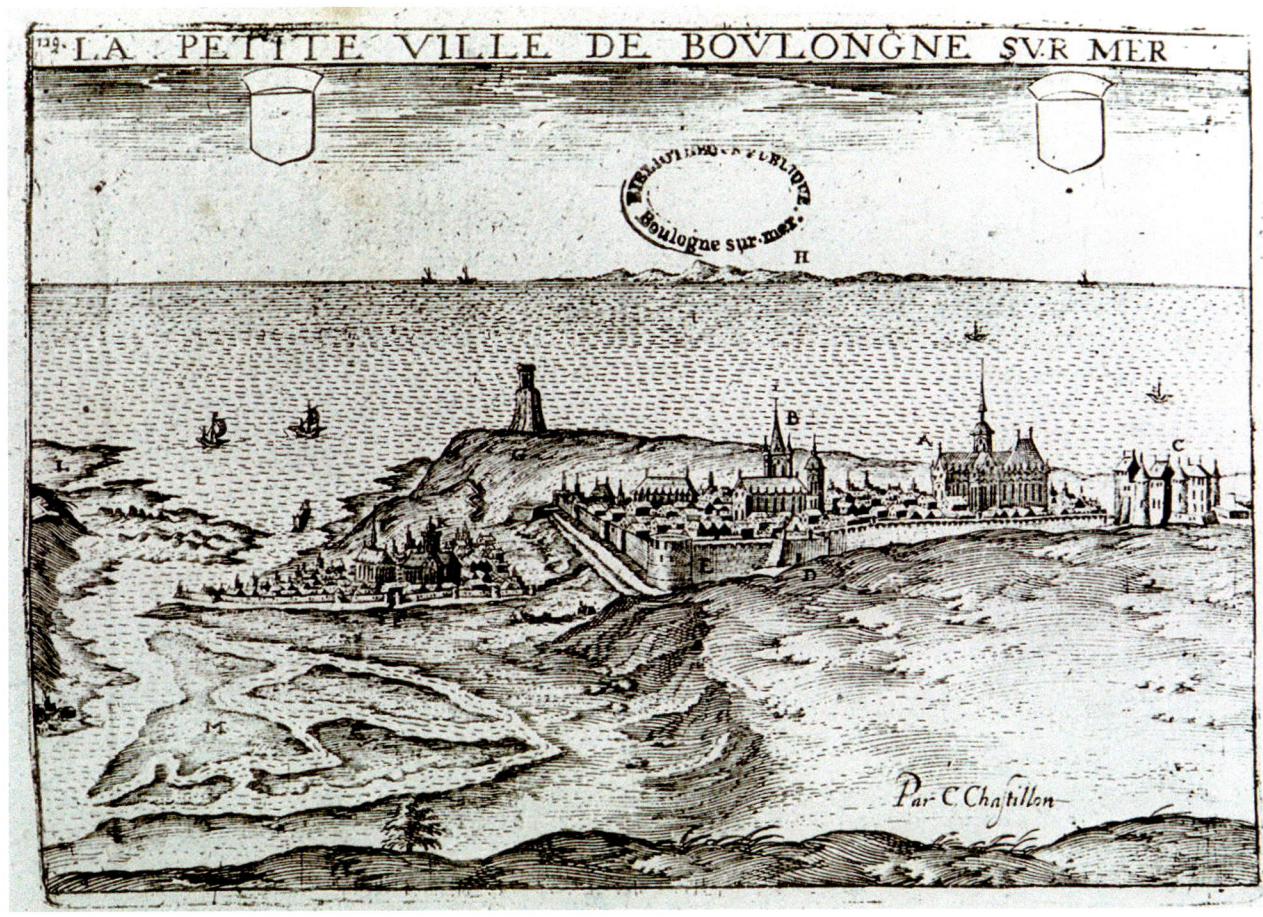

Abb. 131
Boulogne-sur-Mer, La petite ville. Der römische Leuchtturm «Tour d'Odre» ist im Hintergrund zu sehen. Er ist 1644 mit dem Felsen abgestürzt und ist nur aus den Beschreibungen und den Zeichnungen des 16. und 17. Jhs. bekannt.

uns die lateinische Sprache und andere Elemente der untergegangenen Zivilisation übermitteln. Neben Sprache und Texten, Verwaltungsstrukturen und Titeln, Ruinen und Gegenständen wurden auch Denk- und Handlungsweisen bewahrt. Diese Relikte ermöglichen es uns, die *civitates* zu rekonstruieren und uns in das Leben in den antiken Städten zurückzuversetzen. Auf ihnen basiert unsere Moral, die der römischen *humanitas* oft näher steht als den Geboten des Evangeliums. Auf ihnen beruht auch die Unterordnung des Geistlichen unter das Weltliche.

Auch die Vorbilder der religiösen Architektur sind in der Antike zu suchen: die basilikale Form, der Säulengang, die Apsis, der Triumphbogen usw. Im Prinzip waren die römischen Vorbilder und Ruinen im Norden der Seine für das Auge weniger präsent als in Langres, Autun oder in Südfrankreich, doch Reims hatte Baureste bewahrt, die als Referenz dienen konnten. Der heute Porte de Mars genannte Ehrenbogen war in ein kirchliches Bauwerk mit einbezogen worden, und die Fassade der Basilika Saint Remi aus dem 12. Jh. ist mit antiken Säulen, Pilastern und Kapitellen ausgestattet worden (Abb. 130).

Vor der industriellen Revolution hat die technische Entwicklung Jahrhunderte lang stagniert, weshalb sich in der Landschaft die Spuren der römischen Besiedlung erhalten haben. So folgen die Straßen des regionalen Verkehrsnetzes den antiken Straßen und die Felder entsprachen noch lange der antiken Parzellierung.

Die Archäologie

In der Kirche ist die Antike lebendig geblieben. Die Gelehrten des 16. Jhs. haben sich der Antike aus Freude an der Bildung und dem Interesse an der Vergangenheit gewidmet. Selbst im Mittelalter zeugen berühmte Einzelfälle vom Interesse an den Altertümern; genannt seien nur Flodoard von Reims (10. Jh.) oder Lambert von Ardres, der Anfang des 13. Jhs. auf «heidnische Überreste, rote Ziegel, Scherben von zinnoberroten Gefäßen und von zerbrochenen Glasgefäßen» aufmerksam machte. Durch die Renaissance fühlten sich auch im Norden viele Gelehrte trotz der nur spärlichen Überreste der Antike zu Forschungen berufen. Auf schriftliche Quellen konnte man sich für unsere Regionen kaum berufen, und die architektonischen Reste zogen mehr Fachleute als Künstler an. Deswegen begann man nun erste archäologische Grabungen durchzuführen. So vermerkte Louvet in seiner Geschichte von Beauvaisis (1631) phytographische Spuren: «Wenn diese weite Landschaft [Vendeuil-Caply (BEL)] mit Weizen eingesät ist, erkennt man hier noch die Anlage des Straßennetzes, wo der Weizen kleiner ist als dort, wo Häuser gestanden hatten.» N. Bergier (1635) beobachtete neben seinen Beschreibungen der Tore von Reims das Fundament der Straßen: «Als man das Fundament des Klosters [der Kapuziner] bis in neun Fuß Tiefe aushob, kam der natürliche Boden zutage, auf dem der Weg angelegt ist.» Im Departement Moselle nahm Wiltheim (1682) Inschriften, Ruinen und insbesondere die zahlreichen Grabmonumente auf, die bereits zu dieser Zeit ausgegraben wurden. Die kultivierte Oberschicht machte sich also die Antike zu eigen. Mehrere Jesuiten hinterließen uns Berichte von Entdeckungen und Skizzen; sie suchten auch nach Spuren, die weiter zurückreichten als in römische Zeit (Abb. 131). In der *Illustration de Gaule et singularitez de Troye* betrachten die Grafen des Hennegaus sich als Abkömmlinge von Bavo, dem Onkel des Priamus, der Bavay gegründet haben sollte. Das Werk wurde zwischen 1506 und 1549 sechsmal aufgelegt, und sein Autor, Jean Lemaire de Belge, hinterließ uns ein Manuskript über die Ausgrabung eines *tumulus* in Zaventem (NRV).

Die von antiken Quellen genährte intellektuelle, politische und kirchliche Elite, die die erbaulichen Biographien eines Plutarch bewunderte, blieb den Hinterlassenschaften des römischen Reichs verbunden. Der Aufstieg einer republikanischen und laizistischen Mittelklasse bewirkte hingegen, dass – vereinfachend gesagt – *nos ancêtres les Gaulois* («unsere gallischen Vorfahren») oder merowingischen Ahnen die emblematischen Figuren des 19. Jhs. wurden; sowohl für die Geschichte der ganzen Nation als auch im Bereich der regionalen Geschichte. Die Romantik beanspruchte diese Zeiten ohne Texte, in denen der Gegenstand und der Boden den Vorrang über die Schriften haben, für sich. Überall wurden Gelehrtengesellschaften gegründet; das lokale und nationale Konzept standen dem globalen und imperialen Konzept entgegen. In der Folge sorgte der Erste Weltkrieg für Zerstörungen in den Landschaften, der Archäologie und bei den Bauresten; die Frontlinien und die zahlreichen Erdarbeiten (Schützengräben, Bunker usw.) durchzogen das Land der Belgica, Nord-Pas-de-Calais (MEN, NRV), Picardie (AMB, SUE), Champagne (REM), Lothringen (MED, LEU). In Frankreich kam die regionale Archäologie zum Erliegen, während die Ausgrabungen an der deutschen und luxemburgischen Mosel und auf dem Gebiet des heutigen Belgien weitergeführt werden konnten.

Erst in den 1980er Jahren und nach zahlreichen Zerstörungen von kulturellem Erbe in der Modernisierungsphase der 1970er Jahre ermöglichten eine Gesetzgebung und neue Strukturen die Rettung archäologischer Reste. In den letzten 20 Jahren wurden Methoden entwickelt und Grabungsteams gebildet (Afan-Inrap, Gebietskörperschaften), die sowohl Daten in den komplizierten, schichtenreichen Stratigraphien von Stadtgrabungen sammeln konnten (insbesondere in Metz, Reims oder Amiens), als auch auf großflächigen Grabungen auf dem Land. Die Frühgeschichte hat dank der Präventivarchäologie eine wissenschaftliche Revolution erlebt, auf die die Erforschung der römischen Periode noch wartet. Wie ist das zu erklären? Im Gegensatz zu Belgien oder Deutschland ist in Frankreich ein Wiederaufleben der sozialen und intellektuellen Konflikte des 19. Jhs. festzustellen. Als Beispiele können die in Deutschland und Belgien zahlreichen Rekonstruktionen römischer Bauwerke angeführt werden (u. a. Tawern, Schwarzenacker, Borg, Blicquy oder Jemelle; vgl. Abb. 81), während Frankreich die Rekonstruktionen der frühgeschichtlichen Periode oder des frühen Mittelalters privilegiert (u. a. Samara, Asnapio, Les Rues-des-Vignes und Marle). Die Vielzahl von Straßennamen mit Bezug zu den Römer (z. B. Römerstraße, Kastellstraße oder Drususstraße) zeugen im Westen Deutschlands tagtäglich von der Präsenz der Römer, während sie in Frankreich in den Hintergrund gedrängt wird (Abb. 132). Dazu kommt, dass die römischen Straßen in Frankreich der merowingischen Königin Brunhilde zugeschrieben wurden. Die römische Periode ist in Frankreich zwar durchaus bekannt, man scheint ihrer aber überdrüssig zu sein. Es geht in Zukunft also nicht mehr darum die Begriffe *villa* oder Fibel zu definieren, sondern durch eine Vermehrung der Monographien Studienreihen vorzulegen, um sowohl eine qualitative als auch quantitative Auswertung der Daten zu ermöglichen. Nur dadurch können über das Verständnis des Fundobjekts hinaus die Menschen dieser Zeit, ihre Kultur, ihre soziale Stellung und Identität gefasst werden. Dann wird es möglich sein, sich besser in die antiken Bauwerke und die Komplexität dieser Zeit hineinzuversetzen. Es wird leichter, die Komplexität der Gedanken- und Gefühlswelt, die Furcht vor sozialen Unterschieden und die Konsumlust, den Reiz von Entdeckungen und die Angst vor der Globalisierung einander gegenüberzustellen und zu vergleichen.

Die Belgica in der Welt und der Geschichte

Eine römische Provinz ist zunächst einmal eine intellektuelle Konstruktion des Historikers, der sich mit ihr beschäftigt. Die Rekonstruktion ist abhängig von der Persönlichkeit des Historikers, doch ebenso von dem kulturellen Gedächtnis der ihn prägenden Gesellschaft. Wir müssen

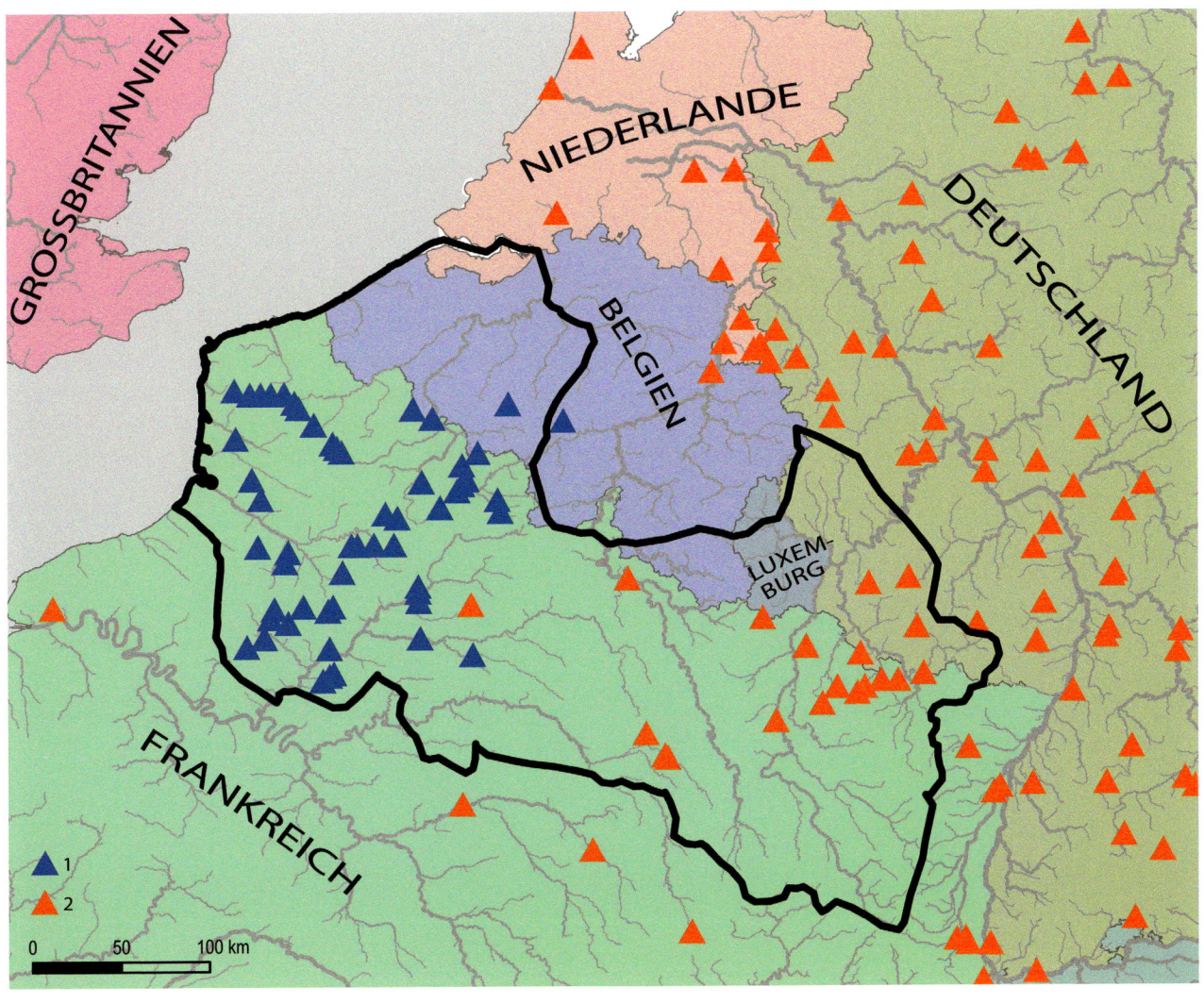

Abb. 132
Die Gallia Belgica in Nordwesteuropa.
1. Rue des Romains / Römerstraße / Romeinenstraat; 2. Chaussée Brunehaut. Mit den germanischen Reichen bezieht die deutsche Kultur die römische Zivilisation in ihr kollektives Bewusstsein mit ein. Die französische Republik gab den gallischen oder fränkischen Ahnen den Vorzug.

nun jedoch zum Ende der Untersuchung die Besonderheiten der Belgica im römischen Reich zugleich positivistisch und sehr allgemein zusammenfassend aufzeigen.

Die Belgica wird wie die ganze *Gallia comata* zur Zeit der Herausbildung des Prinzipats vom römischen Reich unterworfen und übernimmt dessen Funktionsprinzipien. In den Augen der Römer entsprach diese Eroberung der eines barbarischen, Rom unterlegenen Volkes, im Gegensatz zu den Eroberungen der hellenistischen Welt (Griechenland, Kleinasien und Ägypten). Rom musste die Belgica also nicht nur unterwerfen, sondern auch zivilisieren.

Im Vergleich zur Lugdunensis, zur Aquitania und in noch stärkerem Maße im Vergleich zur Narbonensis scheint die Elite der Belgica weniger Interesse an den neueren staatlichen Strukturen entwickelt zu haben (*ara Romae et Augusti*, Senat und Ritter). Unter ökonomischen Gesichtspunkten handelte es sich für die Römer um eine weit entfernte nördliche Provinz, wo keine Olivenbäume wuchsen und der Wein nur unter schwierigen Bedingungen gedeihen konnte.

Die Belgica bestand *de facto* aus zwei Teilen, in der Spätantike wurde diese Teilung dann offiziell. Die östlichen Völker (TRV, MED, LEU) profitierten von der Nähe der Grenze Germaniens, während die westlichen Regionen (REM, SUE, AMB usw.) nicht den gleichen Nutzen aus ihrer Nähe zur Bretagne ziehen konnten. In der Spätantike war es die Lage im Hinterland am Rhein, die die Kaiser bewegten, die Hauptstadt der Belgica prima, Trier, zur Residenzstadt zu erheben. In dieser Zeit, als die ländlichen Bereiche große Gegensätze aufweisen, größtenteils jedoch verlassen wirkten, bildete sich in Nordwesteuropa eine neue Zivilisation heraus, aus der eine herausragende mittelalterliche Kultur entstehen sollte.

Die Belgica wurde künstlich in eine mediterrane Zivilisation integriert und zeichnete sich innerhalb dieser nicht durch starke Besonderheiten aus. Erst als «Rom sich nicht mehr in Rom befindet», sondern dort, wo der Kaiser residierte, hätte die Provinz sich stärker entfalten können – doch dies tut sie erst rund tausend Jahre später, in der Gotik.

ANHANG

Abkürzungen

Allgemein:
AÉ: L'Année épigraphique
CIL: Corpus inscriptionum latinorum

Die gallischen Stämme:
AMB: Ambianer
ATR: Atrebaten
BEL: Bellovaker
BRT: Britannia
GI: Germania inferior
GL: Gallia Lugdunensis
GS: Germania superior
LEU: Leuker
MED: Mediomatriker
MEN: Menapier
MOR: Moriner
NRV: Nervier
REM: Remer
SIL: Silvanecten
SUE: Suessionen
TRV: Treverer
VIR: Viromanduer

Literaturverzeichnis

Allgemeines
A. Ferdière, Les Gaules (Provinces des Gaules et Germanies, provinces alpines) IIe siècle av.-Ve siècle ap. J.-C. (2005).

M.-Th. Raepsaet-Charlier, Les Gaules et les Germanies, in: C. Lepelley (Hrsg.), Rome et l'intégration de l'Empire. 44 av. J.-C.–260 ap. J.-C. Approches régionales du Haut-Empire romain (1998) 143–195.

Y. Roman / D. Roman, Histoire de la Gaule. Ve siècle av. J.-C. – Ier siècle ap. J.-C. (1997).

E. M. Wightman, Gallia Belgica (1985).

G. Woolf, Becoming Roman: The Origins of Provincial Civilization in Gaul (1998).

Geografie und Umwelt
G. Mottet, Géographie physique de la France (1999^3).

J.-P. Rioux / J. Michelet / V. Duruy / P. Vidal de la Blachem Tableaux de la France (2007).

G. Bruno, Tour de la France par deux enfants (2007).

Kartografie
Atlas des provinces de Belgique et de Germanie, ABG, HALMA-IPEL, UMR 8164.

Orografie: Digitale Darstellung der Topographie, Seamless Shuttle Radar Topography (USGS).

Hydrografie: CCM, River and Catchment Database © European Commission – JRC, 2007.

Geologie: K. Asch, Geologische Karte Europas 1/5 M (International Geological Map of Europe, IGME 5000, BGR).

Pedologie: Soil Geographical Database at 1 : 1,000,000 (© European Commission – JRC, 2007).

Das Ende der Eisenzeit Allgemeines und oppida
St. Fichtl, Les Gaulois du nord de la Gaule (1994).

Ders., Les oppida du Nord-Est de la Gaule à La Tène finale, Archaeologia Mosellana 5 (2003).

Ders., La ville celtique (2005).

Ders., Les oppida du Nord-Est de la Gaule à La Tène finale, Archaeologia Mosellana 6 (2005).

C. Haselgrove (Hrsg.), Celtes et Gaulois. L'archéologique face à l'histoire. Les mutations de la fin de l'âge du fer. Actes de la table ronde de Cambridge, Juli 2005 (2006).

N. Roymans, Tribal Societies in Northern Gaul. An Anthropological Perspective (1990).

Religion
P. Arcelin / J.-L. Brunaux, Cultes et sanctuaires en France à l'Âge du Fer, in: Gallia 60 (2003) 1–269.

M. Poux, L'Âge du vin. Rites de boisson, festins et libations en Gaule indépendante (2004).

Ch. Goudineau (Hrsg.), Religion et société en Gaule (2006).

Ländliche Siedlungen
Fr. Malrain / E. Pinard, Les sites laténiens de la moyenne vallée de l'Oise du Ve au Ier s. av. notre ère. Contribution à l'histoire de la société gauloise, Revue archéologique de Picardie, Sonderheft 23 (2006).

Vallée de l'Aisne. Cinq années de fouilles protohistoriques, Revue archéologique de Picardie, Sonderheft 1 (1982).

Münzprägung
G. Depeyrot, Le numéraire celtique. VI. De la Manche au Soissonais (2005).

G. Depeyrot, Le numéraire celtique. VII. La Gaule orientale (2005).

J. Metzler / D. Wigg-Wolf (Hrsg.), Die Kelten und Rom. Neue numismatische Forschungen (2005).

Geschichte und Verwaltung Die Quellen
Allgemein: P. M. Duval, Les sources de l'histoire de France. 1. La Gaule jusqu'au milieu du Ve s. 2 Bde. (1971).

Für die Inschriften: Verweise auf das *Corpus inscriptionum latinorum* (*CIL*) und die *L'Année épigraphique* (*AÉ*).

Archäologische Funde und Befunde
R. Brulet, Les Romains en Wallonie (2008).

R. Chossenot u. a., La Marne, Carte archéologique de la Gaule 51/1 (2004).

H. Cüppers, Die Römer in Rheinland-Pfalz (1990).

R. Delmaire, Le Nord, Carte archéologique de la Gaule 59 (1996).

R. Delmaire, Le Pas-de-Calais, Carte archéologique de la Gaule 62, 2 Bde. (1994).

P. Flotté / M. Fuchs, La Moselle, Carte archéologique de la Gaule 57/1 (2004).

J.-N. Griffitsch / D. Magnan / D. Mordant, La Seine-et-Marne, Carte archéologique de la Gaule 77, 2 Bde. (2008).

G. Hamm, La Meurthe-et-Moselle, Carte archéologique de la Gaule 54 (2004).

M. Michler, Les Vosges, Carte archéologique de la Gaule 88 (2004).

Fr. Mourot, La Meuse, Carte archéologique de la Gaule 55 (2001).

B. Pichon, L'Aisne, Carte archéologique de la Gaule 2 (2008).

I. Roggeret, La Seine-Maritime, Carte archéologique de la Gaule 76 (1998).

J.-J. Thévenard, La Haute-Marne, Carte archéologique de la Gaule 52, 2 Bde. (1996).

M. Wabont / F. Abert / D. Vermeersch, Le Val d'Oise, Carte archéologique de la Gaule 95 (2006).

G. P. Woimant, L'Oise, Carte archéologique de la Gaule 60 (1995).

Die *Cartes archéologiques* der Depertements der Ardennen und der Somme befinden sich in Vorbereitung. Wir danken den Autoren T. Ben Redjeb und D. Nicolas, die unsere Fragen freundlicherweise beantwortet haben.

Politik und Verwaltung

A. Chastagnol, La Gaule romaine et le droit latin. Recherches sur l'histoire administrative et sur la romanisation des habitants. Scripta varia 3 (1995).

M. Dondin-Payre / M.-Th. Raepsaet-Charlier (Hrsg), Cités, municipes, colonies. Les processus de municipalisation en Gaule et en Germanie sous le Haut-Empire romain (1999).

Dies. (Hrsg.), Noms, identités culturelles et romanisation sous le Haut-Empire (2001).

W. Meyers, L'administration de la province romaine de Belgique (1964).

M.-Th. Raepsaet-Charlier, L'onomastique des Nerviens, in: Le monde romain à travers l'épigraphie. Actes du XXIVe Colloque international de Lille, November 2001 (2005) 95–132.

M. Rouche, Le changement de nom des chefs-lieux de cité en Gaule au Bas-Empire, in: Mémoires de la Société des antiquaires de France 9e série, 4 (1968) S. 47–67.

Militärischer Bereich

R. Brulet, La Gaule septentrionale au Bas-Empire. Occupation du sol et défense du territoire dans l'arrière-pays du Limes aux IVe et Ve siècles, Trierer Zeitschrift, Beiheft 11 (1990).

R. Goodburn / P. Bartholomew, Aspects of the Notitia Dignitatum, BAR Beiheft. Ser. 15 (1976).

Ch. Goudineau, César et la Gaule (1990).

R. Günther, Laeti, Federati und Gentilen in Nordostgallien im Zusammenhang mit der sogennanten Laetenzivilisation, in: Zeitschrift für Archäologie 5 (1971) 39–59.

D. E. Johnston (Hrsg.), The Saxon Shore (1977).

M. Poux (Hrsg.), Sur les traces de César. Militaria tardo-républicain en contexte gaulois. Actes de la table ronde de Cambridge, Juli 2005, Glux-en-Glenne (2006).

M. Reddé u. a. (Hrsg.), L'architecture de la Gaule romaine. Les fortifications militaires (2006).

Münzwesen in der Spätantike

J. P. C. Kent, Roman Imperial Coinage X (1994).

J. Lafaurie, Les dernières émissions impériales de Trèves au Ve siècle, in: Mélanges de numismatique offerts à P. Bastien pour son 75e anniversaire (1987) 297–323.

Siedlungswesen

Hauptorte

La marque de Rome. Samarobriva et les villes du nord de la Gaule (2004).

Les villes de la Gaule Belgique au Haut-Empire. Actes du Colloque de Saint-Riquier, Oktober 1982 (1984).

A. Balmelle / R. Neiss (Hrsg.), Les maisons de l'élite à Durocorturum (2003).

D. Bayard / J. L. Massy, Amiens antique. Samarobriva Ambianorum (1983).

R. Chossenot u. a., La Marne, Carte archéologique de la Gaule, 57/2 (2005).

R. Hanoune (Hrsg.), Les villes romaines du nord de la Gaule. Actes du XXVe colloque international de Halma-Ipel, Revue du Nord-Archéologie, Sonderheft 10 (2007).

P. Hoffmann / J. Hupe / K. Goethert, Römische Mosaike aus Trier (1999).

Kleinere Siedlungen

R. Cordie-Hackenberg (Hrsg.), Belginum. 50 Jahre Ausgrabungen und Forschungen (2007).

J.-P. Petit / M. Mangin (Hrsg.), Atlas des agglomérations secondaires de la Gaule Belgique et des Germanies. Actes du Colloque de Bliesbruck-Reinheim/Bitche (1994).

Dies. (Hrsg.), Les agglomérations secondaires. La Gaule Belgique, les Germanies et l'Occident romain (1994).

J.-P. Petit u. a., Bliesbruck-Reinheim. Celtes et Gallo-Romains en Moselle et en Sarre (2005).

Spätantike Stadt

A. Demandt / J. Engemann (Hrsg.), Konstantin der Große. Imperator Caesar Flavius Constantinus (2007).

A. Ferdière (Hrsg.), Capitales éphémères. Des capitales de cités perdent leur statut dans l'Antiquité tardive, Actes du Colloque de Tours, März 2003 (2004).

N. Gauthier, Topographie chrétienne de la Gaule. I. Province écclésiastique de Trèves (Belgica Prima) (1986).

L. Pietri u. a., Topographie chrétienne de la Gaule. XIV. Province écclésiastique de Reims (Belgica Secunda) (2006).

St. Sindonino / R. Neiss (Hrsg.), Civitas Remi. Reims et son enceinte au IVe s. (2003).

Landwirtschaft

D. Bayard / J.-L. Collart (Hrsg.), De la ferme indigène à la villa romaine. La romanisation de la Gaule. Actes du deuxième colloque de l'Association AGER. Samarobriva Ambianorum (1983).

F. Favory / A. Vignot (Hrsg.), Actualités de la recherche en histoire et archéologie agraires. Actes du colloque international AGER V. Besançon, September 2000 (2003).

A. Ferdière / F. Malrain / V. Matterne / P. Méniel / A. Nissen Jaubert, Histoire de l'agriculture en Gaule. 500 av. J.-C.–1000 ap. J.-C. (2006).

S. Lepetz, L'animal dans la société gallo-romaine dans la France du nord (1995).

S. Lepetz / V. Matterne (Hrsg.), Cultivateurs, éleveurs et artisans dans les campagnes de la Gaule romaine, Actes du VIe colloque de l'association AGER. Compiègne, Juni 2002 (2003).

V. Matterne, Agriculture et alimentation végétale durant l'Âge du Fer et l'époque gallo-romaine en France septentrionale (2001).

P. Ouzoulias / Ch. Pellecuer u. a. (Hrsg.), Les campagnes de la Gaule à la fin de l'Antiquité. Actes du IVe colloque AGER. Montpellier, März 1998 (2001).

T. Oueslati, Approche archéozoologique des modes d'acquisition, de transformation et de consommation des ressources animales dans le contexte urbain gallo-romain de Lutèce (2006).

P. Querel / C. Querel, Mercin-et-Vaux, le Quinconce: villa gallo-romaine et occupation du Haut Moyen Âge, in: Revue du Nord-Archéologie 84 (2002) 91–114.

J.-C. Routier / St. Révillon, Le site gallo-romain des 'Trente' à Attin (Pas-de-Calais): une occupation du Bas-Empire en vallée de Canche, in: Revue du Nord-Archéologie 89 (2007) 89–100.

P. Van Ossel, Etablissements ruraux de l'Antiquité tardive dans le nord de la Gaule (1992).

Handwerk

J.-C. Béal / J.-C. Goyon, Les artisans dans la ville antique. Actes du congrès de Lyon, November 2000 (2002).

J.-C. Bessac / R. Sablayrolles (Hrsg), Dossier: Carrières antiques de la Gaule. Problématique archéologique des carrières antiques en Gaule, in: Gallia 59 (2002) 1–202.

D. Henrotay, Le vicus d'Arlon: renouvellement des connaissances, in: Bulletin trimestriel de l'Institut archéolgique du Luxembourg – Arlon 83, 1/2 (2007) 3–48.

M. Polfer (Hrsg.), Artisanat et productions artisanales en milieu rural dans les provinces du nord-ouest de l'Empire romain. Actes du colloque d'Erpeldange (1999).

Ders. (Hrsg.), L'artisanat romain: évolutions, continuités et ruptures. Actes du colloque d'Erpeldange (2001).

Ders. (Hrsg.), Artisanat et économie romaine: Italie et provinces occidentales de l'Empire. Actes du colloque d'Erpeldange (2004).

Ders., L'artisanat dans l'économie de la Gaule Belgique romaine à partir de la documentation archéologique (2005).

Keramik

Zahlreiche Artikel in den Actes du Congrès de Société française d'étude de la céramique en Gaule und Rei Cretariae Romanae Fautores Acta.

C. Bémont / J.-P. Jacob, La terre sigillée. Lieux de production du Haut-Empire: implantations, produits, relations (1986).

S. Biegert / X. Deru / G. Fronteau / J.-C. Paicheler, Les productions du «groupe de pâtes champenois»: caractérisations archéologiques, pétrographiques et chimiques, in: Revue du Nord-Archéologie 86 (2004) 135–161.

R. Brulet / F. Vilvorder / R. Delage, La céramique romaine en Gaule du nord, Turnhout (2010).

X. Deru, La céramique belge dans le Nord de la Gaule. Caractérisation, chronologie, phénomènes culturels et économiques (1996).

X. Deru / G. Fronteau, Les ateliers de potiers romains entre Seine et Rhin, in: Rei Cretariae Romae Fautores Acta, 41 (2010) 539–547.

F. Vilvorder / R. Symonds (Hrsg.), Céramiques engobées et métallescentes gallo-romaines. Akten des Kolloquiums in Louvain-la-Neuve, März 1995 (1999).

Religion

Allgemeines

L. Bricault, Recueil des inscriptions concernant les cultes isiaques (RICIS), 3 Bde. (2005).

T. Derks, Gods, Temples and Ritual Practices (1998).

R. Duthoy, Recherches sur la répartition géographique et chronologique des termes sévir Augustalis et sévir dans l'empire romain, in: Epigraphische Studien 11, Sammelband (1976) 143–214.

D. Fischwick, The Imperial Cult in the Latin West, 2 Bde. (1987).

M.-Th. Raepsaet-Charlier / M. Dondin-Payre (Hrsg.), Sanctuaires, pratiques cultuelles et territoires civiques dans l'Occident romain (2006).

Religio romana. Wege zu den Göttern im antiken Trier (1996).

W. Van Andringa, La religion en Gaule romain, piété et politique (Ier-IIIe s. ap. J.-C.) (2002).

Architektur und Heiligtümer

Y. Cabuy, Les temples gallo-romains des cités des Tongres et des Trévires (1991).

W. Binsfeld, Das Quellheiligtum Wallenborn bei Heckenmünster (Kreis Wittlich), in: Trierer Zeitschrift 32 (1969) 239–268.

H. Cüppers / A. Neyses, Der Römerzeitliche Gutshof mit Grabbezirk und Tempel bei Newel, in: Trierer Zeitschrift 34 (1971) 143–225.

M. Durand, Le temple gallo-romain de la forêt d'Halatte (Oise) (2000).

S. Faust / K. J. Gilles, Der gallo-römische Tempelbezirk von Tawern, in: Funde und Ausgrabungen im Bezirk Trier 19 (1987) 42–48.

S. Faust / F. Schneider, Zur Aufstellung einer Merkurstatue im großen Umgangstempel von Tawern, Funde und Ausgrabungen im Bezirk Trier 34 (2002) 47–58.

E. Gillet / L. Demarez / A. Henton, Le sanctuaire de Blicquy «Ville d'Anderlecht». I, Namur (2009) 376 (Études et documents, 12).

E. Gose, Der gallo-römische Tempelbezirk im Altbachtal zu Trier, 2 Bde. (1972).

Ders., Der Tempelbezirk des Lenus Mars, Mayence (1955).

G. Moitrieux, Hercules Salutaris. Hercule au sanctuaire de Deneuvre (1992).

D. Piton, Vendeuil-Caply (1993).

J. Scheid, Sanctuaires et territoire dans la Colonia Augusta Treverorum, in: Les sanctuaires celtiques et leurs rapports avec le monde méditerranéen. Akten des Kolloquiums in Saint-Riquier, November 1990 (1991) 42–57.

Spätantike

Zu christlicher Topographie und Konstantin dem Großen siehe Spätantike Siedlungen.

G. Barruol (Hrsg.), Premiers monuments chrétiens de la France. 3. Ouest, Nord et Est (1998).

N. Gauthier, L'évangélisation des pays de la Moselle: la province de Première Belgique entre Antiquité et Moyen Âge (IIIe-VIIIe s.) (1980).

A. Jacques, Le sanctuaire germanique d'Arras. Les fouilles de la rue Baudimont, in: Étrangers dans la cité romaine. Actes du colloque de Valenciennes, Oktober 2005 (2007) 221–238.

Gräber

Allgemeines

Monde des morts, monde des vivants en Gaule rurale. Actes du colloque Archea / Ager, Orléans 1992 (1993).

Incinérations et inhumations dans l'occident romain aux trois premiers siècles de notre ère. Actes du Colloque international de Toulouse-Montréjeau (IVe Congrès archéologique de Gaule méridionale, Oktober 1987 (1991).

L. Baray (Hrsg.), Archéologie des pratiques funéraires. Approche critique, Actes de la table ronde de Glux-en-Glenne, Juni 2001 (2004).

J. Pearce / M. Millett / M. Struck, Burial, Society and Context in the Roman World (2000).

P. Fasold / Th. Fischer Bestattungssitte und kulturelle Identität, Xantener Berichte 7 (1998).

Nekropolen

R. Clotuche / P. Millerat u. a., La nécropole gallo-romaine du «Chemin de Courcelles» à Hénin-Beaumont (P.-de.-C.), in: Revue du Nord-Archéologie 86 (2004) 113–134.

R. Cordie-Hackenberg (Hrsg.), Belginum. 50 Jahre Ausgrabungen und Forschungen (2007).

F. Loridant / X. Deru (Hrsg.), Bavay: La nécropole gallo-romaine de «La Fache des Près Aulnoys» (2009).

M. Polfer, Das galloromische Brandgräberfeld und der dazugehörige Verbrennungsplatz von Septfontaines-Dëckt (Luxemburg) (1996).

D. Piton (Hrsg.), Sept nécropoles du Bas-Empire dans le Pas-de-Calais. Marenla «Le But de Marles», Duisans «La Cité», Roclincourt RN17 «Le Buisson des Quinze», Arras «Conseil Général du Pas-de-Calais», Actiparc «Plaine d'Hervin» et les «Soixante», Dourges «Le Marais de Dourges» (2006).

C. Seillier, Les tombes de transition du cimetière germanique de Vron (Somme), in: Jahrbuch des Römisch-Germanischen Zentralmuseums Mainz 36 (1989) 599–634.

Privilegierte Gräber

La colonne de Igel, société et religion au IIIe siècle, in: Annales de l'Est 51/2 (2001) 5–151.

B. Andreae, Die römischen Jagdsarkophage (1980).

Childéric, Clovis: 1500e anniversaire, 482–1982 (1982).

Y. Le Bohec (Hrsg.), Le testament du Lingon, Actes de la journée d'études du 16 mai 1990 (1991).

Y. Freigang, Die Grabmäler der gallo-römischen Kultur im Moselland, in: Jahrbuch des römisch-germanischen Zentralmuseums Mainz 44/1 (1997) 277–440.

J. Scheid, Les reliefs du mausolée d'Igel dans le cadre des représentations romaine de l'au-delà, Antiquité classique 72 (2003) 113–140.

Romanisierung?

Chr. Goudineau, Regard sur la Gaule, Paris, 1998.

R. Häussler, Signes de la «romanisation» à travers l'épigaphie: possibilités d'interprétations et problèmes méthodologiques, in: Romanisation et épigraphie. Études interdisciplinaires sur l'acculturation et l'identité dans l'Empire romain (2008) 9–30.

P. Le Roux (Hrsg.), La romanisation, in: Annales. Histoire, Sciences sociales 59/2 (2004) 287–383.

P. Ouzoulias / L. Tranoy, Comment les Gaules devinrent romaines, Paris (2010).

D. Paunier, Celtes et Gaulois. L'archéologique face à l'histoire. La romanisation et la question de l'héritage celtique. Actes de la table ronde de Cambridge, Juli 2005 (2006).

Geschichtsschreibung

J. P. Chaline, Sociabilité et érudition. Les sociétés savantes en France (1998).

F. Lemerle, La Renaissance et les Antiquités de la Gaule (2005).

J. Lemaire de Belges, Des anciennes pompes funeralles (2001).

P. Pinon, La Gaule retrouvée (1991).

A. Wiltheim, Luciliburgensia sive Luxemburgum Romanum (1842).

Bildnachweis

Abb. 1, 2, 3, 7, 17, 20, 69, 108, 110, 132: ABG.

Abb. 4: nach Barrington und Navis ABG.

Abb. 6: nach Fr. Malrain (Inrap)

Abb. 8, 15: J. Metzler, Musée national d'histoire et d'art, Luxemburg.

Abb. 9: Banque nationale de Belgique.

Abb. 10, 28, 72, 102, 106: Wikimedia commons.

Abb. 11, 12: B. Clarys, Musée national d'histoire et d'art, Luxemburg.

Abb. 13: nach Napoleon III.

Abb. 14: nach G. Prilaux, A. Jacques (Inrap).

Abb. 16: Musée national d'histoire et d'art, Luxemburg.

Abb. 18: nach Ch. Seillier.

Abb. 19: Museé de Boulogne-sur-Mer.

Abb. 21, 114: nach La Marques de Rome.

Abb. 22, 73, 127, 130: J.-J.Bigot (Inrap).

Abb. 23: nach P. Thollard und J. B. Bellon.

Abb. 24: Musée départemental de Bavay.

Abb. 25: Ch. Louvion.

Abb. 26: nach Neiss, Berthelot, Rheinisches Landesmuseum Trier und *La Marques de Rome*.

Abb. 27: A. Balmelle (Inrap).

Abb. 29: nach C. Allag.

Abb. 30, 32: nach E. Binet.

Abb. 31: Modell von J. R. Châtillon, Musée d'Amiens.

Abb. 33: nach D. Vermeersh.

Abb. 34, 35, 110: J. P. Petit, Departement Moselle.

Abb. 36: M. Jeanneteau, Musée d'Amiens.

Abb. 37: nach E. Follain.

Abb. 39: R. Agache, SRA Picardie.

Abb. 40: nach F. Vermeulen, F. Jacques.

Abb. 41: Archiv Archäologiepark Römische Villa Borg.

Abb. 42: nach der Studie von J.-D. Lafitte und ABG.

Abb. 43: nach M. Feller.

Abb. 44, 83, 100, 107: Rheinisches Landesmuseum Trier.

Abb. 45, 87: A. Biwer, Musée national d'histoire et d'art, Luxemburg.

Abb. 46: nach J. D. Laffite.

Abb. 47, 48: B. Clarys, Service archéologique départemental du Pas-de-Calais.

Abb. 49: nach P. Lemaire.

Abb. 50: nach H. W. De Clercq.

Abb. 51: nach J.-L. Collart, 1996.

Abb. 53: nach V. Matterne, FAO und ABG.

Abb. 54: nach Cl. Massart, C. Martin und J. Mertens.

Abb. 55, 60: IAL, Arlon.

Abb. 56: nach A. Koehler.

Abb. 57: nach C. Toupet, CGVO, SDAVO.

Abb. 58: nach K. J. Gilles.

Abb. 59: Musée Lorrain, Nancy, P. Mignot.

Abb. 61, 109: F. Lemaire.

Abb. 62: F. F. Royer d'Artézé de la Sauvagère, 1740, BNU Straßburg.

Abb. 63, 66, 93: Musées de Metz Métropole, La Cour d'Or, Fotos J. Munin.

Abb. 64: nach N. Meyer.

Abb. 65: nach N. Meyer und J.-P. Petit.

Abb. 68: nach D. Henrotay.

Abb. 71: Archipole.

Abb. 76, 77, 101: L. Dahm, Rheinisches Landesmuseum Trier.

Abb. 78: nach T. Derks, ABG.

Abb. 79: nach J. Scheid, ABG.

Abb. 80: nach H. Cüppers.

Abb. 81: nach S. Faust.

Abb. 82: nach W. Binsfeld.

Abb. 85, 2–3: P. Cheuva, Musée de Bavay.

Abb. 88: C. Thériez, Musée des Beaux-Arts de Valenciennes.

Abb. 89: Zeichnungen von M. Marneuf; Rekonstruktion von M. Martinuzzi.

Abb. 90: machelb Dondin-Pyru und 6. Ben Reyieb.

Abb. 91: Musée des sources d'Hercule.

Abb. 92: M. Durand.

Abb. 94: nach R. Clotuche (Inrap).

Abb. 95: nach M. Polfer.

Abb. 96, 97, 98: nach F. Loridant und X. Deru.

Abb. 99: nach N. Soupart / L. Duvette (Inrap).

Abb. 103: Karine Laine, Musée Pierre-Noël, Saint-Dié-des-Vosges.

Abb. 112, 123, 124: nach A. Jacques.

Abb. 113: D. Bayard, SRA Picardie.

Abb. 115: Rheinisches Landesmuseum Trier.

Abb. 116, 128: Rheinisches Landesmuseum Trier, Th. Zühmer nach Reusch.

Abb. 117: nach P. Querel.

Abb. 118: nach J. C. Routier.

Abb. 119, 120: nach Ch. Hosdez.

Abb. 122: Bischöfliches Dom- und Diözesanmuseum, Trier. Modellbau Lilli Steier.

Abb. 125: nach A. Henton.

Abb. 126: nach Cl. Seillier.

Abb. 129: nach J.-J. Chifflet, 1655.

Abb. 130: Service municipal d'archéologie de Boulogne-sur-Mer.

Alle übrigen Abb. vom Verfasser.

Danksagung

Wir danken insbesondere all denen, deren Bilder wir veröffentlichen durften, denen, die uns ihre zum Teil unveröffentlichten digitalisierten Zeichnungen zur Verfügung gestellt haben, und schließlich denen, die unsere Fragen beantwortet haben.
Und ganz besonders danken wir Christine Louvion und Michel Reddé.

Agnes Balmelle (Inrap)
Didier Bayard (SRA Picardie)
Jean-Jacques Bigot (Inrap)
Eric Binet (Inrap)
Eric Blanchegorge (Musée Vivenel, Compiègne)
Annie Broez (Musée d'Avesnes)
Benoît Clarys
Jean Luc Collard (SRA Picardie)
Christian Courivaud (Musé des Beaux-Arts, Valenciennes)
Angélique Demon (SAM, Boulogne-sur-Mer)
Laurent Deschodt (Inrap)
Marc Durand (SAM, Senlis)
Kai Fechner (Inrap)
Marc Feller (Inrap)
Gauthier Gilmann (Musée de Picardie)
Manuel Gomes
Denis Henrotay (MRWallone)
Alain Jacques (SAM, Arras)
Jean-Denis Lafitte (Inrap)
Karine Laine (Musée Pierre NOEL)
Germaine Leman (HALMA)
Frédéric Lemaire (Inrap)
Patrick Lemaire (Inrap)
Noel Mahéo (Musée de Picardie)
Véronique Mary (Musée départemental de Bavay)
Ludovic Marbache (Musée des sources d'Hercule)
Claire Massart (MRAH, Brüssel)
Nicolas Meyer (Inrap)
Jeannot Metzler (MNAH Luxemburg)
Jean-Paul Petit (Parc archéologique européen de Bliesbruck)
Valérie Peuckert (IAL, Arlon)
Nathalie Soupart (Inrap)
Didier Vermeersch (Université de Cergy)

Ortsregister

Belgien
Antoing 101
Arlon 60, 62, 70, 75, 84, 104, 105
Blicquy 86, 87, 100, 130
Grosage 100
Courtrai 111
Leffinge 66
Maldegem 22
Namur 16, 44
Tongern 21, 66, 114
Tournai 44, 70, 108, 111–113, 125, 126

Deutschland
Bitburg 84, 114
Borg 50, 130
Elchweiler 101
Fließem 84
Konz 116, 117
Newel 84, 85, 101
Pachten 84
Piesport 62, 64
Pommern (Mosel) 86, 87
Siesbach 101
Tawern 85, 86, 130
Trier 13, 21, 22, 27, 30–32, 35, 38, 45, 46, 52, 55, 60, 62, 70, 71, 73, 81–83, 101, 106–109, 111–116, 119, 120, 123, 125
Wederath 43, 84, 97

Frankreich
Acy-Romanie Arlaines 28
Amiens 16, 21, 30, 31, 35, 38–40, 43, 46, 60, 63, 70, 107, 108, 110, 111, 114, 118, 119, 130
Ardres 66, 129
Arras 17, 18, 21, 23, 31, 102, 108, 111, 112, 114, 120, 121
Attin 117
Baâlons 11
Balinghem 66
Bavay 20, 21, 30, 33, 35, 46, 73, 97, 98, 99, 114, 130
Beaumont-sur-Oise 41, 43, 44
Beauvais 21, 26, 38, 46
Bliesbruck 41, 43–46, 60, 69, 111, 114
Bohain-en-Vermandois 56, 57, 65
Bulogne-sur-Mer 20, 22, 27, 28, 31, 44, 107, 108, 110, 112, 129
Bruay-la-Buissière 71, 100
Cambrai 44, 102, 108, 109, 111, 112, 119
Cassel 21, 49, 50, 98
Caurel 61, 63
Châlons-en-Champagne 106, 108, 110, 112
Champlieu 46, 89, 91
Charleville 44
Château-Salins 67
Chateau-Thierry 44
Conchil-le-Temple 66, 68
Condé-sur-Suippe 12
Coucy-lès-Eppes 43, 46
Deneuvre 90, 92
Dourges 122
Chatillon 44, 117
Étrun 12, 18
Famars 44, 46, 89, 90, 111, 114
Fesques 11
Florange 69, 70, 73
Folleville 18
Fontoy 55
Goussancourt 117–119
Hallatte 92, 93
Hénin-Beaumont 95, 97
Hordain 109
Jaux 11, 12
La Chausée-Tirancourt 18
Langres 114, 129
Les Attaques 66
Liéhon 54, 55
Liercourt-Erondelle 18
Looberghe 66
Marsal 67, 69
Metz 21, 30, 38, 39, 46, 60, 68–70, 101, 110, 111, 113, 114, 119, 130
Mouzon 11, 111
Naix-aux-Forges 12, 43, 44, 46
Nizy-le-Comte 90, 92
Noroy 8, 68
Noyon 44, 61, 73, 111, 114
Peltre 51, 53, 55
Jaumont 68
Pont-sur-Sambre 43, 73
Reims 7, 17, 21, 22, 28, 31, 32, 34–39, 46, 60, 61, 69, 70, 71, 77, 80, 81, 108, 110–114, 118, 119, 123, 125, 128–130
Revelles 43, 109
Ribemont-sur-Ancre 11
Rouen 119
Sains-du-Nord 43, 89
Saint-Etienne-Roilaye 46
Saint-Laurent-Blangy 18
Saint-Quentin 21
Saint-Thomas 12, 16
Sarrebourg 9, 93, 94
Saverene (dt.: Zabern) 9, 12
Senlis 21, 26, 38, 111, 113
Sens 61, 108
Soissons 21, 30, 38, 60, 70, 93, 109, 111, 114, 117, 119, 125
Thérouanne 21, 30, 102, 108
Toul 21, 30
Trépail 71
Troyes 109
Vendeuil-Caply 16, 18, 129
Verdun 44, 112
Vermand 108
Verneuil-en-Halatte 58, 59, 120
Villeneuve-Saint-Germain 12
Ville-sur-Lumes 69
Vron 123, 124, 126

Luxemburg
Dalheim 43, 44, 48
Feulen 97
Goeblingen 19, 24, 25, 101, 120
Lamadelaine (Titelberg) 12, 14, 53, 55, 84, 87, 97
Septfontaines 36, 99

Adresse des Autors:
Professor Dr. Xavier Deru
6, rue de la Gaieté
F-59000 Lille